# A note to the Runic edition of the Old English text

The principles guiding the translation of the French original into Old English can be found in the Old English edition. Since the Runic edition is based on the Old English text, readers of the Runic edition are invited to consult the Translator's Note (cf. *Be þam lytlan æþelinge*, p. 96, ISBN 978-3-937467-70-2).

In preparing the Runic edition, several decisions had to be taken, especially with reference to punctuation. We have decided to retain only full stops at the end of a sentence (a raised dot) '·'. Raised double dots ':' signal the beginning and end of direct speech. Three raised dots '···' signal an incomplete statement in the original French.

The Old English Runic alphabet, the so-called Futhork (ᚠᚢᚦᚩᚱᚳ), will help readers to 'reconstruct' the Old English text on the basis of the Latin alphabet. Enjoy the task!

| | | | | | | | |
|---|---|---|---|---|---|---|---|
| ᚪ | a | ᛣ | k | ᚢ | u | ᚦ | th |
| ᛒ | b | ᛚ | l | ᚹ | w | ᛟ | œ |
| ᚳ | c [k] | ᛗ | m | ᛉ | x | ᛄ | j |
| ᛞ | d | ᚾ | n | ᚣ | y | ᛡ | ia / io |
| ᛖ | e | ᚩ | o | ᚫ | æ | ᛢ | kw |
| ᚠ | f | ᛈ | p | ᚸ | g | ᛥ | st |
| ᚷ | g [j] | ᚱ | r | ᛇ | eo | | |
| ᚻ | h | ᛋ | s | ᛝ | ng [ŋ] | | |
| ᛁ | i | ᛏ | t | ᛠ | ea | | |

░ : The last five runes do not occur in the present text.

Be þam lẏtlan æþelinge

ᛒᛖ ᚦᚠᛗ ᛚᚣᛏᛚᚠᚾ ᚠᚦᛖᛚᛁᛝᛖ

ᚷᛖᛚᛁᛖᚠᛖ ᛁᚴ ᚦᚨᛏ ᚻᛖ ᚨᛏᚠᛚᛉᚻ ᛞᛁᚻ ᚨᚾᚢᛞ ᚠᚨᚱᛖᛚᚻᛖ
ᚹᛁᛚᚻᚱᚨ ᚠᚢᛟᛚᚨ·

ANTOINE DE SAINT-EXUPÉRY
ᚪᚾᛏᚩᛁᚾᛖ ᛞᛖ ᛋᚪᛁᚾᛏ ᛖᛉᚢᛈᛖᚱᛁ

# Be þam lytlan æþelinge
# ᛒᛖ ᚦᚪᛗ ᛚᚣᛏᛚᚪᚾ ᚫᚦᛖᛚᛁᛝᛖ

*Mid licnessum gefæged be þam writere*

Awend of Frenciscra gereorde
on Engliscgereord be

FRITZ KEMMLER

**Runic Edition**

Edition Tintenfaß

Neckarsteinacher Straße 7
69239 Neckarsteinach (Germany)
www.editiontintenfass.de
info@editiontintenfass.de



Satz: τ-leχιs · O. Lange, Heidelberg

Druck: Appel & Klinger, Schneckenlohe

Druckprodukt mit finanziellem Klimabeitrag
ClimatePartner.com/11641-2502-1001

Printed in Germany

ISBN 978-3-946190-92-9

# ᚴᚠᚱᛖᚳᚹᛁᚺᛖ· ᛏᚠ ᛚᛖᚠᚾ ᚹᛖᚱᛏᚻ

ᛁᚳ ᚠᛋᚳᛁᚷᛖ ᚦᚠ ᚳᛁᛚᚺᚱᚢ ᚦᚠᛏ ᚻᛁᛖ ᛞᛖ ᚹᛁᛚᛚᚠᚦ ᚴᚠᚱᚷᛁᛖᚴᚠᚾ ᚴᚠᚱ ᚦᚠᛞ ᚦᛖ ᛁᚳ ᚦᚠᛋ ᛒᚠᚳ ᛒᛖᛏᚠᚻᛏᛖ ᚠᚾᚢᛞ ᚠᚹᛠᛉᛖᚾᚠᚾ ᛞᛖᚾ· ᚻᚠᛒᛒᛖ ᛁᚳ ᛝᚠᚺᛖ ᛒᛖᛚᚠᚺᚢᛝᛖ· ᚦᛖᛋ ᚠᚹᛠᛉᛖᚾᚠ ᛞᚠᚾᚾ ᛁᛋ ᛞᛁᚾ ᛋᛖ ᛒᛖᛋᛏᚠ ᚴᚱᛇᚾᚺ ᚠᚾ ᚹᚠᚱᚢᛚᚺᛖ· ᚻᚠᛒᛒᛖ ᛁᚳ ᛠᚳ ᚠᚦᚱᛖ ᛒᛖᛚᚠᚺᚢᛝᛖ· ᚦᛖᛋ ᚠᚹᛠᛉᛖᚾᚠ ᛞᚠᚾᚾ ᛞᚠᛝ ᛠᛚᛚᛖ ᚦᛁᛝ ᚢᚾᚺᛖᚱᛋᛏᚠᚾᚺᚠᚾ ᛠᚳ ᚳᛁᛚᚺᚱᚠ ᛒᛖᚳ· ᚻᚠᛒᛒᛖ ᛁᚳ ᛠᚳ ᚦᚱᛁᚺᚺᚠᚾ ᛒᛖᛚᚠᚺᚢᛝᛖ· ᚦᛖᛋ ᚠᚹᛠᛉᛖᚾᚠ ᛞᚠᚾᚾ ᚹᚢᚾᚠᚦ ᛞᛁᚺ ᚴᚱᚠᚾᚳᚢᛞ ᚦᚠᚱ ᚦᚠᚱ ᚻᛖ ᛁᛋ ᚷᛖᚺᚱᛖᚴᛖᚺ ᛞᛁᚺ ᚻᚢᛝᚱᛖ ᚠᚾᚺ ᚳᚣᛚᛖ· ᚻᛁᛞ ᛁᛋ ᛞᛁᚳᛖᛚ ᚦᛠᚱᚴ ᚴᚱᚠᚴᚱᛖᛋ· ᚷᛁᚴ ᛠᛚᛚᛖ ᚦᚠᛋ ᛒᛖᛚᚠᚺᚢᛝᚠ ᚾᚠᛒᛒᚠᚦ ᚾᚠᚾᛖ ᚾᚣᛏᛏᛖ ᛁᚳ ᛒᛖᛏᚠᚳᛖ ᚦᛇᛋ ᛒᚠᚳ ᚦᚠᛞ ᚳᛁᛚᚺᛖ ᚦᛖ ᚦᛖᛋ ᚠᚹᛠᛉᛖᚾᚠ ᛞᚠᚾᚾ ᚹᚠᛋ ᛁᚾ ᚷᛠᚱᚺᚠᛝᚢᛞ· ᛠᛚᛚᛖ ᚠᚹᛠᛉᛖᚾᚠᚾ ᛞᛖᚾ ᚷᛁᚢ ᚳᛁᛚᚺᚱᚢ ᚹᚠᚱᚠᚾ· ᚠᚳ ᚴᛠᚹᚠ ᚻᚠᛒᛒᚠᚦ ᚷᛖᛞᚣᚾᚺ ᚦᚠᚱᛖ ᛏᛁᛞᚠᚾ· ᚠᚾᚺ ᚴᚠᚱ ᚦᚠᛞ ᛁᚳ ᚾᚢ ᛒᛖᚴᚠᛋᛏᛖ ᚦᛇᛋ ᛒᚠᚳ·

ᛏᚠ ᛚᛖᚠᚾ ᚹᛖᚱᛏᚻ
ᚦᚠ ᚦᚠ ᚻᛖ ᚷᛁᛖᛚ ᚳᚾᚠᛚᚳᚠ ᚹᚠᛋ·

## ᚳᚪᛈᛁᛏᚩᛚ .I. ᚻᛖᚱ ᚩᚾᚷᛁᚾᚾᛖᚦ ᛋᛇ ᛒᚩᚳ ᚦᛖ ᛗᚩᚾ ᛚᚣᛏᛖᛚ ᚫᚦᛖᛚᛁᛝ ᚾᛖᛗᚾᛖᚦ

ᚦᚪ ᚦᚪ ᛁᚳ ᚹᚫᛋ ᚩᚾ ᛁᛖᛚᛞᛖ .VI. ᚷᛖᛋᛠᚻ ᛁᚳ ᚩᚾ ᚪᚾᚢᛗ ᛋᛁᚦᛖ ᚪᚾᛖ ᚪᚾᛚᛁᚳᛖ ᛚᛁᚳᚾᛖᛋᛋᛖ ᚩᚾ ᚪᚾᚱᛖ ᛒᛖᚳ ᛋᛇ ᚦᛖ ᚹᚫᛋ :ᛋᚩᚦ ᛋᛏᚫᚱ ᛒᛖ ᚦᚪᛗ ᚹᛁᛚᛞᚪᚾ ᚹᛠᛚᛞᛖ: ᚷᛖᚳᚹᛖᛞᛖᚾ· ᚹᚫᛋ ᛗᛁᚳᚳᛖᛚᚱᛖ ᚾᚫᛞᚱᚪᚾ ᛚᛁᚳᚾᛖᛋᛋᛖ ᛋᛇ ᚦᛖ ᚹᚫᛋ ᚠᚩᚱᛋᚹᛖᛚᚷᛖᚾᛞᛖ ᚹᛁᛚᛞ ᛞᛇᚱ ᛋᚹᚪ ᛋᚹᚪ ᚦᚢ ᛗᛠᚻᛏ ᚻᛖᚱ ᛒᚢᚠᚪᚾ ᚷᛖᛋᛇᚾ·

ᛋᛇ ᛒᚩᚳ ᛋᚫᚷᛞᛖ· :ᚦᚪ ᛖᚾᛏᚾᚫᛞᚱᚪᚾ ᚦᛖ ᚷᛖ ᚾᚢ ᛒᚩᚪᛋ ᚾᛖᛗᚾᚪᚦ ᚻᛁᛖ ᚠᚩᚱᛋᚹᛖᛚᚷᚪᚦ ᚻᛇᚱᚪ ᚠᛖᛝ ᚩᚾ ᚪᚾᚢᛗ ᛋᛁᚦᛖ ᚪᚾᛞ ᚾᛖ ᛏᚩᛒᛁᛏᚪᚦ ᚻᛁᛖ ᚾᚪ· ᚦᚪᚾᚾᛖ ᚾᛖ ᛗᚪᚷᚪᚾ ᚻᛁᛖ ᚻᛇᚱᚪ ᛚᛁᛗᚢ ᚾᚪ ᛚᛖᛝ ᚪᛋᛏᚣᚱᛁᚪᚾ ᚪᚾᛞ ᛋᛚᚫᛈᚪᚦ .VI. ᛗᚩᚾᚪᚦ ᛏᚩ ᚦᚫᛗ ᚦᚫᛏ ᚻᛁᛖ ᛗᚪᚷᚪᚾ ᚷᛖᛗᛖᛚᛏᚪᚾ ᚻᛇᚱᚪ ᚠᛖᛝ·:

ᛁᚳ ᚪᛋᛗᛠᛞᛖ ᛋᚹᛁᚦᛖ ᚦᚪᚱᚪ ᚹᚢᚾᛞᚱᚪ ᚦᛖ ᛗᚩᚾ ᛗᚫᚷ ᚷᛖᛗᛖᛏᚪᚾ ᚩᚾ ᚪᚾᚢᛗ ᚹᛁᛚᛞᚢᛗ ᚹᛠᛚᛞᛖ ᚪᚾᛞ ᚾᚪᛗ ᚹᚱᛁᛏᛁᚱᛖᚾ ᚠᚩᚱ ᛒᛚᛇᚹᚢᛗ ᚪᚾᛞ ᚪᚾᚷᚪᚾᚾ ᚦᚪ ᚹᚣᚱᚳᚪᚾ ᛗᛁᚾᛖ ᚠᚣᚱᛗᛖᛋᛏᛖ ᛚᛁᚳᚾᛖᛋᛋᛖ ᚦᛖ ᚦᚢ ᛗᛠᚻᛏ ᚻᛖᚱ ᚷᛖᛋᛇᚾ·

ᚫᛏᛁᛖᚹᛞᛖ ᛁᚳ ᛗᛁᚾᛖ ᛗᚫᚱᛖ ᛚᛁᚳᚾᛖᛋᛋᛖ ᚪᚹᛠᛉᛖᚾᚢᛗ ᛗᚪᚾᚾᚢᛗ ᚻᛁᛖ ᚠᚱᛁᚷᚾᛖᚾᛞᛖ ᚻᚹᚫᚦᛖᚱ ᚻᛁᛖ ᚠᚣᚱᚻᛏᛖ ᚹᚫᚱᛖᚾ ᛗᛁᛞ ᛗᛁᚾᚱᛖ ᛚᛁᚳᚾᛖᛋᛋᛖ·

ᚻᛁᛗ ᚳᚹᚠᚻᚠᚾ ᛞᛗ ᛏᚠ· :ᛦᚠᚱ ᚻᚹᚣ ᛋᚳᚢᛚᚠᚾ ᚹᛗ ᛒᛇᚾ ᚠᛦᚣᚱᚻᛏᛗ ᛞᛁᚻ ᚠᚾᚢᛞ ᚻᚠᛏᛗ·:

ᚾᚠᛋ ᚾᚠ ᛋᚹᚠ ᚦᚠᛏ ᛞᛁᚾᛗ ᛚᛁᚳᚾᛗᛋᛋᛗ ᚠᛏᛁᛗᚹᚻᛗ ᚠᚾᚾᛗ ᚻᚠᛏ· ᚻᛇ ᚠᛏᛁᛗᚹᚻᛗ ᛞᛁᚳᚳᛚᛗ ᛗᚾᛏᚾᚠᚻᚱᚠᚾ ᛋᛇ ᚦᛗ ᚹᚠᛋ ᛦᚠᚱᛋᚹᛗᛚᚷᛗᚾᚻᛗ ᚠᚾᚾᛗ ᛗᛚᛈᛗᚾᚻ· ᚦᚠᛏ ᛁᚳ ᛞᛁᚻᛏᛗ ᚦᚠᛏ ᚠᛏᛁᛗᚹᚠᚾ ᚠᚹᛏᛉᛗᚾᚢᛞ ᛚᛇᚻᚢᛞ ᚹᚣᚱᚻᛏᛗ ᛁᚳ ᛚᛁᚳᚾᛗᛋᛋᛗ ᚦᚠᚱᚠ ᛁᚾᚾᚠᚦᚠ ᚦᚠᚱᛗ ᚾᚠᚻᚱᚠᚾ· ᚦᚠ ᚠᚹᛏᛉᛗᚾᚠᚾ ᛚᛇᚻᛗ ᛋᚣᛞᛚᛗ ᚻᛁᛗ ᚹᛁᛚᛚᚠᚦ ᚷᛗᛏᚱᚠᚻᛏᚾᚢᛝᛗ· ᚻᛗᚱ ᚦᚣ ᛞᛉᚻᛏ ᚷᛗᛋᛇᚾ ᛞᛁᚾᛗ ᚠᚦᛗᚱᛗ ᛚᛁᚳᚾᛗᛋᛋᛗ·

ᚦᚠ ᚠᚹᛏᛉᛗᚾᚠᚾ ᛚᛇᚻᛗ ᚻᛁᛗ ᛞᛗ ᛋᚠᚷᚻᚠᚾ ᚦᚠᛏ ᛁᚳ ᚾᛗ ᛋᚳᛗᚠᛚᚻᛗ ᚹᚣᚱᚳᚠᚾ ᚾᚠ ᛚᛁᚳᚾᛗᛋᛋᛗ ᛒᛗ ᚾᚠᚻᚱᚢᛞ ᛋᛁᛗᚾ ᚻᛁᛗ ᚠᛈᛗᚾᛗ ᛋᛁᛗᚾ ᚻᛁᛗ ᛚᚠᚳᛗᚾᛗ ᚠᚳ ᚦᚠᛏ ᛁᚳ ᛋᚳᛗᚠᛚᚻᛗ ᛚᛇᚱᚾᛁᚠᚾ ᛞᚠ ᛒᛗ ᚦᚠᚱᛗ ᛇᚱᚦᛚᚠᚱᛗ ᛒᛗ ᚦᚠᛞ ᛋᛈᛗᛚᛚᚢᛞ ᛒᛗ ᚦᚠᚱᛗ ᚠᚱᛁᛏᚻᛞᛗᛏᛁᚳᚠ ᚠᚾᛞ ᛒᛗ ᚦᚠᛞ ᛋᛏᚠᛦᚳᚱᚠᛦᛏᛗ· ᛋᚹᚠ ᚻᛁᛏ ᚷᛗᛚᚠᛞᛈ ᚦᚠᛏ ᛁᚳ ᛦᚠᚱᛚᚠᛏᛗ ᚦᚠᚾᛗ ᛞᛁᚳᛗᛚᚾᛗ ᚳᚱᚠᛦᛏ ᚦᚠᚱᚠ ᚦᛗ ᛚᛁᚳᚾᛗᛋᛋᚠ ᚹᚣᚱᚳᚠᚦ ᚦᚠ ᚦᚠ ᛁᚳ ᚹᚠᛋ ᚠᚾ ᛁᛗᛚᚻᛗ .VI. ᚹᚠᛋ ᚻᛁᛏ ᛒᛗ ᚦᚠᛞ ᚦᚠᛏ ᛞᛁᚾᛗ ᛏᚹᚠ ᛚᛁᚳᚾᛗᛋᛋᚠ ᛚᛁᚳᚠᚻᚠᚾ ᚾᚠᚾᚢᛞ ᛞᛗᚾᚾ ᛋᚹᚠ ᚦᚠᛏ ᛞᛁᚾ ᛞᚠᚻ ᚷᛗᚹᛗᚾᚻᛗ ᛞᛗ ᛦᚱᚠᛞ· ᛋᚣᛞᛚᛗ ᚦᚠ ᚠᚹᛏᛉᛗᚾᚠᚾ ᛞᛗᚾᚾ ᚾᚣᛚᛚᚠᚦ ᚢᚾᚻᛗᚱᛋᛏᚠᚾᚻᚠᚾ ᛒᛗ ᚻᛁᛞ ᛋᛁᛚᛦᚢᛞ ᚠᚾᛞ ᛋᚣᛞᛚᛗ ᚻᛁᛞ ᛏᚠ ᛏᚱᚠᚻᛏᛁᚠᚾᚾᛗ ᛁᛋ ᛏᚠ ᚻᛗᛦᛁᚷ ᚦᚠᛞ ᚳᛁᛚᚻᚢᛞ·

ᛋᚹᚠ ᛞᚠᛋᛏᛗ ᛁᚳ ᛚᛇᚱᚾᛁᚠᚾ ᚠᚦᛗᚱᚾᛗ ᚳᚱᚠᛦᛏ ᚦᚣᛋ ᛁᚳ ᛚᛇᚱᚾᚠᚻᛗ ᛋᛏᛁᛗᚱᚠᚾ ᚦᚠ ᛚᚣᛏᛦᛏᛚᚠᚷᚠᚾ· ᚷᛗᚳᚠᛞ ᛁᚳ ᚷᛗᚹᛗᛚᚻᚹᚠᚱ ᚠᚾ ᚦᚠᚱᛗ ᚹᛇᚱᚠᛚᚻᛗ ᚠᚾᛞ ᛚᚠ ᛞᛁᚳᛗᛚᛗ ᚾᚣᚾᛗᛋᛋᛗ ᚻᚠᛦᚻᛗ ᚦᚠᚱᛗ ᛇᚱᚦᛚᚠᚱᛗ· ᚳᚢᚦᛗ ᛁᚳ ᛏᛗᛚᛚᚠᚾ ᚠᚾ ᚠᚾᚢᛞ ᛏᚷᚠᚾᛒᚣᚱᚻᛏᛞᛗ ᚦᚠᛏ ᛚᚠᚾᚻ ᚳᚻᛁᚾᚠ ᚷᛗᚳᚹᛗᚻᛗᚾ ᛦᚱᚠᛞ ᚦᚠᛞ ᛚᚠᚾᚻᛗ ᚦᛗ ᛁᛋ ᚾᚳ ᚷᛗᚳᚹᛗᚻᛗᚾ ᚠᚱᛁᛋᚠᚾᚠ· ᚠᚾᛞ ᚻᛁᛏ ᚻᛁᛚᛈᚦ ᛞᛁᚳᚳᛚᛗ ᚠᚾ ᚾᛁᚻᛏ ᚦᚠᚾᚾᛗ ᛞᚠᚾ ᚾᚠᛦᚦ ᚾᚠ ᛚᛗᛝ ᚦᚠᚾᛗ ᚱᛁᚻᛏᚠᚾ ᚹᛗᚷ·

ᚻᚠᛦᚻᛗ ᛁᚳ ᛏᚳ ᛞᛁᚳᚳᛚᛗ ᚳᚣᚦᛗ ᚷᚠᚻᚱᚠ ᛞᚠᚾᚾᚠ ᚠᚾ ᛞᛁᚾᚢᛞ ᛚᛁᛦᛗ· ᛒᚱᛏᚳ ᛁᚳ ᚷᛗᛚᚠᛞᛚᛁᚳᛗ ᚳᚣᚦᛗ ᚦᚠᚱᚠ ᚠᚹᛏᛉᛗᚾᚠ ᛞᚠᚾᚾᚠ ᚠᚾᛞ ᚳᚢᚦᛗ ᛁᚳ ᛋᚹᛁᚦᛗ ᚾᛉᚱᚹᛗ ᛚᚠᚳᛁᚠᚾ ᚻᛁᛞ ᚠᚾ· ᚠᚳ ᚻᛁᛏ ᚾᛗ ᛒᛗᛏᛗᚱᚠᚻᛗ ᚾᚠ ᛞᛁᚾ ᛁᚾᚷᛗᚻᚣᚷᚻ ᛒᛗ ᚻᛁᛞ·

ᛋᚹᚠ ᚦᚠᚾᚾᛗ ᛁᚳ ᚷᛗᛞᛗᛏᛗ ᚠᚾᚾᛗ ᛒᛗ ᚦᚠᛞ ᚦᛗ ᛁᚳ ᚦᚠᚻᛏᛗ ᚦᚠᛏ ᚻᛗ ᚹᚠᚱᛗ ᛚᚪᛏᚻᚹᚠᚾ ᛋᚾᚠᛏᚠᚱ ᚦᚠᚾᚾᛗ ᚠᛏᛁᛗᚹᚻᛗ ᛁᚳ ᚻᛁᛞ ᛞᛁᚾᛗ ᚴᚪᚱᛋᛏᛗ ᚷᛗᛚᛁᚳᚾᛗᛋᛋᛗ ᚦᚠ ᚦᛗ ᛁᚳ ᚳᛗᛈᛏᛗ ᚹᛗᛚ· ᚹᚠᛚᚻᛗ ᛁᚳ ᚷᛗᛋᛇᚾ ᚻᚹᚠᚦᚱᛗ ᚻᛗ ᚹᚠᚱᛗ ᚹᛁᛋ· ᚠᚳ ᛋᚪᛞᛚᛗ ᛞᚠᚾ ᚠᚷᛏᚴ ᛞᛗ ᚦᚠ ᚠᚾᚻᛋᚹᚠᚱᛗ· ⁝ᛁᛋ ᚻᛁᛏ ᚠᚾ ᚻᚠᛏ⁝ ᚦᚠᚾᚾᛗ ᚾᛗ ᚷᛗᚳᚹᚠᚦ ᛁᚳ ᛞᛁᚻ ᚻᛁᛞ ᚾᛗ ᛒᛗ ᚦᚠ ᛗᚾᛏᚾᚠᚻᚱᚠᚾ ᛒᚠᚠᛋ ᚷᛗᚳᚹᛗᚻᛗᚾ ᚾᛗ ᛒᛗ ᚹᛁᛚᚻᚳᛞ ᚹᛏᛚᚻᚳᛞ ᚾᛗ ᛒᛗ ᛋᛏᛇᚱᚱᚳᛞ· ᚠᚳ ᚳᚹᚠᚦ ᛁᚳ ᛋᚹᚠ ᛋᚹᚠ ᚻᛗ· ᛋᛈᚠᚳᚠᚾ ᚹᛗ ᛒᛗ ᚦᚠᛞ ᛈᛚᛗᚷᚳᛞ ᚦᛗ ᚷᛗ ᛒᚱᛁᚻᚷᛗ ᚠᚾᚻ ᚷᚠᛚᚴ ᚾᛗᛞᚾᚠᚦ ᚠᚾᚻ ᛒᛗ ᚦᚠᛞ ᚳᚱᚠᚴᛏᛗ ᚷᛗᚳᚹᛗᚻᛗᚾ ᛈᚠᛚᛁᛏᛁᚳᚠ ᚠᚾᚻ ᛒᛗ ᚦᚠᛞ ᚳᛚᚠᚦᛗ ᚦᛗ ᛁᛋ ᚷᛗᚳᚹᛗᚻᛗᚾ ᛏᛁᛗᚷᚠᚾᚳᛚᚠᚦ· ᚠᚾᚻ ᛋᚪᛞᛚᛗ ᛋᛗ ᚠᛈᛏᛘᛗᚾᚠ ᛞᚠᚾᚾ ᚹᚠᛋ ᚷᛗᚴᛇᚾᚻᛗ ᚦᚠᛏ ᚻᛗ ᚷᛗᚴᚠᚾᚻ ᛋᚹᚠ ᛋᚾᚠᛏᛏᚠᚱ ᛞᚠᚾᚾ ᛋᚹᚠ ᛁᚳ ᛇᛞ·

## ᚳᚠᛈᛁᛏᚠᛚ .II.

ᛋᚹᚠ ᛁᚳ ᚱᛗᛋᛏᛗ ᚠᚾᚠ ᚠᚾᚻ ᚾᚠᚴᚻᛗ ᚾᚠᚾ ᛞᛁᚻ ᚦᚠᛞ ᚦᛗ ᛁᚳ ᚳᚳᚦᛗ ᛋᚠᚦᛚᛁᚳᛗ ᛋᛈᛗᚳᚠᚾ ᚠᚾᚻ ᚻᛁᛏ ᛚᚠᛋᛏᛗ ᚠᚦ ᚦᚠᛏ ᛞᛗ ᚹᚳᚱᚻᛗ ᛋᚳᛞ ᚳᚾᚷᛗᛚᛁᛞᛈ ᚦᚠ ᚦᚠ ᛁᚳ ᚹᚠᛋ ᚠᚾ ᚦᚠᚱᛗ ᚹᛗᛋᛏᛗᚾᛗ ᚦᛗ ᛁᛋ ᚾᚳ ᛋᚠᚻᚠᚱᚠ ᚷᛗᚳᚹᛗᚻᛗᚾ ᛒᛇᚦ ᚠᛝᚠᚾ ᚾᚳ .VI. ᚷᛏᚱᚠ· ᚹᚠᛋ ᚻᛁᛏ ᛒᛗ ᚦᚠᛞ ᚦᚠᛏ ᛞᛁᚾ ᚠᛋᛏᚪᚱᛗᚱᛗ ᚦᛗ ᚷᛗ ᚾᚳ ᛞᚠᛏᚠᚱ ᚳᚹᛗᚦᚠᚦ ᚾᚠᛚᚻᛗ ᚾᚠ ᛚᛗᛝ ᚹᚪᚱᚳᛏᚾ· ᚠᚾᚻ ᚴᚠᚱ ᚦᚠᛞ ᚦᚠᛏ ᛁᚳ ᚾᚠᚴᚻᛗ ᚾᚠᚻᚹᚠᚦᛗᚱ ᚠᚾᚾᛗ ᚹᛇᚱᚳᛞᚠᚾ ᚾᛗ ᚠᚦᚱᛗ ᚷᛗᚴᛗᚱᚠᚾ ᚪᛞᛒᚳᛏᚠᚾ ᛞᛗ ᛁᚳ ᚠᚾᚠ ᚠᚾᚷᚠᚾᚾ ᚴᚠᚾᛞᛁᚠᚾ ᚦᚠᛏ ᚻᛗᚴᛁᚷ ᚹᛇᚱᚳ ᚠᚾ ᚦᚠᛞ ᚠᛋᛏᚪᚱᛗᚱᛗ· ᚹᚠᛋ ᛞᛁᚾ ᚹᚪᚱᚻ ᚦᚠ ᚠᚦᚦᛗ ᛚᛁᚴ ᚠᚦᚦᛗ ᚻᛏᚦ· ᚾᚠᚴᚻᛗ ᛁᚳ ᚹᚠᛏᛗᚱᛗᛋ ᚷᛗᚾᚠᚻ ᚦᚠᛋ ᛞᛗ ᛏᚠ ᚻᚱᛁᚾᚳᚠᚾ ᛒᛗᚻᚠᚴᚠᚻᛗ ᛒᛁᚾᚾᚠᚾ ᛘᚻᛏᚳᛞ ᚻᚠᚷᚳᛞ·

ᚠᚾᛋᛚᛗᛈ ᛁᚳ ᚦᚪ ᚴᚠᚱᛞᛗᛗᛋᛏᚠᚾ ᚾᛁᚻᛏᛗ ᚠᚾ ᚦᚠᛞ ᛋᚠᚾᛞᚳᛇᛋᚠᛚᚳᛞ ᚦᚳᛋᛗᚾᚻ ᛞᛁᛚᚠ ᚴᚱᚠᛞ ᛞᚠᚾᚾᚠ ᚷᛗᚹᚳᚾᚳᛝᛗ· ᚹᚠᛋ ᛁᚳ ᛞᚠᚱᛗ ᚠᚾᚠ ᚦᚠᚾᚾᛗ ᚠᚾᛁᚷ ᚴᚠᚱᛚᛁᚻᛗᚾ ᚠᚹᚱᛗ ᚷᛗᚹᚳᚱᚻᛗ ᚠᚾ ᚠᚾᚱᛗ ᚴᛚᛁᛗᛏᛗ ᚠᚾ ᛞᛁᚻᚻᚠᚾ ᚦᚠᚱᛗ ᛋᚠ· ᛞᚠᚷᚠᚾ ᚷᛗ ᛘᚦᛗ ᚳᚾᚻᛗᚱᛋᛏᚠᚾᚻᚠᚾ ᛞᛁᚾᛗ ᚹᚳᚾᚻᚱᚳᛝᛗ ᚦᚠ ᚦᚠ ᛁᚳ ᚹᚠᛋ ᚠᚹᚠᚳᚾᚠᚻ ᚠᚾ ᚠᚱᛁᛗ ᛞᛗᚱᚷᛗᚾ ᛞᛁᚻ ᚠᚾᚱᛗ ᛚᚪᛏᛚᚠᚾ ᚠᚾᚻ ᚳᚾᚳᚳᚦᚱᛗ ᛋᛏᛗᚴᚾᛗ· ᚹᚠᛋ ᚻᛇ ᛋᛈᚱᛗᚳᛗᚾᚻᛗ·

⁝ᚠᛏᛁᛗᚴᚱᛗ ᛞᛗ ᚠᚾ ᛋᚳᛏᛈ ᛁᚳ ᚦᛗ ᛒᛁᚻᚻᛗ⁝

⁝ᚻᚹᚠᛏ ᛁᛋ ᚦᚠᛏ ᚦᚠᛏ ᚦᚳ ᛋᚠᚷᚻᛗᛋᛏ⁝

⁝ᚠᛏᛁᛗᚴᚱᛗ ᛞᛗ ᚠᚾ ᛋᚳᛏᛈ⁝

ᚪᛋᛈᚱᚪᛝ ᛁᚳ ᚦᚪ ᛏᚩ ᛗᛁᚾᚢᛗ ᚠᚩᛏᚢᛗ ᛋᚹᚣᛚᚳᛖ ᛋᚹᚪ ᛚᛁᚷᛖᛏᛋᛚᛖᚻᛏ ᚻᚱᛁᚾᛖ ᛗᛖ· ᚹᛁᛈᚩᛞᛖ ᛁᚳ ᛗᛁᚾᛖ ᛠᚸᚪᚾ ᚪᚾᛞ ᚩᚾᚸᚪᚾᚾ ᛋᛏᚪᚱᛁᚪᚾ· ᛋᛠᚻ ᛁᚳ ᚦᚫᚱ ᛋᛏᚪᚾᛞᚪᚾ ᚫᚾᚾᛖ ᛚᚣᛏᛚᚪᚾ ᚹᚢᚾᛞᚩᚱᚷᛖᚠᚩᚷᛖᛞᚪᚾ ᛗᚪᚾᚾ ᚦᛖ ᛗᛖ ᛚᚩᚳᚩᛞᛖ ᚩᚾ ᛇᚱᚾᚩᛋᛏᛚᛁᚳᛖ· ᚻᛖᚱ ᚦᚢ ᛗᛁᚻᛏ ᚷᛖᛋᛇᚾ ᛋᛇ ᛒᛖᛏᛋᛏᚪ ᛚᛁᚳᚾᛖᛋᛋᛖ ᚦᛖ ᛁᚳ ᛋᛁᚦᚦᚪᚾ ᚳᚢᚦᛖ ᚠᚪᚷᚪᚾ ᛒᛖ ᚻᛁᛗ· ᚾᛁᛋ ᛋᛇ ᛚᛁᚳᚾᛖᛋᛋ ᚾᚪᛚᚫᛋ ᛋᚹᚪ ᚠᚫᚷᛖᚱ ᛋᚹᚪ ᚻᛖ ᚹᚫᛋ· ᚾᛁᛋ ᚻᛁᛏ ᚾᚪᛋᚾᚪ ᛗᛁᚾ ᚸᚣᛚᛏ· ᛚᛖᛏᛏᚪᚾ ᛗᛖ ᚪᚹᛠᛉᛖᚾᛖ ᛗᛖᚾ ᛏᚩ ᚠᚢᛚᛚᚹᚣᚱᚳᚪᚾᚾᛖ ᚦᚩᚾᛖ ᚳᚱᚫᚠᛏ ᚦᚪᚱᚪ ᛗᛖᛏᛖᚱᚪ ᚦᚪ ᚦᚪ ᛁᚳ ᚹᚫᛋ ᚩᚾ ᚣᛚᛞᛖ .VI. ᚷᛠᚱᚪ· ᚪᚾᛞ ᚠᚩᚱ ᚦᚪᛗ ᛁᚳ ᛚᛇᚱᚾᚩᛞᛖ ᚾᚪᚻᛏ ᛠᛚᛚᛖᛋ ᛒᚢᛏᚪᚾ ᚠᚪᚷᚪᚾ ᛖᚾᛏᚾᚫᛞᚱᚪᚾ ᚦᚪ ᚦᛖ ᛋᛁᚾᛞᚩᚾ ᚫᚸᚦᛖᚱ ᚷᛖ ᚷᛖᛚᚩᚳᛖᚾᛖ ᚷᛖ ᚷᛇᛈᛖᚾᚩᛞᛖ·

ᛚᚩᚳᚩᛞᛖ ᛁᚳ ᛗᛁᛞ ᛗᛁᚳᚳᛚᚢᛗ ᛠᚸᚢᛗ ᚪᚾᛞ ᚩᚠᚹᚢᚾᛞᚱᚩᛞᚢᛗ ᚩᚾ ᚦᚪ ᚫᛏᚣᚹᚾᛖᛋᛋᛖ· ᚠᚩᚱᚷᛁᛖᛏᚪᚦ ᚾᚪᚻᛏ ᚦᚫᛏ ᛁᚳ ᚹᚫᛋ ᚦᚢᛋᛖᚾᛞ ᛗᛁᛚᚪ ᚠᚱᚩᛗ ᚫᚾᛁᚷᚱᚪ ᛗᚪᚾᚾᚪ ᚷᛖᚹᚢᚾᚢᛝᛖ· ᚪᚾᛞ ᚦᚫᚱᛏᚩᛠᚳᚪᚾ ᚦᚢᚻᛏᛖ ᛗᛖ ᚦᚫᛏ ᚦᚫᛏ ᛚᚣᛏᛖᛚ ᚹᛁᚻᛏ ᚾᚫᚱᛖ ᚾᚪᚦᚩᚱ ᚪᚹᛖᛞᛖ ᚾᛖ ᚠᚩᚱᚦᚠᚩᚱᛖᚾᛞᛖ ᚠᚩᚱ ᛗᛖᚦᚾᛖᛋᛋᛖ ᚾᛖ ᚠᚩᚱ ᚻᚢᛝᚱᛖ ᚾᛖ ᚠᚩᚱ ᚦᚢᚱᛋᛏᛖ ᚾᛖ ᚠᚩᚱ ᛖᚷᛖ· ᚾᛖ ᚦᚢᚻᛏᛖ ᛗᛖ ᚦᚫᛏ ᚻᛁᛏ ᚹᚫᚱᛖ ᚳᛁᛚᛞ ᚦᚫᛏ ᚠᚩᚱᛚᚢᚱᛖ ᚦᚩᚾᛖ ᚱᛁᚻᛏᚪᚾ ᚹᛖᚷ ᚦᚫᚱᛖ ᚹᛖᛋᛏᛖᚾ ᚩᚾᛗᛁᛞᛞᚪᚾ ᚦᚢᛋᛖᚾᛞ ᛗᛁᛚᚪ ᚠᚱᚩᛗ ᛗᚪᚾᚾᚪ ᚷᛖᚹᚢᚾᚢᛝᛖ· ᚦᚪ ᚦᚪ ᛁᚳ ᚻᛚᛇᚦᚱᛁᚪᚾ ᛗᛁᚻᛏᛖ ᚳᚹᚫᚦ ᛁᚳ ᚻᛁᛗ ᛏᚩ·

:ᛚᚪ ··· ᚻᚹᚫᛏ ᛞᛖᛋᛏ ᚦᚢ ᚻᛖᚱ·:

ᚪᚾᛞ ᛖᚠᛏ ᚻᛖ ᚳᚹᚫᚦ ᛋᚩᚠᛏᛖ ᚷᛖᚾᚩᚻ ᚪᚾᛞ ᛇᚱᚾᚩᛋᛏᛚᛁᚳᛖ·

:ᚪᛏᛁᛖᚠᚱᛖ ᛗᛖ ᚪᚾ ᛋᚳᛠᛈ ᛁᚳ ᚦᛖ ᛒᛁᛞᛞᛖ·:

ᚷᛁᚠ ᛋᚢᛗᛖ ᛞᛁᛖᚸᚩᛚᚾᛖᛋ ᛁᛋ ᛋᚹᛁᚦᛖ ᚻᛖᚠᛁᚷ ᛗᚪᚾ ᛗᚫᚷ ᛞᛁᛖᚱᛖ ᚾᚪᚻᛏ ᚹᛁᚦᛋᛏᚪᚾᛞᚪᚾ· ᚦᛠᚻᚦᛖ ᚻᛁᛏ ᚦᚢᚻᛏᛖ ᛗᛖ ᛞᚹᚫᛋᛚᛁᚳ ᚦᚢᛋᛖᚾᛞ ᛗᛁᛚᚪ ᚠᚱᚩᛗ ᛗᚪᚾᚾᚪ ᚷᛖᚹᚢᚾᚢᛝᛖ ᚪᚾᛞ ᚦᚫᛗ ᛞᛠᚦᛖ ᚷᛖᚾᛁᛖᚻᛋᛏ ᚷᛁᛖᛏ ᚷᛖᛏᛠᚻ ᛁᚳ ᚷᛖ ᛒᚫᚳᚠᛖᛚᛚ ᚷᛖ ᚹᚱᛁᛏᛁᚱᛖᚾ ᚠᚱᚩᛗ ᛗᛁᚾᚢᛗ ᚳᚩᛞᛞᛖ· ᚪᚳ ᚦᚪ ᚷᛖᛗᚢᚾᛞᛖ ᛁᚳ ᚦᚫᛏ ᛁᚳ ᚹᚫᛋ ᛗᚪᚱᛖ ᚷᛖᛚᚫᚱᛖᛞ ᛁᚾ ᚦᚫᚱᛖ ᛇᚱᚦᛚᚪᚱᛖ ᛁᚾ ᛋᛈᛖᛚᛚᚢᛗ ᛁᚾ ᚪᚱᛁᛏᚻᛗᛖᛏᛁᚳᚪ ᚪᚾᛞ ᛁᚾ ᚦᚫᛗ ᛋᛏᚫᚠᚳᚱᚫᚠᛏᛖ ᚪᚾᛞ ᛒᛖ ᛋᚢᛗᚢᛗ ᛞᚫᛚᛖ ᚢᚾᚱᚩᛏᛚᛁᚳᛖ ᛋᚫᚷᛞᛖ ᛁᚳ ᚦᚫᛗ ᚹᛁᚻᛏᛖ ᚦᚫᛏ ᛁᚳ ᚠᚪᚷᚪᚾ ᚾᛖ ᚳᚢᚦᛖ· ᚪᚾᛞ ᚻᛖ ᚪᚾᛞᛋᚹᚪᚱᚩᛞᛖ·

:ᛚᚪ ᛚᛇᚠ ᚪᛏᛁᛖᚠᚱᛖ ᛗᛖ ᚪᚾ ᛋᚳᛠᛈ·:

ᛋᛁᚦᚦᚪᚾ ᛁᚳ ᚾᚫᚠᚱᛖ ᚾᛖ ᚠᚫᚷᛖᛞᛖ ᛋᚳᛠᛈ ᚩᚾᚸᚪᚾᚾ ᛁᚳ ᚻᛁᛗ ᚠᚪᚷᚪᚾ ᚪᚾᛖ ᚦᚪᚱᚪ ᛏᚹᛖᚷᚪ ᛚᛁᚳᚾᛖᛋᛋᚪ ᚦᛖ ᛁᚳ ᛗᛁᚻᛏᛖ ᚠᚪᚷᚪᚾ· ᚹᚫᛋ ᚻᛁᛏ ᚦᚪ ᛚᛁᚳᚾᛖᛋᛋᛖ ᚦᚫᚱᛖ ᛚᚩᚳᛖᚾᚪᚾ ᛖᚾᛏᚾᚫᛞᚱᚪᚾ· ᚪᚾᛞ ᚹᚫᛋ ᛁᚳ ᛋᚹᛁᚦᛖ ᚩᚠᚹᚢᚾᛞᚱᚩᛞ ᚦᚪ ᚦᚪ ᛁᚳ ᚻᛁᛖᚱᛞᛖ ᚦᚩᚾᛖ ᛚᚣᛏᛚᚪᚾ ᛗᚪᚾᚾ ᚳᚹᛖᚦᚪᚾ·

ᚻᛖᚱ ᚦᚢ ᛞᛁᚻᛏ ᚷᛖᛋᛇᚾ ᛋᛇ ᛒᛖᛏᛋᛏᚫ ᛚᛁᚳᚾᛖᛋᛋᛖ ᚦᛖ ᛁᚳ ᛋᛁᚦᚦᚫᚾ ᚳᚢᚦᛖ
ᚹᚫᚷᚫᚾ ᛒᛖ ᚻᛁᛞ·

:ᚾᚠ· ᚾᚠ· ᚾᛖ ᚹᛁᛚᛚᛖ ᛁᚴ ᚾᚠᚾᚾᛖ ᛖᛚᛈᛖᚾᚺ ᚹᛁᚦᛁᚾᚾᚠᚾ ᛖᚾᛏᚾᚠᚺᚱᚠᚾ· ᛁᛋ ᛖᚾᛏᚾᚠᚺᚱᛖ ᛋᚹᛁᚦᛖ ᛉᚱᛖᚴᛖᚾᚺᛚᛁᚴ ᚠᚾᚺ ᛁᛋ ᚾᛁᛖᚺ ᛞᛁᚴᚴᛚᚢᛞ ᚱᚢᛞᛖ ᚦᚠᛞ ᛖᛚᛈᛖᚾᚺᛖ· ᛁᛋ ᚱᚢᛞ ᛚᛆᛏᛖᛚ ᛁᚾᚾᚠᚾ ᛞᛁᚾᚢᛞ ᚻᚢᛋᛖ· ᛁᛋ ᛞᛖ ᚾᛁᛖᚺ ᛋᚴᛘᛈᛖᛋ· ᚠᛏᛁᛖᛉᚱᛖ ᛞᛖ ᛋᚴᛘᛈ·:

ᚦᚢᛋ ᚠᚾᛝᚠᚾᚾ ᛁᚴ ᛉᚠᚷᚠᚾ·

ᚦᚠᛏ ᚹᛁᚻᛏ ᛞᛖ ᛚᚠᚴᚠᚺᛖ ᚠᚾ ᛒᛁᛋᛁᚷᛖ ᚠᚾᚺ ᚻᛖ ᚴᚹᚠᚦ ᚦᚠ·

:ᚾᚠ· ᚦᚠᛏ ᛋᚴᛘᛈ ᛁᛋ ᛋᛁᚴᛚᛖ· ᛉᚠᚷᛖ ᛞᛖ ᚠᚦᛖᚱ·:

ᚠᚾᛝᚠᚾᚾ ᛁᚴ ᛉᚠᚷᚠᚾ·

ᛋᛞᛘᚱᚴᚠᚺᛖ ᚦᚨ ᛞᛁᚾ ᛉᚱᛇᚾᚺ ᛚᚢᛉᛖᛚᛁᚴᛖ ᚠᚾᚺ ᛉᚱᛇᚾᚺᛚᛁᚴᛖ·

:ᚷᛖᛋᛁᛖᚻᚦᚢ ᚹᛖᛚ ··· ᚾᛁᛋ ᚦᚠᛏ ᚠᚾ ᛋᚴᛘᛈ ᛁᛋ ᚻᛁᛏ ᚠᚾ ᚱᚠᛞᛞ· ᚻᚠᛉᚦ ᚻᛖ ᚻᚠᚱᚾᚠᛋ·:

ᚠᚾᛝᚠᚾᚾ ᛁᚴ ᚦᚨ ᛉᚠᚷᚠᚾ ᚠᚦᚱᛖ ᛚᛁᚴᚾᛖᛋᛋᛖ·

ᚠᚴ ᚻᛇ ᚹᚠᛋ ᚠᚾᛋᚴᚢᚾᚠᚺᛖ ᛋᚹᚨ ᛋᚹᚨ ᚦᚨ ᚠᚱᚱᚠᚾ·

:ᛁᛋ ᚦᚠᛏ ᛋᚴᛘᛈ ᛞᛁᚴᚴᛚᛖᛋ ᛏᚨ ᛘᛚᚺ· ᛁᚴ ᚹᛁᛚᛚᛖ ᛋᚴᛘᛈ ᚦᛖ ᛚᚠᛝᛖ ᛞᚠᚷ ᛚᛁᛒᛒᚠᚾ·:

ᚠᚾᛝᚠᚾᚾ ᛁᚴ ᚦᚨ ᛚᛇᛋᚠᚾ ᛞᛁᚾᛖ ᚷᛖᚦᛆᛚᚺᛖ ᚹᚠᛋ ᛋᛇ ᛏᛁᚺ ᚴᚢᛞᛖᚾ ᚦᚠᛏ ᛁᚴ ᛞᚠᛋᛏᛖ ᚹᛆᚱᚴᚠᚾ ᚠᚾ ᛞᛁᚾᚢᛞ ᚠᛋᛏᛆᚱᛖᚱᛖ· ᛞᚠᚴᚠᚺᛖ ᛁᚴ ᚦᚨ ᚻᚱᚠᚦᛖ ᚦᛇᛋᛋᛖ ᛚᛁᚴᚾᛖᛋᛋᛖ ᚠᚾᚺ ᛝᚾᚠᚱᚾᚠᚺᛖ ᚦᚢᛋ·

:ᛚᚨ ᚠᚾᛖ ᛕᛁᛋᛏᛖ· ᚦᚠᛏ ᛋᚴᛘᛈ ᚦᛖ ᚦᚢ ᚹᛁᛚᛏ ᛁᛋ ᚹᛁᚦᛁᚾᚾᚠᚾ ᚦᚠᚱᛖ ᛕᛁᛋᛏᛖ·:

ᚹᚠᛋ ᛁᚴ ᚦᚨ ᛞᛁᚴᛖᛚ ᚠᛋᛏᛆᚱᚠᚺ ᚦᚨ ᚦᚨ ᛁᚴ ᚷᛖᛋᛘᚻ ᚦᚠᛏ ᛞᛁᚾᛖᛋ ᛆᛞᛒᛋᛈᚱᚠᚴᛖᚱᛖᛋ ᚻᛚᛇᚱ ᚠᚾᛝᚠᚾᚾ ᛚᛁᚻᛏᚠᚾ·

:ᚦᛁᛋ ᛁᛋ ᛘᛚ ᛋᚹᚨ ᛁᚴ ᚻᛁᛏ ᚷᛖᚹᛁᛚᚾᚠᚺᛖ· ᚹᛖᚾᛖᛋᛏᚢ ᚦᚠᛏ ᚦᚠᛞ ᛋᚴᛘᛈᛖ ᛒᛖᚻᚠᛉᚠᚦ ᛞᛁᚴᚴᛚᛖᛋ ᛝᚱᚠᛋᛖᛋ·:

:ᛉᚠᚱ ᚻᚹᛆ ᚴᚹᚠᚺᛖᛋᛏ ᚦᚢ ᚦᚢᛋ·:

:ᛉᚠᚱ ᚦᚠᛞ ᚦᛖ ᛘᛚᛚᛖ ᚦᛁᛝ ᛋᛁᚾᚺᚠᚾ ᛋᚹᛁᚦᛖ ᛚᛆᛏᛖᛚ ᚹᛁᚦᛁᚾᚾᚠᚾ ᛞᛁᚾᚢᛞ ᚻᚢᛋᛖ·:

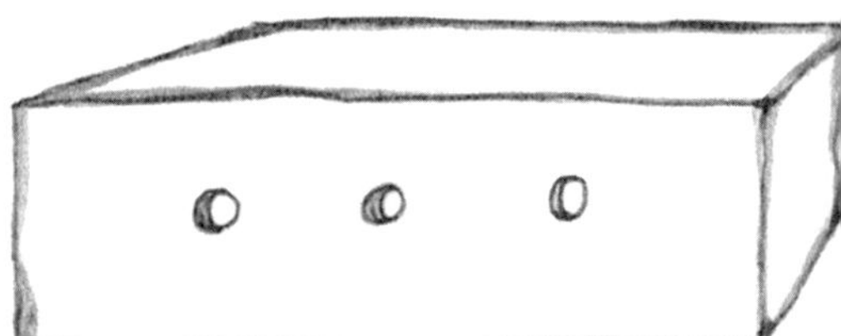

:ᚦᚨᚱ ᛒᛁᚦ ᛯᚱᚨᛋᛖᛋ ᚷᛖᚾᚨᚻ᛫ ᛋᛏᛚᚻᛖ ᛁᚳ ᚦᛖ ᛚᚣᛏᛖᛚ ᛋᚳᛏᛈ᛬
ᚷᛖᚻᚾᛁᛯᚨᚻᛖ ᚻᛖ ᚦᚨ ᚻᛁᛋ ᚻᛏᚹᚨᚻ ᛏᚨ ᚦᚨᚱᛖ ᛚᛁᚳᚾᛖᛋᛋᛖ᛫
:ᚾᛁᛋ ᚻᛁᛏ ᛋᛈᚨ ᛚᚣᛏᛖᛚ ᛋᛈᚨ … ᛚᚨ ᚻᛁᛏ ᚨᚾᛋᛚᛖᛈ᛬
ᚦᚣᛋ ᛁᚳ ᛗᛖᛏᛏᛖ ᚦᚨᚾᛖ ᛚᚣᛏᛚᚨᚾ ᚨᚦᛖᛚᛁᛝ᛫

## ᚳᚨᛈᛁᛏᚨᛚ .III.

ᚹᚨᛋ ᚻᛁᛏ ᛚᚨᛝᛖ ᛏᚨ ᚦᚨᛗ ᚦᚨᛏ ᛁᚳ ᚳᚣᚦᛖ ᚣᚾᚻᛖᚱᛋᛏᚨᚾᚻᚨᚾ ᚻᛈᚨᚾᚨᚾ ᚻᛖ
ᚳᚨᛗ᛫ ᛋᛖ ᛚᚣᛏᛚᚨ ᚨᚦᛖᛚᛁᛝ ᚨᛋᚳᚨᚻᛖ ᛗᛖ ᛗᚨᚾᛁᚷ ᚦᛁᛝ ᚨᚾᛗ ᚻᛁᛏ ᚦᚣᚻᛏᛖ
ᛗᛖ ᚦᚨᛏ ᚾᛖ ᚷᛖᚻᚣᚱᚻᛖ ᚻᛖ ᚾᚨ ᚹᚱᛖᚷᚾᚨᛋ ᛗᛁᚾᛖ᛫ ᛒᛖ ᛋᚣᚾᚻᚱᛁᛯᚣᛗ
ᚹᚨᚱᚻᚣᛗ ᚦᛖ ᛁᚳ ᚷᛖᚻᚣᚱᚨᚾ ᛗᛁᚻᛏᛖ ᚨᚾᚳᚾᛇᛈ ᛁᚳ ᛋᛏᚣᚳᚳᛖᛗᚨᛚᚣᛗ ᚻᛁᛋ ᚦᚨ
ᚻᛁᛖᛯᚨᛚᚾᛖᛋᛋᛖ᛫ ᚦᚨ ᚦᚨ ᚻᛖ ᚹᚣᚱᛋᛏ ᚷᛖᛋᛏᚻ ᛗᛁᚾᚾᛖ ᛚᚣᚹᛏᚹᛚᚨᛯᚨᚾ ᚾᛖ
ᛈᛁᛚᛚᛖ ᛁᚳ ᚹᚨᚷᚨᚾ ᛗᛁᚾᚾᛖ ᛚᚣᚹᛏᚹᛚᚨᛯᚨᚾ ᚹᚨᚱ ᚦᚨᛗ ᚦᛖ ᚻᛁᛏ ᛗᛖ ᛁᛋ ᛏᚨ
ᛗᛁᚳᛖᛚ ᚦᛁᛝ ᚨᛋᚳᚨᚻᛖ ᚻᛖ᛫

:ᛚᚨ ᚻᛈᚨᛏ ᛁᛋ ᚦᚨᛏ ᚦᛖ ᛁᚳ ᛗᚨᚷ ᚻᛖᚱ
ᚷᛖᛋᛇᚾ᛬

:ᚾᛁᛋ ᚦᚨᛏ ᚨᚾ ᚦᛁᛝ ᚨᚳ ᚻᛁᛏ ᛗᚨᚷ ᚹᛚᛇᚾ᛫ ᛁᛋ
ᚻᛁᛏ ᛚᚣᚹᛏᚹᛚᚨᛯᚨ ᛗᛁᚾ ᛚᚣᚹᛏᚹᛚᚨᛯᚨ᛬

ᚹᚨᛋ ᛁᚳ ᛋᛈᛁᚦᛖ ᛈᚱᚣᚻ ᚹᚨᚱ ᚦᚨᛗ ᚦᚨᛏ
ᛁᚳ ᚳᚣᚦᛖ ᛋᛖᚳᛯᛏᚾ ᚻᛁᛗ ᛏᚨ ᚦᚨᛏ ᛁᚳ ᛗᛁᚻᛏᛖ
ᚹᛚᛇᚾ᛫ ᚳᛚᚣᛈᚨᚻᛖ ᚻᛖ ᚦᚨ᛫

:ᚻᛈᚨᛏ ᚦᚨ᛫ ᚷᛖᚹᛇᛚᛚᛖ ᚦᚣ ᚨᚹ ᚻᛇᚹᛖᚾᚣᛗ᛬

:ᚷᛖᛋᛖ ᛚᛇᚹ᛬ ᛋᚨᚷᚻᛖ ᛁᚳ ᚦᚨ ᛏᚦᛗᚨᚻᛚᛁᚳᛖ
ᚻᛁᛗ ᛏᚨ᛫

:ᛚᚨ᛫ ᛁᛋ ᚻᛁᛏ ᛒᛚᛁᛋᛋᛖ ᛁᚾᛏᛁᛝᚨ᛬

ᚨᚾᛯᚨᚾᚾ ᚦᚨ ᛋᛈᛁᚦᛖ ᚻᛚᛁᛖᚻᚻᚨᚾ ᛋᛖ ᛚᚣᛏᛚᚨ
ᚨᚦᛖᛚᛁᛝ ᚨᚾᚻ ᚹᚨᛋ ᛁᚳ ᛋᛈᛁᚦᛖ ᚨᛋᛏᚣᚱᛖᚻ
ᛒᛖ ᚦᚨᛗ᛫ ᚹᚨᚱ ᛗᛖ ᛁᛋ ᛗᛁᚳᛖᛚ ᚦᛁᛝ ᚦᚨᛏ
ᛗᛁᚾ ᚣᚾᚷᛖᛚᛁᛗᛈ ᛁᛋ ᚣᚾᚻᛖᚱᛋᛏᚨᚾᚻᛖᚾ
ᚳᚾᛇᚱᚻᛚᛁᚳᛖ᛫ ᚨᚳ ᚻᛖ ᛋᚨᚷᚻᛖ ᚦᚨ᛫

:ᚦᚢ ᚳᚠᛞᛖ ᛉᚳ ᚴᚱᚠᛞ ᚺᛇᚴᚠᚾᛖ· ᚴᚱᚠᛞ ᚺᚹᛖᛚᚳᚢᛞ ᛋᛏᛇᚱᚱᚠᚾ ᚳᚠᛞᛖ ᚦᚢ·:

ᚠᚾᚸᚠᚾᚾ ᛁᚳ ᚦᚠ ᚢᚾᚻᛖᚱᛋᛏᚠᚾᚻᚠᚾ ᚦᚠ ᚻᛁᛖᚸᚠᛚᚾᛖᛋᛋᛖ ᚴᚠᚱ ᚺᚹᚣ ᚺᛖ ᚠᚾᚻᚹᛉᚱᚻ ᚹᚠᛋ ᚠᚾᚻ ᚺᚱᚠᚦᛖ ᛁᚳ ᚠᛋᚳᚠᚻᛖ·

:ᚦᚠᚾᚾᛖ ᚳᚠᛞᛖ ᚦᚢ ᚴᚱᚠᛞ ᚠᚾᚢᛞ ᚠᚦᚱᚢᛞ ᛋᛏᛇᚱᚱᚠᚾ·:

ᚠᚳ ᚺᛖ ᚾᛖ ᚠᚾᚻᚹᚣᚱᚻᛖ ᚾᚠᚺᛏ· ᛋᚳᚠᚳ ᚺᛖ ᚦᚠ ᛋᚠᚴᛏᛖ ᚺᛁᛋ ᚺᛉᚴᚠᚻ ᚠᚾᚻ ᛚᚠᚳᚠᚻᛖ ᚠᚾ ᛞᛁᚾᚢᛞ ᛚᚣᚴᛏᚴᛚᚠᚸᚠᚾ·

:ᛚᚠ ᛒᛖ ᚦᚠᛞ ᚦᛁᛝᛖ ᚦᚢ ᚾᛖ ᛞᚠᚷᛖ ᛒᛇᚾ ᚴᛇᚱᚱᚳᚢᛞᛖᚾ·:

ᚠᚾᚸᚠᚾᚾ ᚦᚠ ᚠᛋᛚᚠᛈᚠᚾ ᛚᚠᛝᛖ ᚺᚹᛁᛚᛖ· ᚷᛖᚾᚠᛞ ᚦᚠ ᛞᛁᚾ ᛋᚳᛏᛈ ᚴᚱᚠᛞ ᚺᛁᛋ ᛒᛁᛋᚠᚳᛖ ᚠᚾᚻ ᛒᛖᛏᚠᚺᛏᛖ ᚺᛁᚾᛖ ᛋᚣᛚᚴᚾᛖ ᛏᚠ ᛋᚳᛉᚹᛁᚠᚾᚾᛖ ᚺᛁᛋ ᚸᚠᚱᛋᚢᛞ·

ᚷᛖ ᛞᚠᚸᚠᚾ ᚷᛖᚦᛖᚾᚳᛖᚠᚾ ᚺᚢ ᛋᛏᚱᚠᛝᛚᛁᚳᛖ ᛁᚳ ᚹᚠᛋ ᚠᛋᛏᚣᚱᚠᚻᛖ ᛒᛖ ᚦᚠᛞ ᚴᚠᚱᛖᛏᚠᚳᚾᛖ ᚦᚠᚱᚠ :ᚠᚦᛖᚱᚠ ᛋᛏᛇᚱᚱᛖᚾᚠ:· ᚠᚾᚻ ᚴᚠᚱ ᚦᚠᛞ ᚷᛖᚳᚾᛇᚱᚻᛚᚠᚺᛏᛖ ᛁᚳ ᚺᚢ ᛁᚳ ᛞᚠ ᛞᛁᚺᛏᛖ ᚹᛁᛏᚠᚾ·

:ᚺᚹᚠᚾᚠᚾ ᛉᚱᛏ ᚦᚢ ᛞᛁᚾ ᚦᚢ ᛚᚣᛏᛖᛚ ᚹᛁᚺᛏ· ᚺᚹᚠᚱ ᛁᛋ ᚦᛁᚾ ᚺᚠᛞ· ᚺᚹᛁᚻᛖᚱ ᚹᛁᛚᛏ ᚦᚢ ᛚᚠᚻᚠᚾ ᛞᛁᚾ ᛋᚳᛉᛈ·:

ᚠᚾᚻᚹᚣᚱᚻᛖ ᚺᛖ ᚠᚴᛏᛖᚱ ᚦᚠᚺᛏᛖ ᚠᚾᚻ ᛋᚹᛁᚷᛖ·

:ᛋᛇ ᚳᛁᛋᛏ ᚦᛖ ᚦᚢ ᛞᛖ ᚠᚷᛉᚴ ᚺᛇ ᚺᚠᚴᚦ ᚦᚠ ᚸᚠᚻᚾᛖᛋᛋᛖ ᚦᚠᛏ ᚾᛁᚺᛏᛖᛋ ᚺᛇ ᛞᚠᚷ ᛒᛇᚾ ᚺᛁᛋ ᚺᚢᛋ·:

:ᚷᛖᛋᛖ· ᚠᚾᚻ ᚷᛁᚴ ᚦᚢ ᚹᛁᛚᛏ ᛒᛇᚾ ᚷᛖᚺᛁᛖᚱᛋᚢᛞ ᛁᚳ ᚷᛁᛖᚴᛖ ᚦᛖ ᚱᚠᛈ ᚦᚠᛏ ᚦᚢ ᛞᛁᚺᛏ ᚺᛁᛏ ᚷᛖᛏᛁᛖᚷᚠᚾ ᚻᚠᚷᛖᛋ· ᚠᚾᚻ ᚷᛁᛖᚴᛖ ᛁᚳ ᚦᛖ ᛉᚳ ᛈᛁᚾᚾ·:

ᚦᚢᚺᛏᛖ ᛞᛖ ᚦᚠᛏ ᛋᛖ ᚳᚹᛁᚻᛖ ᚻᚣᚱᚴᛖᚻᛖ ᚦᚠᚾᛖ ᛚᚣᛏᛚᚠᚾ ᚠᚦᛖᛚᛁᛝ·

:ᚺᛁᛏ ᚷᛖᛏᛁᛖᚸᚠᚾ· ᛁᛋ ᚺᛁᛏ ᚹᚢᚾᚻᚠᚱᛚᛁᚳ ᚦᚠᚺᛏ·:

:ᛚᚠ ᚷᛁᚴ ᚦᚢ ᚺᛁᛏ ᚾᛖ ᚷᛖᛏᛁᛖᚷᛖ ᚺᛁᛏ ᚹᛁᛚᛚᛖ ᚸᚠᚾ ᚺᚹᚠᚱᚺᚹᚠᚸᚠ ᚠᚾᚻ ᛚᚠᛋᛁᚠᚾ·:

ᚦᚠ ᛖᚴᛏ ᚠᚾᚸᚠᚾᚾ ᚺᛚᛁᛖᚺᚺᚠᚾ ᛞᛁᚾ ᚴᚱᛇᚾᚻ·

:ᚺᚹᛁᚻᛖᚱ ᛋᚳᛉᛚ ᚺᛁᛏ ᚸᚠᚾ ᛒᛖ ᚦᛁᚾᚢᛞ ᚹᛁᛚᛚᚠᚾ·:

:ᚷᛖᚺᚹᛁᚻᛖᚱ· ᚷᛖᚷᚾᚢᛞ·:

ᚳᚹᚠᚦ ᚦᚠ ᛋᛖ ᛚᚣᛏᛚᚠ ᚠᚦᛖᛚᛁᛝ ᛇᚱᚾᚠᛋᛏᛚᛁᚳᛖ·

:ᚾᛁᛋ ᚺᛁᛏ ᚾᚠᚾ ᚺᛖᚴᛁᚷ ᚦᛁᛝ ᚴᚠᚱ ᚦᚠᛞ ᚦᛖ ᚦᚠ ᚦᛁᛝ ᛋᛁᚾᚻᚠᚾ ᛋᚹᛁᚦᛖ ᛚᚣᛏᛖᛚ ᚠᚾ ᛞᛁᚾᚢᛞ ᚺᚢᛋᛖ·:

ᚠᚾᚻ ᚹᚠᛋ ᚺᛖ ᚹᚠᚾᛁᛝᚠ ᚷᛖᛋᚹᚠᚱᚳᛖᚾ ᚦᚠ ᚦᚠ ᚺᛖ ᛏᚠᚠᛏᚣᚺᛏᛖ·

:ᛞᚠᚷ ᛞᚠᚾ ᚾᚠ ᚴᛇᚱᚱ ᚸᚠᛝᚠᚾ ᚠᚾ ᚱᛁᚺᛏᛖ·:

ᚻᛖᚱ ᚦᚢ ᛗᛁᚻᛏ ᚷᛖᛋᛇᚾ ᚦᚩᚾᛖ ᛚᚣᛏᛚᚪᚾ ᚫᚦᛖᛚᛁᛝ ᚩᚾ ᚦᚫᛗ ᛏᚢᛝᛚᛖ ᛒ .DCXII.

# ᚳᚪᛈᛁᛏᚩᛚ .IV.

ᛁᚳ ᛚᛇᚱᚾᚩᛞᛖ ᚩᚦᛖᚱ ᛗᛁᚳᛖᛚ ᚦᛁᛝ· ᚾᚫᛋ ᛋᛖ ᛏᚢᛝᚩᛚ ᚦᚩᚾᚩᚾ ᚻᛖ ᚳᚩᛗ ᚻᛠᚱᛞᛚᛁᚳᛖ ᛗᚪᚱᛖ ᚦᚪᚾᚾᛖ ᚻᚢᛋ·

ᚾᛖ ᚦᚢᚻᛏᛖ ᛗᛖ ᚦᚫᛏ ᚹᚢᚾᛞᚩᚱᛚᛁᚳ· ᚩᚾᚳᚾᛇᚹ ᛁᚳ ᚦᚫᛏ ᚩᚾᚢᚠᚪᚾ ᚦᚫᛗ ᛗᛁᚳᚳᛚᚢᛗ ᛏᚢᛝᛚᚢᛗ ᚦᛖ ᚻᚫᛒᛒᚪᚦ ᚾᚪᛗᚪᚾ ᛋᚹᚪ ᛋᚹᚪ ᛇᚱᚦᛖ ᛁᚢᛈᛁᛏᛖᚱ ᛏᛁᚱ ᚢᛖᚾᚢᛋ ᛋᛁᚾᛞᚪᚾ ᚩᚦᚱᛖ ᚻᚢᚾᛞᛖ ᚩᚾᛞ ᚦᚪ ᛋᛁᚾᛞᚪᚾ ᛏᚩ ᚦᚫᛋ ᛚᚣᛏᛖᛚ ᚦᚫᛏ ᛗᚪᚾ ᚻᛁᛖ ᛗᚫᚷ ᚢᚾᛠᚦᛖ ᚷᛖᛋᛇᚾ ᛗᛁᛞ ᚠᛇᚱᚱᛋᚳᛠᚹᛖᚱᛖ· ᚷᛁᚠ ᛋᚢᛗ ᛏᚢᛝᚩᛚᚳᚱᚫᚠᛏᛁᚷᚪ ᚩᚾᚠᛁᚾᛞᛖᚦ ᚫᚾᚾᛖ ᚻᛇᚱᚪ ᚾᛖᛗᚾᛖᚦ ᚻᛖ ᚻᛁᚾᛖ ᛗᛁᛞ ᛏᚪᛚᛖ· ᚹᛖᚾ ᛁᛋ ᚦᚫᛏ ᚻᛖ ᚾᛖᛗᚾᚪᚦ ᚻᛁᚾᛖ ᛏᚢᛝᚩᛚ .MMMCCLI.·

ᚱᛁᚻᛏᛚᛁᚳᛖ ᛁᚳ ᛗᚫᚷ ᚷᛖᛚᛁᛖᚠᚪᚾ ᚦᚫᛏ ᛋᛖ ᛏᚢᛝᚩᛚ ᚦᚩᚾᚩᚾ ᚳᚩᛗ ᛋᛖ ᛚᚣᛏᛚᚪ ᚫᚦᛖᛚᛁᛝ ᛁᛋ ᛏᚢᛝᚩᛚ ᛒ .DCXII. ᚹᚫᛋ ᚦᛖᛋ ᛏᚢᛝᚩᛚ ᚫᚾᚪ ᚩᚾᚷᛁᛖᛏᛖᚾ ᛗᛁᛞ ᚠᛇᚱᚱᛋᚳᛠᚹᛖᚱᛖ ᛒᛖ ᛋᚢᛗᚢᛗ ᛏᚢᛝᚩᛚᚳᚱᚫᚠᛏᛁᚷᚪᚾ ᚩᚾ ᛏᚢᚱᚳᚹᚪᚱᚢᛗ ᚦᚣ ᚷᛠᚱᛖ .MCMIX.·

ᚦᚪ ᚦᚪ ᚻᛖ ᚻᛁᚾᛖ ᚩᚾᚠᚢᚾᛞᛖᚾ ᚻᚫᚠᛞᛖ ᚻᚫᚠᛞᛖ ᚻᛖ ᛗᛁᚳᚳᛚᛖ ᛋᛈᚱᚫᚳᛖ ᛒᛖ ᚻᛁᛗ ᛗᛁᛞ ᚷᛖᚻᚹᚫᚾᚫᚾ ᚳᚢᛗᛖᚾᚢᛗ ᛏᚢᛝᚩᛚᚳᚱᚫᚠᛏᛁᚷᚢᛗ· ᚪᚳ ᚾᚫᛋ ᚦᚫᚱ ᚾᚪᚾ ᚦᛖ ᚻᛁᛗ ᚷᛖᛚᛁᛖᚠᛞᛖ ᚪᚾ ᚩᚾᛞ ᚦᚫᛏ ᚹᚫᛋ ᚠᚩᚱ ᚻᛁᛋ ᛋᚳᛁᚳᚳᛖᛚᛋᛖ ᚪᚾᚪ· ᛋᚹᚪ ᛋᛁᚾᛞᚪᚾ ᚦᚪ ᚪᚹᛠᛉᛖᚾᚪᚾ ᛗᛖᚾ·

ᚻᛖᛏ ᚪᚾ ᛏᛁᚳᛏᚪᛏᚩᚱ ᚹᛁᚦ ᛏᚢᚱᚳᚹᚪᚱᚢᛗ ᚦᚫᛏ ᚻᛁᛋ ᛚᛇᛞᛖ ᚩᚦᚦᛖ ᛗᚩᛏᚪᚾ ᚻᚫᛒᛒᚪᚾ ᚦᚪ ᛋᚳᛁᚳᚳᛖᛚᛋᚪ ᚪᚾᚪ ᚦᚪ ᚦᛖ ᚦᚪ ᛗᛖᚾᚾ ᚻᚫᛒᛒᚪᚦ ᚦᛖ ᚩᚾ ᛖᚢᚱᚩᛈᛖ ᛒᚢᚪᚦ ᚩᚦᚦᛖ ᛗᚩᛏᚪᚾ ᛋᚹᛖᛚᛏᚪᚾ ᚩᚾᛞ ᚹᚫᛋ ᚦᚫᛏ ᛠᛚ ᚠᚩᚱ ᚦᚫᛗ ᛏᚢᛝᛚᛖ ᛒ .DCXII. ᚻᚫᚠᛞᛖ ᛋᛖ ᛏᚢᛝᚩᛚᚳᚱᚫᚠᛏᛁᚷᚪ ᛖᚠᛏ ᚻᛁᛋ ᛗᛁᚳᚳᛚᛖ ᛋᛈᚱᚫᚳᛖ ᚦᚣ ᚷᛠᚱᛖ .MCMXX. ᚩᚾᛞ ᚻᚫᚠᛞᛖ ᚻᛖ ᚦᚪ ᛋᚹᛁᚦᛖ ᚳᚣᚾᛖᛚᛁᚳᚾᛖ ᛋᚳᛁᚳᚳᛖᛚᛋ· ᚩᚾᛞ ᚻᚫᚠᛞᛖ ᚻᛖ

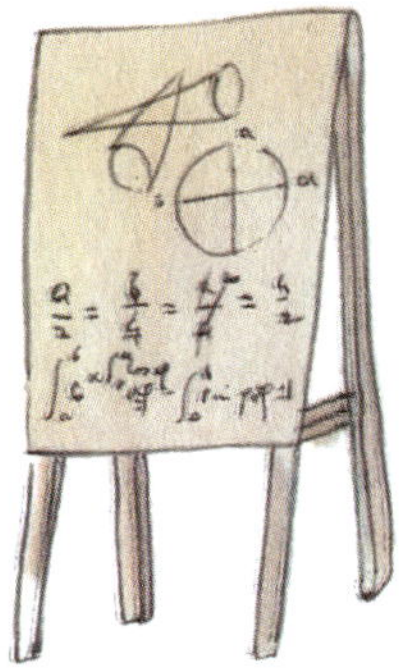

ᚦᚪ ᛚᚪᚠ ᚠᚱᚪᛗ ᛠᛚᛚᚢᛗ ᚪᚾᛞᚹᛠᚱᛞᚢᛗ·

ᚷᛁᚠ ᛁᚳ ᛏᛖᛚᛚᛖ ᛇᚹ ᚦᚪᛋ ᛗᛁᛋᛚᛁᚳᚪᚾ ᚦᛁᛝ ᛒᛖ ᚦᚪᛗ ᛏᚢᛝᛚᛖ ᛒ .DCXII. ᚪᚾᛞ ᛒᛖᛏᚪᚳᛖ ᛇᚹ ᚻᛁᛋ ᚷᛖᛏᚪᛚ ᛖᚠᚾᛖ ᛁᛋ ᚻᛁᛏ ᚠᚪᚱ ᚦᚪᛗ ᚪᚹᛠᛉᛖᚾᚢᛗ ᛗᚪᚾᚾᚢᛗ· ᚻᚪᛒᛒᚪᚦ ᚦᚪ ᚪᚹᛠᛉᛖᚾᚪᚾ ᛗᛖᚾᚾ ᛗᛁᚳᛚᛖ ᛚᚢᚠᚢ ᚦᚪᚱᚪ ᛏᚪᛚᚪ· ᚷᛁᚠ ᚷᛖ ᛋᛈᛖᚳᚪᚦ ᛏᚩ ᚻᛁᛗ ᛒᛖ ᛋᚢᛗᚢᛗ ᚾᛁᚹᚪᚾ ᚠᚱᛁᛖᚾᛞ ᚾᚪᚠᚱᛖ ᚻᛁᛖ ᚾᛖ ᚠᚱᛁᚾᚪᚦ ᛇᚹ ᛒᛖ ᚦᚪᛗ ᛗᛁᚳᚳᛚᚢᛗ ᚦᛁᛝᚢᛗ· ᚻᛁᛖ ᚾᚣᛚᛚᚪᚦ ᛇᚹ ᚾᚪᚠᚱᛖ ᚠᚱᛁᚾᚪᚾ· ᛬ᚻᚹᛁᛚᚳ ᛁᛋ ᚻᛁᛋ ᛋᛏᛖᚠᚾᛖ ᛋᚹᛖᚷ· ᚻᚹᛁᛚᚳᛖ ᛈᛚᛖᚷᚪᚾ ᛋᛁᚾᛞᚪᚾ ᚻᛁᛗ ᚦᚪ ᛚᛇᚠᛖᛋᛏᚪᚾ· ᚷᛖᚷᚪᛞᚱᛁᚪᚦ ᚻᛖ ᛒᚢᛏᛖᚱᚠᛚᛇᚷᚪ᛬ ᚻᛁᛖ ᚹᛁᛚᛚᚪᚦ ᚠᚱᛁᚾᚪᚾ ᛇᚹ· ᛬ᚻᚹᛁᛚᚳ ᛁᛋ ᚻᛁᛋ ᚣᛚᛞᚪ· ᚻᚢ ᛗᚪᚾᛁᚷᛖ ᛒᚱᚪᚦᚪᚱ ᚻᚪᚠᚪᚦ ᚻᛖ· ᚻᚹᛁᛚᚳ ᛁᛋ ᚻᛁᛋ ᚷᛖᚹᛁᚻᛏᛖ· ᚻᚢ ᛗᛁᚳᛖᛚ ᛁᛋ ᚻᛁᛋ ᚠᚪᛞᛖᚱ ᛋᛁᚾᚳ᛬ ᚦᚪᚾᚾᛖ ᚻᛁᛖ ᚦᛖᚾᚳᚪᚦ ᚦᚪᛏ ᚻᛁᛖ ᚻᛁᚾᛖ ᚳᚢᚾᚾᚪᚾ· ᚷᛁᚠ ᚷᛖ ᛋᛖᚳᚷᛠᚦ ᚪᚹᛠᛉᛖᚾᚢᛗ ᛗᚪᚾᚾᚢᛗ· ᛬ᚷᛖᛋᛠᚻ ᛁᚳ ᛋᚹᛁᚦᛖ ᚪᚾᛚᛁᚳ ᚻᚢᛋ ᛗᛁᛞ ᚱᛠᛞᚢᛗ ᛏᛁᚷᛖᛚᚢᛗ ᚪᚾᛞ ᛒᛚᚪᛋᛏᛗᚪᚾ ᛒᛖᚠᚪᚱᚪᚾ ᚦᚪᛗ ᛠᚷᚦᚣᚱᛚᚢᛗ ᚪᚾᛞ ᚳᚢᛚᚠᚱᚢᛗ ᚪᚾᚢᛈᛈᚪᚾ ᚦᚪᛗ ᚻᚱᚪᚠᛖ ···᛬ ᚻᛁᛖ ᚾᛖ ᚳᚢᚾᚾᚪᚾ ᚾᚪᚻᛏ ᚷᛖᛋᛇᚾ ᚦᚪᛏ ᚻᚢᛋ ᚪᚾ ᚻᛇᚱᚪ ᚷᛖᛗᚣᚾᛞ· ᚻᛁᛏ ᛒᛖᚻᚪᚠᚪᚦ ᚻᛁᛗ ᛏᛖᛚᛚᚪᚾ· ᛬ᚷᛖᛋᛠᚻ ᛁᚳ ᚪᚾ ᚻᚢᛋ ᚦᚪᛋ ᚹᛇᚱᚦ ᛁᛋ .C M. ᛋᚳᛁᛚᛚᛁᛝᚪ᛬ ᚦᚪᚾᚾᛖ ᚻᛁᛖ ᚹᛁᛚᛚᚪᚦ ᚳᛚᛇᛈᛁᚪᚾ ᛋᚪᚾᚪ· ᛚᚪ ᚻᛁᛏ ᛁᛋ ᚪᚾᛚᛁᚳ·

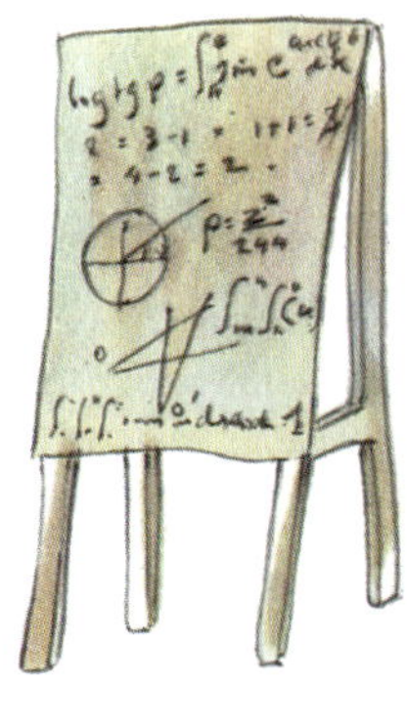

ᚩᚾᛞ ᛠᚳ ᛋᚹᚪ ᚦᚩᚾᚾᛖ ᚷᛖ ᛋᛖᚳᚷᛠᚦ ᚻᛁᛞ ᛏᚩ· :ᛋᛇ ᚷᛖᛏᚪᚳᚾᚢᛝ ᛏᚩ ᚦᚩᚾ ᚦᚫᛏ ᛋᛖ ᛚᚣᛏᛚᚪ ᚫᚦᛖᛚᛁᛝ ᛋᚩᚦᛚᛁᚳᛖ ᚹᚫᛋ ᛁᛋ ᚦᚫᛏ ᚻᛖ ᚹᚫᛋ ᚹᛚᛁᛏᛁᚷ ᚦᚫᛏ ᚻᛖ ᚻᛚᚩᚻ ᚩᚾᛞ ᚦᚫᛏ ᚻᛖ ᚹᚩᛚᛞᛖ ᚻᚪᛒᛒᚪᚾ ᚩᚾ ᛋᚳᛠᛏᛣ· ᚩᚾᛞ ᛋᚩᚦᛚᛁᚳᛖ ᛚᛁᚠ ᛁᛋ ᚷᛖᛋᛖᚦᛖᚾᛞ ᛒᛖ ᚦᚪᛗ ᚦᚫᛏ ᛗᚪᚾ ᚹᛁᛚᛚᛖ ᚻᚪᛒᛒᚪᚾ ᚩᚾ ᛋᚳᛠᛏᛣ: ᚪᚳ ᚻᛁᛖ ᚹᛁᛚᛚᚪᚦ ᛋᚳᛠᚳᚪᚾ ᚻᛁᛖᚱᚪ ᛠᛉᛚᚪ ᚩᚾᛞ ᚹᛁᛚᛚᚪᚦ ᛇᛈ ᛚᚫᛏᚪᚾ ᛋᚹᚪ ᛋᚹᚪ ᚳᛁᛚᛞ· ᚪᚳ ᚷᛁᚠ ᚷᛖ ᚹᛁᛚᛚᚪᚦ ᚻᛁᛗ ᛏᛖᛚᛚᚪᚾ· :ᛋᛖ ᛏᚢᛝᚩᛚ ᚦᚪᚾᚩᚾ ᚻᛖ ᚳᚩᛗ ᛁᛋ ᛏᚢᛝᚩᛚ ᛒ .DCXII.: ᚦᚩᚾᚾᛖ ᚹᛖᚾᚪᚦ ᚻᛁᛖ ᚦᚫᛏ ᚻᛁᛏ ᛁᛋ ᛋᚩᚦ ᚩᚾᛞ ᚻᛁᛖ ᚾᚪ ᛚᛖᛝ ᚾᛖ ᚹᛁᛚᛚᚪᚦ ᛇᛈ ᚠᚱᛁᚾᚪᚾ· ᛋᛁᚾᛞᚩᚾ ᚻᛁᛖ ᛋᚹᚪ· ᚾᛖ ᚦᛠᚱᚠ ᚻᛁᛏ ᚦᛖ ᚩᚠᚦᚣᚾᚳᚪᚾ· ᚳᛁᛚᛞᚱᚢᛗ ᛒᛖᚻᚩᚠᚪᚦ ᛗᛁᚳᛖᛚᚱᛖ ᚠᚩᚱᚷᛁᛖᚠᚾᛖᛋᛋᛖ ᚹᛁᚦ ᚪᚹᛠᛉᛖᚾᚪᚾ ᛗᛖᚾᚾ·

ᚹᛖ ᚾᚢ ᚹᛖ ᚦᚪ ᚦᛖ ᚹᛁᛏᚪᚾ ᚻᚹᚫᛏ ᛒᛁᛚᚪᛝᛖᚦ ᛏᚩ ᛚᛁᚠᛖ ᚹᛖ ᛗᚣᚱᚷᚩᚦ ᚣᛗᛒᛖ ᚦᚪ ᛞᚣᛋᛁᚷᚪᚾ ᚷᛖᛏᚪᛚᚪᛋ· ᚹᚫᚱᛖ ᛗᛖ ᛚᛇᚠᚱᛖ ᚷᛁᚠ ᛁᚳ ᚩᚾᚷᚢᚾᚾᛖ ᚦᛁᛋ ᛋᛏᚪᚱ ᛋᚹᚪ ᛋᚹᚪ ᚪᚾᛖ ᚱᚫᚳᛖ· ᚹᚩᛚᛞᛖ ᛁᚳ ᚦᚩᚾᚾᛖ ᛋᛖᚳᚷᛠᚾ·

:ᚹᚫᛋ ᛋᚢᛗ ᛚᚣᛏᛖᛚ ᚫᚦᛖᛚᛁᛝ ᛁᚾ ᚷᛠᚱᛞᚪᚷᚢᛗ ᛋᛖ ᚦᛖ ᛚᛁᚠᛞᛖ ᛁᚾ ᚪᚾᚢᛗ ᛏᚢᛝᛚᛖ ᚹᚫᛋ ᛋᛖ ᛏᚢᛝᚩᛚ ᛠᚱᚠᚩᚦᛚᛁᚳᛖ ᛗᚪᚱᚪ ᚦᚩᚾᚾᛖ ᚻᛖ ᚩᚾᛞ ᛒᛖᚻᚩᚠᚩᛞᛖ ᚻᛖ ᚩᚾᛖᛋ ᚠᚱᛇᚾᛞᛖᛋ ····: ᚹᚩᛚᛞᚩᚾ ᚻᛁᛖ ᛗᚪ ᚷᛖᛚᛁᛖᚠᚪᚾ ᚦᚫᛏ ᚻᛁᛏ ᚹᚫᚱᛖ ᚦᚫᛏ ᛋᚩᚦ ᚦᚪ ᚦᛖ ᛗᚪᚷᚪᚾ ᚩᚾᚳᚾᚪᚹᚪᚾ ᚱᛁᚻᛏᛚᛁᚳᛖ ᛒᛖ ᛚᛁᚠᛖ·

ᚾᚣᛚᛚᛖ ᛁᚳ ᚦᚫᛏ ᛗᚪᚾ ᚦᛁᚾᚳᛖᚦ ᛚᛁᚻᛏᛚᛁᚳᛖ ᛒᛖ ᛗᛁᚾᚱᛖ ᛒᛖᚳ· ᛁᛋ ᚦᛁᛋ ᛋᛏᚪᚱ ᚦᚪᚱᚪ ᚷᛖᛗᚣᚾᛞᚷᚢᛝᚪ ᛋᚹᛁᚦᛖ ᚻᛖᚠᛁᚷ ᛏᚩ ᚩᚱᛖᚳᚳᚪᚾᚾᛖ· ᚷᛖᚹᚪᛏ ᛗᛁᚾ ᚠᚱᛇᚾᛞ ᛗᛁᛞ ᚻᛁᛋ ᛋᚳᛠᛏᛣᛖ .VI. ᚷᛠᚱᚢᛗ ᚫᚱ· ᚩᚠᚪᚾᛞᛁᚷᛖ ᛁᚳ ᚻᛖᚱ ᛏᚩ ᚪᚹᚱᛁᛏᚪᚾᚾᛖ ᚻᛁᚾᛖ ᛋᚹᚪ ᚦᚫᛏ ᛁᚳ ᚻᛁᛋ ᚾᛖ ᚠᚩᚱᚷᛁᛖᛏᛖ ᚾᚩ· ᚠᚩᚱᚷᛁᛖᛏᚪᚾ ᚩᚾᛖᛋ ᚠᚱᛇᚾᛞᛖᛋ ᛁᛋ ᛋᚹᛁᚦᛖ ᚻᛖᚠᛁᚷ ᚦᛁᛝ· ᚾᚫᚠᚦ ᚫᛚᚳ ᛗᚪᚾᚾ ᚪᚾᚾᛖ ᚠᚱᛇᚾᛞ· ᚩᚾᛞ ᛗᛁᚻᛏᛖ ᛁᚳ ᚹᛇᚱᚦᚪᚾ ᛋᚹᚪ ᛋᚹᚪ ᚪᚹᛠᛉᛖᚾᛖ ᛗᛖᚾᚾ ᚦᚪ ᚦᛖ ᛚᚢᚠᛁᚪᚦ ᛏᚪᛚᛖ ᚪᚾᚪ· ᚩᚾᛞ ᛁᛋ ᚻᛁᛏ ᛒᛖ ᚦᚪᛗ ᚦᚫᛏ ᛁᚳ ᛒᚩᚻᛏᛖ ᛋᚢᛗᛖ ᚳᛁᛋᛏᛖ ᛒᛚᛇᚾᚪ ᚷᛖᚠᚢᛚᛚᛖᛞ ᚩᚾᛞ ᛞᚱᚪᚠᚪ· ᛖᚠᛏ ᚩᚾᚷᛁᚾᚾᚪᚾ ᚠᚪᚷᚪᚾ ᚩᚾ ᛗᛁᚾᚱᛖ ᛁᛖᛚᛞᛖ ᛁᛋ ᛠᚱᚠᚩᚦᛚᛁᚳ ᚦᛁᛝ ᚦᚩᚾᚾᛖ ᛗᚪᚾ ᚾᚫᚠᚱᛖ ᚷᛖᚠᚪᚷᛞᛖ ᚩᚦᚱᛖ ᚦᛁᛝ ᚦᚩᚾᚾᛖ ᛚᚪᚳᛖᚾᛖ ᚪᚾᛞ ᚪᛣᛖᚾᛖ ᛖᚾᛏᚾᚪᛞᚱᚪᚾ ᚦᚪ ᚦᚪ ᛗᚪᚾ ᚹᚫᛋ ᚩᚾ ᚣᛚᛞᛖ .VI. ᚷᛠᚱᚪ· ᛁᚳ ᚹᛁᛚᛚᛖ ᛋᚩᚦᛚᛁᚳᛖ ᚩᚠᚪᚾᛞᛁᚩᚾ ᚦᚫᛏ ᚦᚪ ᛚᛁᚳᚾᛖᛋᛋᚪ ᛋᛁᚾᛞᚩᚾ ᛠᛚ ᛋᚹᚪ ᚦᚪ ᚦᛁᛝ ᚫᚠᛏᛖᚱ ᚦᚪᛗ ᚦᛖ ᚻᛁᛖ ᛋᛁᚾᛞᚩᚾ ᚷᛖᚠᚩᚷᛖᛞ· ᚪᚳ ᚾᚪᛏ ᛁᚳ ᚠᚢᛚᛚᛁᚳᛖ ᚷᛁᚠ ᛁᚳ ᛗᚫᚷᛖ ᚦᚫᛏ ᚠᚢᛚᛚᚠᚱᛖᛗᛗᚪᚾ· ᚪᚾᛖ ᚦᚪᚱᚪ ᛚᛁᚳᚾᛖᛋᛋᚪ ᛁᛋ ᚸᚩᛞ ᚩᚦᚱᛖ ᚾᛁᛋ ᚾᚩ ᛚᛖᛝ ᛚᛁᚳ ᚦᚪᛗ ᚦᛁᛝᛖ· ᚻᚹᛁᛚᚢᛗ ᛁᚳ ᛞᚹᛖᛚᛚᛖ ᛒᛖ ᚦᚪᛗ ᚷᛖᛗᛖᛏ· ᛁᛋ ᛋᛖ ᛚᚣᛏᛚᚪ ᚫᚦᛖᛚᛁᛝ ᚫᚷᚦᛖᚱ ᚷᛖ ᛏᚩ ᛗᛁᚳᛖᛚ ᚷᛖ ᛏᚩ ᛚᚣᛏᛖᛚ· ᛋᚩᚱᚸ ᛁᛋ ᛗᛖ ᚦᚫᛏ ᛒᛚᛇ ᚻᛁᛋ ᛋᚳᚱᚢᛞᚪ· ᚩᚠᚪᚾᛞᛁᛖ ᛁᚳ ᛗᚫᚾᛁᚷᚠᛠᛚᛞᛚᛁᚳᛖ ᚩᚾᛞ ᛋᚹᚪ ᛋᚹᚪ ᛁᚳ ᛗᚫᚷ· ᛗᚫᚷ ᛁᚳ ᛠᚳ ᛞᚹᛖᛚᛚᚪᚾ ᚩᚾ ᛗᛁᚳᛚᚢᛗ ᚦᛁᛝᚢᛗ· ᚪᚳ

ᛁᚲ ᛒᛁᚺᚺᛖ ᚦᚨᛏ ᛞᚨᚾ ᚠᚨᚱᚷᛁᛖᚠᛖ ᛞᛖ· ᛞᛁᚾ ᚠᚱᛇᚾᛞ ᚾᚨᚠᚱᛖ ᚾᛖ ᚨᛟᛣᚠ ᛞᛖ ᛏᚱᚨᚻᛏᚾᚢᛟᚫ· ᚹᛖᚾ ᛁᛋ ᚦᚨᛏ ᚻᛖ ᚦᚨᚻᛏᛖ ᚦᚨᛏ ᛁᚲ ᚹᚨᚱᛖ ᛋᚹᚫ ᛋᚹᚫ ᚻᛖ· ᚨᚲ ᚾᛖ ᛞᚨᚷ ᛁᚲ ᚷᛖᛋᛇᚾ ᚾᚨᚾᛖ ᛋᚲᛣᛈ ᛒᛖ ᛒᛖᛚᚨᚲᛖᚾᚱᛖ ᚲᛁᛋᛏᛖ· ᛣᛚᛚᛞᚨᛋᛏ ᛁᚲ ᛇᛞ ᛋᚹᚫ ᛋᚹᚫ ᚦᚫ ᚨᚹᛣᛉᛖᚾᚨᚾ ᛞᛖᚾᚾ· ᛞᚨᛋᛏᛖ ᛁᚲ ᛟᚱᚨᚹᚨᚾ ᚨᚾ ᛁᛖᛚᚺᛖ ᛞᛁᚺ ᚦᚨᛞ ᛏᛁᛞᚢᛞ·

## ᚲᚨᛈᛁᛏᚨᛚ .V.

ᚺᚨᚷᚻᚹᚨᛞᛚᛁᚲᛖ ᛚᛇᚱᚾᚨᚺᛖ ᛁᚲ ᛞᚨᚱᚫ ᛒᛖ ᚦᚨᛞ ᛏᚢᛟᛚᛖ ᛒᛖ ᚢᛏᛖᚹᛣᚱᚻᚢᛞ ᛋᛁᚦᛖ ᚨᚾᛞ ᛒᛖ ᚦᚨᚱᛖ ᚠᚨᚱᛖ· ᛚᛇᚱᚾᚨᚺᛖ ᛁᚲ ᚦᚨᛋ ᚦᛁᛟ ᛋᚨᚠᛏᛖ ᚦᚫ ᚻᚹᛁᛚᛖ ᛁᚲ ᚹᚨᛋ ᚻᚣᚲᚷᛖᚾᚺᛖ ᛒᛖ ᚦᚨᛞ· ᚦᚣ ᚦᚱᛁᚺᚺᚨᚾ ᚺᚨᚷᛖ ᛚᛇᚱᚾᚨᚺᛖ ᛁᚲ ᛒᛖ ᛒᛣᛚᚹᛖ ᚦᚨᚱᚫ ᚨᛈᛖᚾᚨᚻᛚᚨᚠᛏᚱᛇᚹᚫ·

ᚨᚾᛞ ᚲᚨᛞ ᚻᛁᛏ ᛣᚲ ᚨᚠ ᚦᚨᛞ ᛋᚲᛣᛈᛖ ᚦᚫ ᚦᚫ ᛋᛖ ᛚᚣᛏᛚᚫ ᚨᚦᛖᛚᛁᛟ ᚨᛋᚲᚨᚺᛖ ᚠᚨᚱᛁᛟᚫ ᛋᚹᚫ ᛋᚹᚫ ᚻᛖ ᚹᚨᚱᛖ ᚷᛖᚻᛖᚠᛁᚷᚨᚺᛖ ᛞᛁᚺ ᛞᛁᚲᚲᛚᚢᛞ ᛏᚹᛇ·

:ᚾᛁᛋ ᚻᛁᛏ ᛋᚹᚫ ᚦᚨᛏ ᛋᚲᛣᛈ ᚹᚣᚱᛏᚫ ᚠᚱᛖᛏᚨᚦ·:

:ᚷᛖᛋᛖ ᛚᛇᚠ ᛁᛋ ᚻᛁᛏ ᛋᚹᚫ·:

:ᛚᚫ ᛇᛞ ᛁᚲ ᚾᚢ ᛒᛚᛁᚦᛖ·:

ᚾᛖ ᚲᚢᚦᛖ ᛁᚲ ᚢᚾᛞᛖᚱᛋᛏᚨᚾᛞᚨᚾ ᚠᚨᚱ ᚻᚹᚣ ᚻᛁᛏ ᚹᚨᚱᛖ ᛋᚹᚫ ᚻᛣᛚᛁᚲ ᚦᛁᛟ ᚦᚨᛏ ᛋᚲᛣᛈ ᚹᚣᚱᛏᚫ ᚠᚱᛖᛏᚨᚦ· ᚨᚲ ᛋᛖ ᛚᚣᛏᛚᚫ ᚨᚦᛖᛚᛁᛟ ᚦᚫ ᛏᚨᚨᛏᚣᚻᛏᛖ·

:ᚹᛁᛚᛚᚨᚦ ᚻᛁ ᚦᚨᚾᚾᛖ ᚠᚱᛖᛏᚨᚾ ᚨᛈᛖᚾᚨᚻᛚᚨᚠᛏᚱᛇᚹᚨᛋ·:

ᛁᚲ ᚦᚫ ᛒᛖ ᚠᚢᛚᛚᚨᚾ ᚷᛖᛏᚱᚨᚻᛏᚨᚺᛖ ᚦᚨᛞ ᛚᚣᛏᛚᚨᚾ ᚨᚦᛖᛚᛁᛟᛖ ᚦᚨᛏ ᚨᛈᛖᚾᚨᚻᛚᚨᚠᛏᚱᛇᚹᚨᛋ ᚾᛖ ᛋᛁᚾᛞᚨᚾ ᚾᚫ ᚹᚣᚱᛏᚫ ᚨᚲ ᛋᛁᚾᛞᚨᚾ ᛏᚱᛇᚹᚨᛋ ᚦᚫ ᚦᛖ ᛋᛁᚾᛞᚨᚾ ᛋᚹᚫ ᚻᛣᚻ ᛋᚹᚫ ᚲᛁᚱᛁᚲᛣᚾ ᛏᚨᚱᚱᚨᛋ· ᚨᚾᛞ ᚷᛁᚠ ᚻᛖ ᚷᛖᛚᚨᚺᚺᛖ ᚠᚢᛚᛚᚾᛖ ᚠᛚᚨᚲᚲ ᛖᛚᛈᛖᚾᛞᚫ ᛞᛁᚺ ᚻᛁᛞ ᚦᛖᛋ ᚠᛚᚨᚲᚲ ᚾᛖ ᛞᛁᚻᛏᛖ ᚠᚨᚱᛋᚹᛖᛚᛟᚨᚾ ᚨᚾ ᚨᚾᛚᛁᛖᛈᛁᚷ ᚨᛈᛖᚾᚨᚻᛚᚨᚠᛏᚱᛇᚹ·

ᛚᚫ ᚻᛚᚨᚻ ᚻᛖ ᚦᚫ ᛒᛖ ᚦᚨᛞ ᚦᚨᚻᛏᛖ ᚦᚨᛋ ᚠᛚᚨᚲᚲᛖᛋ ᚦᚨᚱᚫ ᛖᛚᛈᛖᚾᛞᚫ·

:ᚻᛁᛖ ᛞᚨᛋᛏᚨᚾ ᛋᛏᚨᚾᛞᚨᚾ ᚨᚾ ᚢᛈᛈᚨᚾ ᚨᚦᛖᚱᚾᛖ·:

ᚨᚲ ᚻᛖ ᚦᚫ ᛏᚨᚨᛏᚣᚻᛏᛖ ᚹᛁᛋᛖ·

:ᚠᚱᚦᚠᛞᚦᛗ ᚦᚠ ᚠᛕᛗᚾᚠᚻᛚᚠᛉᛏᚱᛇᚹᚠᛋ ᚸᚱᚠᚹᚠᚦ ᚠᚾ ᚻᛉᚻ ᛋᚠᚦᛚᛁᚳᛗ ᚻᛁᛗ ᛋᛁᚾᛞᚠᚾ ᛚᚣᛏᛗᛚ:

:ᛋᚠᚦᛚᛁᚳᛗ ᚻᛁᛏ ᛁᛋ ᛋᚹᚠ· ᚠᚳ ᛉᚠᚱ ᚻᚹᚣ ᚹᛁᛚᛏ ᚦᚢ ᚦᚠᛏ ᚦᛁᚾᛗ ᛋᚳᛉᛕ ᛉᚱᛗᛏᚠᚦ ᚦᚠ ᛚᚣᛏᛚᚠᚾ ᚠᛕᛗᚾᚠᚻᛚᚠᛉᛏᚱᛇᚹᚠᛋ·:

ᚦᚠ ᚠᚾᛞᛋᚹᚠᚱᚠᛞᛗ ᚻᛗ· :ᛚᚠ ᛚᛇᛉ· ᛋᚳᚢᛚᚠᚾ ᚹᛗ ᚷᛗᛋᛇᚾ·: ᚹᚠᛋ ᚻᛗ ᚳᚹᛗᚦᛗᚾᛞᛗ ᛒᛗ ᚦᚠᛞ ᛋᚹᚣᛚᚳᛗ ᛋᚹᚠ ᚻᛁᛏ ᚹᚠᚱᛗ ᚦᚠᛏ ᚠᚾᛞᚷᛁᛗᛏᛉᚢᛚᛚᛁᚳᚠᛋᛏᛗ ᚦᛁᚸ ᛋᛗ ᚦᛗ ᛞᚠᚷ ᛒᛇᚾ ᚠᚾ ᛇᚱᚦᚠᚾ· ᚠᚾᛞ ᛞᚠᛋᛏᛗ ᛁᚳ ᚾᛇᛏᚠᚾ ᛞᛁᚾᛗᛋ ᛉᚢᛚᛚᚠᚾ ᚠᚾᛞᚷᛁᛗᛏᛗᛋ ᛏᚠ ᚦᚠᚾ ᚦᚠᛏ ᛁᚳ ᛞᛁᚻᛏᛗ ᚦᚠᛏ ᚦᛁᚸ ᛒᛗ ᛉᚢᛚᛚᚠᚾ ᚢᚾᛞᛗᚱᛋᛏᚠᚾᛞᚠᚾ·

ᛋᚠᚦᛚᛁᚳᛗ ᛁᚾ ᚦᚠᛞ ᛏᚢᚸᛚᛗ ᚦᚠᛋ ᛚᚣᛏᛚᚠᚾ ᚠᚦᛗᛚᛁᚸᛗᛋ ᚹᚠᚱᚠᚾ ᚸᚠᛞᛗ ᚠᚾᛞ ᚣᛉᛗᛚᛗ ᛕᛚᚠᚾᛏᚠᚾ ᛋᚹᚠ ᛋᚹᚠ ᛋᛁᚾᛞᚠᚾ ᛁᚾ ᛘᛚᛚᚢᛞ ᛏᚢᚸᛚᚢᛞ· ᚠᚾᛞ ᛉᚠᚱ ᚦᚠᛞ ᚦᚠᚱ ᚹᚠᚱᚠᚾ ᚸᚠᛞᛗ ᛋᚠᛞᚢ ᚦᚠ ᚦᛗ ᚳᚢᛞᚠᚦ ᛉᚱᚠᛞ ᚸᚠᛞᚢᛞ ᛕᛚᚠᚾᛏᚢᛞ ᚠᚾᛞ ᚣᛉᛗᛚᛗ ᛋᚠᛞᚢ ᚦᚠ ᚦᛗ ᚳᚢᛞᚠᚦ ᛉᚱᚠᛞ ᚣᛉᛗᛚᚢᛞ ᛕᛚᚠᚾᛏᚢᛞ· ᚠᚳ ᛞᚠᚾ ᚾᛗ ᛞᚠᚷ ᚷᛗᛋᛇᚾ ᚦᚠ ᛋᚠᛞᚢ· ᚻᛁᛗ ᛋᛚᚠᛕᚠᚦ ᛞᛁᛗᚸᚠᛚᛚᛁᚳᛗ ᚠᚾ ᚦᚠᚱᛗ ᛇᚱᚦᛗ ᚠᚦ ᛋᚢᛞ ᚻᛇᚱᚠ ᚷᛗᚦᛗᚾᚳᛗᚦ ᛏᚠ ᚠᚾᛁᚹᚠᚳᚠᚾᚾᛗ· ᚦᚠᚾᚾᛗ ᚱᚠᛘᛗᚦ ᚻᛁᚾᛗ ᛋᛗᛚᛉᚾᛗ ᚠᚾᛞ ᚠᚱᛗᛋᛏ ᚠᛋᛗᚾᛞᛗᚦ ᛏᚠᚹᛘᚱᛞ ᚦᚠᚱᛗ ᛋᚢᚾᚾᛗ ᚠᚾᚾᛗ ᚹᚣᚾᚾᛋᚢᛞᚠᚾ ᛚᚣᛏᛚᚠᚾ ᛋᛕᚱᚠᛏᚠᚾ ᚦᛗ ᚾᛗ ᛞᚠᚷ ᛞᛗᚱᛁᚠᚾ· ᚦᚠᚾᚾᛗ ᚻᛁᛏ ᛁᛋ ᚠᚾᛏᚱᛗ ᛋᛕᚱᚠᛏᚠ ᚠᚦᚦᛗ ᚱᚠᛋᛗ ᛞᚠᚷ ᚻᛇ ᚸᚱᚠᚹᚠᚾ ᛋᚹᚠ ᛋᚹᚠ ᚻᛇ ᚹᛁᛚᛚᛗ· ᚦᚠᚾᚾᛗ ᚻᛁᛏ ᛁᛋ ᛋᛕᚱᚠᛏᚠ ᚠᚾᚱᛗ ᚠᚦᚱᛗ ᛕᛚᚠᚾᛏᚠᚾ ᛋᛇ ᚦᛗ ᛞᛗᚱᚠᚦ ᛒᛗᚻᚠᛉᚠᚦ ᚻᛁᛗ ᚠᛉᛁᛗᚱᚱᚠᚾ ᛋᚹᚠ ᚻᚱᚠᚦᛗ ᛋᚹᚠ ᛞᚠᚾ ᚠᚾᚷᛘᛏᛗ ᚻᚹᚠᛏ ᚦᛁᚠᛋ ᛕᛚᚠᚾᛏᛗ ᛋᛁᛗ· ᚹᚠᚱᚠᚾ ᛗᚷᛗᛋᛚᛁᚳᛗ ᛋᚠᛞᚢ ᛁᚾ ᚦᚠᛞ ᛏᚢᚸᛚᛗ ᚦᚠᛋ ᛚᚣᛏᛚᚠᚾ ᚠᚦᛗᛚᛁᚸᛗᛋ … ᚠᚾᛞ ᚦᚠᛋ ᚹᚠᚱᚠᚾ ᚦᚠ ᛋᚠᛞᚢ ᚦᚠᚱᚠ ᚠᛕᛗᚾᚠᚻᛚᚠᛉᛏᚱᛇᚹᚠ· ᛋᛇ ᛇᚱᚦᛗ ᚦᚠᛋ

ᛏᚢᛝᛚᛖᛋ ᚹᚠᛋ ᚻᛇᚱᚠ ᚴᚢᛚᛚᛖ· ᚠᚾᛞ ᛞᚠᚾ ᚾᛖ ᛞᚠᚷ ᚾᚠᚴᚱᛖ ᚠᚻᚱᚠᚴᚠᚾ ᚠᛈᛖᚾᚠᚻᛚᚠᚴᛏᚱᛇᚹ ᚷᛁᚴ ᛞᚠᚾ ᛁᛋ ᛏᚠ ᛚᚠᛏ ᚠᚾᚷᛉᚾ ᚻᛁᛏ· ᚻᛁᛏ ᚦᚢᚱᚻᛝᚠᚦ ᚦᚠᚾᛖ ᛏᚢᛝᛚᚠᚾ ᛞᛁᚻ ᚻᛁᛋ ᚹᚣᚱᛏᚢᛞ· ᚠᚾᛞ ᚦᚠᚾᚾᛖ ᛋᛖ ᛏᚢᛝᚠᛚ ᛁᛋ ᛏᚠ ᛚᚣᛏᛖᛚ ᚠᚾᛞ ᚦᚠ ᚠᛈᛖᚾᚠᚻᛚᚠᚴᛏᚱᛇᚹᚠᛋ ᛋᛁᚾᛞᚠᚾ ᛏᚠ ᛞᚠᚾᛁᚷᛖ ᚦᚠᚾᚾᛖ ᚻᛁᛖ ᚳᛚᛇᚴᚠᚦ ᚻᛁᚾᛖ·

⁝ᛒᛖᚻᚠᚴᚠᚦ ᚷᛖᛋᚳᛉᚻᚹᛁᛋᚾᛖᛋᛋᛖ ᚠᚾᚠ⁝ ᚳᚹᚠᚦ ᛋᛖ ᛚᚣᛏᛚᚠ ᚠᚦᛖᛚᛁᛝ ᛋᛁᚦᚦᚠᚾ ᛞᛖ ᛏᚠ· ⁝ᚠᚴᛏᛖᚱ ᚦᚠᛞ ᛞᚠᚱᛝᛖᚾᚻᛚᛁᚳᚠᚾ ᚦᚹᛉᛚᛖ ᛒᛖᚻᚠᚴᚠᚦ ᚦᛖ ᚠᚦᚹᛉᚾ ᚦᚠᚾᛖ ᛏᚢᛝᚠᛚ· ᚻᚠᚷᚻᚹᚠᛞᛚᛁᚳᛖ ᚦᚢ ᛞᚠᛋᛏ ᚷᛖᚾᛁᛖᚻᚠᚾ ᚦᛖ ᛋᛖᛚᚴᚾᛖ ᛏᚠ ᚳᚾᚹᚣᚱᛏᛏᚱᚢᛞᛁᚠᚾᚾᛖ ᚦᚠ ᛋᛈᚱᚠᛏᚠᚾ ᚦᚠᚱᚠ ᚠᛈᛖᚾᚠᚻᛚᚠᚴᛏᚱᛇᚹᚠ ᛋᚹᚠ

ᛋᚠᚾᚠ ᛋᚹᚠ ᚦᚢ ᛞᚠᚷᛖ ᚷᛖᛋᛇᚾ ᚦᚠᛏ ᚻᛁᛖ ᚾᛖ ᛋᛁᚾᚺᚠᚾ ᚾᚠᚾᛖ ᚱᚠᛋᚠᚾ ᚦᚠᛞ ᚦᛖ ᚻᛁᛖ ᛋᚹᛁᚦᛖ ᚷᛖᛚᛁᚳᛁᚠᚦ ᚠᚾ ᚻᛁᛖᚱᚠ ᚷᛇᚸᚢᚦᛖ· ᛁᛋ ᚻᛁᛏ ᛞᛁᚳᛖᛚ ᛚᚠᚸᛋᚢᛞᛚᛁᚳ ᚹᛇᚱᚳ ᚠᚳ ᚻᛁᛏ ᛁᛋ ᛉᚦᛖ·:

ᛋᚢᛞᛖ ᚺᚠᚷᛖ ᚻᛖ ᚷᛖᛞᚠᚾᚠᚺᛖ ᛞᛖ ᚦᚠᛏ ᛁᚳ ᚺᛇᚱᚴᛖ ᛏᚠ ᚷᛖᚴᚠᚷᚠᚾᚾᛖ ᚠᚾᛚᛁᚳᛖ ᚷᛖᛚᛁᚳᚾᛖᛋᛋᛖ ᛋᚹᚠ ᚦᚠᛏ ᚦᚠ ᚳᛁᛚᚺᚱᚢ ᚠᚾ ᛞᛁᚾᚢᛞ ᛉᚱᚺᛖ ᚻᛁᛏ ᚳᚢᚦᚠᚾ ᚴᚢᛚᛚᛁᚳᛖ ᛚᛇᚱᚾᛁᚠᚾ· :ᚦᚠᚾᚾᛖ ᚻᛁᛖ ᛋᛁᚦᛁᚠᚦ ᛋᚢᛞᛖ ᚺᚠᚷᛖ: ᚳᚹᚠᚦ ᚻᛖ :ᚻᛁᛏ ᛞᚠᚷ ᛒᛇᚾ ᚻᛁᛞ ᛏᚠ ᛒᚱᚣᚳᛖ· ᚻᚹᛁᛚᚢᛞ ᚻᛁᛏ ᚾᛖ ᚺᛖᚱᚠᚦ ᚾᚠ ᚷᛁᚴ ᛞᚠᚾ ᚴᚠᚱᛋᛚᚠᚹᛖ ᚹᛇᚱᚳ· ᚠᚳ ᚹᛁᚦ ᚠᛈᛖᚾᚠᚻᛚᚠᚴᛏᚱᛇᚹᚠᛋ ᛋᛁᛞᛚᛖ ᛁᛋ ᚻᛁᛏ ᛞᛁᚳᛖᛚ ᚹᛉ· ᚷᛖᚳᚾᛇᚹ ᛁᚳ ᛏᚢᚸᚠᛚ ᚦᚠᛞ ᚦᛖ ᛋᛚᛉᚳ ᛞᚠᚾᚾ ᛚᛁᚴᚠᚺᛖ ᛁᚾ· ᚾᛖ ᚷᛖᛋᛉᚻ ᚻᛖ .III. ᚹᚣᚱᛏᚠ·:

ᚠᚾᚺ ᚷᛖᚴᚠᚷᛖᚺᛖ ᛁᚳ ᚦᛖᛋ ᛏᚢᚸᚠᛚ ᛒᛖ ᚦᚠᚱᛖ ᛏᚠᛚᛖ ᚦᚠᛋ ᛚᚣᛏᛚᚠᚾ ᚠᚦᛖᛚᛁᚸᛖᛋ· ᚾᛖ ᚹᛁᛚᛚᛖ ᛁᚳ ᚳᚹᛖᚦᚠᚾ ᛋᚹᚠ ᛋᚹᚠ ᛈᚱᛖᚺᛁᚳᛖᚱᛖ· ᚠᚳ ᚴᛉᚹᛖ ᚹᛁᛏᚠᚦ ᛒᛖ ᚦᚠᛞ ᚦᚱᛉ ᚦᚠᚱᚠ ᚠᛈᛖᚾᚠᚻᛚᚠᚴᛏᚱᛇᚹᚠ ᚠᚾᚺ ᚦᚠ ᛒᚱᚠᚸᚠᚾ ᚦᚠ ᚦᛖ ᛞᚠᚸᚠᚾ ᚺᛖᚱᛁᚠᚾ ᚷᛖᚻᚹᛖᛚᚳᚢᛞ ᛋᛖ ᚦᛖ ᚷᛖᚺᚹᛖᛚᚠᚺᛖ ᛏᚠ ᚦᚠᛋ ᛞᛁᚳᛖᛚ ᚦᚠᛏ ᛁᚳ ᚠᚾᛖᛋ ᚾᛖ ᚠᛏᚻᛉᛏᚺᚠᚾ ᚹᛁᛚᛚᛖ ᛞᛁᚾᛖ ᛋᚳᚠᛞᛖ· ᛁᚳ ᛋᛖᚳᚷᛖ· :ᚳᛁᛚᚺ ᛒᛖᚹᚠᚱᛁᚠᚦ ᛇᚹ ᚹᛁᚦ ᚦᚠᛞ ᚠᛈᛖᚾᚠᚻᛚᚠᚴᛏᚱᛇᚹᚢᛞ·: ᛏᚠ ᚦᚠᛋ ᚦᚠᛏ ᛁᚳ ᛞᚠᚷ ᚹᚠᚱᚾᛁᚠᚾ ᛞᛁᚾᛖ ᚴᚱᛁᛖᚾᚺ ᚹᛁᚦ ᚦᚠᚾᛖ ᛒᚱᚠᚸᚠᚾ ᛋᛖ ᚦᛖ ᚺᛁᛖᚸᚠᛚᛚᛁᚳᛖ ᚺᛖᚱᚠᚦ ᚻᛁᛞ ᚠᚾᚺ ᛞᛖ ᛋᛖᛚᚴᚢᛞ ᛚᚠᚸᛖ ᚻᚹᛁᛚᛖ ᚹᚠᚱᚻᛏᛖ ᛁᚳ ᛞᛁᚳᛚᛖ ᛒᛖ ᚦᚠᚱᛖ ᛚᛁᚳᚾᛖᛋᛋᛖ· ᛋᛇ ᛚᚠᚱ ᚦᚠ ᚦᛖ ᛁᚳ ᚦᚢᛋ ᛞᚠᚷ ᚠᚷᛁᛖᚴᚠᚾ ᛋᚠᚦᛚᛁᚳᛖ ᚻᛇ ᛁᛋ ᚹᛇᚱᚦᛖ ᚦᚠᚱᛖ ᚠᛒᛁᛋᚸᚢᚸᛖ· ᚹᛖᚾ ᛁᛋ ᚦᚠᛏ ᚷᛖ ᚴᚱᛁᚾᚠᚦ· ᚴᚠᚱ ᚻᚹᚣ ᚾᚠᚴᚦ ᛋᛇ ᛒᚠᚳ ᚠᚦᚱᛖ ᚷᛖᛚᛁᚳᚾᛖᛋᛋᚠ ᚦᚠ ᚦᛖ ᛋᛁᚾᚺᚠᚾ ᛋᚹᚠ ᛞᚠᚱᛖ ᛋᚹᚠ ᚦᚠ ᛒᛖ ᚦᚠᛞ ᚠᛈᛖᚾᚠᚻᛚᚠᚴᛏᚱᛇᚹᚢᛞ· ᛋᛇ ᚠᚾᚺᛋᚹᚠᚱᚢ ᛁᛋ ᛋᚹᛁᚦᛖ ᛒᛁᛚᛖᚹᛁᛏ· ᛋᚠᚦᛚᛁᚳᛖ ᚹᚠᛚᚺᛖ ᛁᚳ ᚷᛖᚴᚠᚷᚠᚾ ᚦᚠ ᛚᛁᚳᚾᛖᛋᛋᚠ ᚠᚳ ᛁᚳ ᚾᛖ ᛋᛈᛖᚺᚺᛖ· ᚦᚠ ᚦᚠ ᛁᚳ ᚷᛖᚴᚠᚷᚺᛖ ᚦᚠ ᚠᛈᛖᚾᚠᚻᛚᚠᚴᛏᚱᛇᚹᚠᛋ ᚦᚢᚻᛏᛖ ᛞᛖ ᚠᚾ ᛞᚠᚺᛖ ᚦᚠᛏ ᚻᛁᛏ ᚹᚠᛋ ᛋᚹᛁᚦᛖ ᚾᛁᛖᚺᛒᛖᚻᛖᚴᛖ ᚦᛁᚸ·

ᚻᛖᚱ ᚦᚢ ᛞᛁᚻᛏ ᚷᛖᛋᛇᚾ ᚦᚠ ᚠᛈᛖᚾᚠᚻᛚᚠᚣᛏᚱᛇᚹᚠᛋ·

## ᚳᚨᛈᛁᛏᚨᛚ .VI.

ᛚᚨ ᛚᚤᛏᛖᛚ ᚨᚦᛖᛚᛁᛝ ᛞᚨᚷ ᛁᚳ ᚾᚢ ᛋᛏᚤᚳᚳᛖᛞᚨᛚᚢᛞ ᚢᚾᚻᛖᚱᛋᛏᚨᚾᚻᚨᚾ ᚦᛁᚾ ᚻᛖᚠᛁᚷᛞᚨᚻ ᛚᛁᚠ· ᛚᚨᚾᛝᛖ ᚻᚨᚠᚻᛖᛋᛏ ᚦᚢ ᚾᚨᚻᛏ ᛉᛚᛚᛖᛋ ᛏᚨ ᛏᚨᛋᛏᚱᛖᚷᚻᚨᚾᚾᛖ ᚦᛖ ᛋᛖᛚᚠᚾᛖ ᛒᚢᛏᚨᚾ ᚦᚨ ᛋᚹᛖᛏᚾᛖᛋᛋᛖ ᚦᚨᚱᛖ ᛋᚢᚾᚾᚨᚾ ᛋᛖᛏᛚᚸᚨᛝᚨ· ᛚᛇᚱᚾᚨᚻᛖ ᛁᚳ ᚦᚨᛏ ᚦᚤ ᚠᛇᚱᚦᚨᚾ ᚻᚨᚷᛖ ᚦᚨ ᚦᚨ ᚦᚢ ᚳᚹᛖᚦᛖᚾᚻᛖ ᚹᚨᚱᛖ ᛞᛖ ᛏᚨ·

:ᛋᚹᛁᚦᛖ ᛁᚳ ᛚᚢᚠᛁᚷᛖ ᚦᚨ ᛋᚢᚾᚾᚨᚾ ᛋᛖᛏᛚᚸᚨᛝᚨᛋ· ᚹᚢᛏᚨᚾ ᛋᚤᛉᚹᛁᚨᚾ ᛋᚢᚾᚾᚨᚾ ᛋᛖᛏᛚᚸᚨᛝ·:

:ᛞᚨᛏᚨᚾ ᚹᛖ ᚨᚾᛒᛁᚻᚨᚾ ᚦᚨᚱᛖ ᛏᛁᚻᛖ·:

:ᚻᚹᚨᛋ ᛞᚨᛏᚨᚾ ᚹᛖ ᚨᚾᛒᛁᚻᚨᚾ·:

:ᛞᚨᛏᚨᚾ ᚹᛖ ᚨᚾᛒᛁᚻᚨᚾ ᚦᚨᚱᛖ ᛋᚢᚾᚾᚨᚾ ᛋᛖᛏᛚᚸᚨᛝᛖᛋ·:

ᚠᚤᚱᛋᛏ ᚦᚢ ᚻᚨᚠᚻᛖᛋᛏ ᚨᚠᚹᚢᚾᚻᚱᚨᚻᚾᛖ ᚨᚾᚻᚹᛚᛁᛏᚨᚾ ᚨᚾᚻ ᚦᚨᚾᚾᛖ ᚦᚢ ᚻᛚᚨᚻ ᛒᛖ ᚦᛖ ᛋᛖᛚᚠᚢᛞ· ᚳᚹᚨᚻᛖ ᚦᚢ ᛞᛖ ᛏᚨ·

:ᛉᛚᚾᛖᚷ ᛞᛖ ᚦᚣᚾᚳᛖᚦ ᚦᚠᛏ ᛁᚳ ᛋᛁᛖ ᚠᛏ ᚻᚠᛞ·:

ᛋᚠᚦᛚᛁᚳᛖ ᚦᚠᚾᚾᛖ ᚻᛁᛏ ᛒᛁᚦ ᚢᚾᚻᛖᚱᚾᛏᛁᚻ ᚠᚾ ᚦᚠᛞ ᚷᛖᚠᚾᛚᚠᚻᛏᚢᛞ ᛉᚱᚻᚢᛞ ᚦᚠᚾᚾᛖ ᛋᛇ ᛋᚢᚾᚾᛖ ᚹᛁᛚᛚᛖ ᚸᚠᚾ ᛏᚨ ᚱᛖᛋᛏᛖ ᛞᛁᚻ ᚩᚱᚠᚾᚳᚢᛞ ᛋᚹᚨ ᛋᚹᚨ ᚻᛁᛏ ᛁᛋ ᚹᛁᚻᚳᚢᚦ· ᚷᛁᚩ ᚦᚢ ᚹᛁᛚᛏ ᚷᛖᛋᛇᚾ ᚦᚠᚱᛖ ᛋᚢᚾᚾᚠᚾ ᛋᛖᛏᛚᚸᚠᛝ ᛞᛁᚻ ᚩᚱᚠᚾᚳᚢᛞ ᚦᛖ ᛒᛖᚻᚠᚩᚠᚦ ᚩᛚᛇᚾ ᚹᛁᚦ ᚩᚱᚠᚾᚳᚠᛋ ᛒᛁᚾᚾᚠᚾ ᚠᚾᚢᛞ ᛉᚸᚠᚾᛒᚣᚱᚻᛏᛞᛖ· ᚹᚨ ᛚᚨ ᚹᚨ ᛁᛋ ᛋᛖ ᚹᛖᚷ ᛏᚨ ᚩᚱᚠᚾᚳᚢᛞ ᛏᚨ ᛚᚠᚾᚸ· ᚠᚳ ᚠᚾ ᚦᛁᚾᚢᛞ ᛚᚣᛏᛚᚠᚾ ᛏᚢᛝᛚᛖ ᛁᛋ ᚻᛁᛏ ᚷᛖᚾᚣᚻᛏᛋᚢᛞ ᚦᚠᛏ ᚦᛁᚾ ᛋᛖᛏᛚ ᛋᛁᛖ ᚠᚾᛒᚱᚠᚻᛖᚾ ᚩᛉᚹᚨ ᚩᚠᛏᚨ ᛏᚱᚣᛞ· ᚠᚾᚻ ᛞᛉᚻᛏ ᚦᚢ ᚷᛖᛒᛁᚻᚠᚾ ᚦᚠᚱᛖ ᛋᚢᚾᚾᚠᚾ ᛋᛖᛏᛚᚸᚠᛝᛖᛋ ᛋᚹᚨ ᚠᚩᛏ ᛋᚹᚨ ᚦᚢ ᚹᛁᛚᛚᛖ·

:ᚹᛁᛏᚠᚻᛚᛁᚳᛖ ᚷᛖᛋᛉᚻ ᛁᚳ .XLIV. ᛋᛖᛏᛚᚸᚠᛝᚨ ᚦᚠᚱᛖ ᛋᚢᚾᚾᚠᚾ ᛋᚢᛞᛖ ᚻᚠᚷᛖ·:

ᚠᚾᚻ ᚱᚠᚦᛖ ᚠᚩᛏᛖᚱ ᚦᚠᛞ ᛏᚠᚠᛏᚣᚻᛏᛖᛋᛏᚢ·

:ᚹᚠᛋᛏ ᚦᚢ ᚷᛉᚱᚨ ᚦᚠᛏ ᛞᚠᚾ ᛚᚢᚩᚠᚦ ᚦᚨ ᛋᛖᛏᛚᚸᚠᛝᚠᛋ ᚦᚠᚱᛖ ᛋᚢᚾᚾᚠᚾ ᚦᚠᚾᚾᛖ ᛞᚠᚾ ᛒᛁᚦ ᛋᚹᛁᚦᛖ ᚢᚾᚱᚠᛏ·:

:ᛚᚨ ᚦᚠᚾᚾᛖ ᚦᚢ ᚹᚠᚱᛖ ᛋᚹᛁᚦᛖ ᚢᚾᚱᚠᛏ ᚦᚣ ᚻᚠᚷᛖ ᚦᚠᚾᚾᛖ ᚦᚢ ᚷᛖᛋᚠᚹᛖ ᚦᚨ .XLIV. ᛋᛖᛏᛚᚸᚠᛝᚨ ᚦᚠᚱᛖ ᛋᚢᚾᚾᚠᚾ·:

ᚠᚳ ᛋᛖ ᛚᚣᛏᛚᚨ ᚠᚦᛖᛚᛁᛝ ᚾᛖ ᚠᚾᚻᚹᚣᚱᚻᛖ ᚾᚨ·

## ᚳᚠᛈᛁᛏᚠᛚ .VII.

ᚦᚣ ᚩᛁᚩᛏᚠᚾ ᚻᚠᚷᛖ ᚦᚠᛏ ᛋᚳᛉᛈ ᛖᚩᛏ ᚷᛖᚩᚱᛖᛞᛖᚻᛖ ᚦᚠᛏ ᚠᚦᚱᛖ ᚻᛁᛖᚸᚠᛚᚾᛖᛋᛋᛖ ᚦᚠᛋ ᛚᛁᚩᛖᛋ ᚦᚠᛋ ᛚᚣᛏᛚᚠᚾ ᚠᚦᛖᛚᛁᛝᛖᛋ ᛞᛖ ᚹᚠᛋ ᚠᛏᛁᛖᚹᛖᚻ· ᚩᚱᚠᚾ ᚻᛖ ᛞᛖ ᛋᚹᛁᚦᛖ ᚩᚠᚱᛁᛝᚨ ᛋᚹᚣᛚᚳᛖ ᛋᚹᚨ ᚻᛖ ᚹᚠᛋ ᚷᛖᚸᚠᚻᚱᛁᛖᚾᚻᛖ ᚦᚨ ᚹᛖᛋᛏᛞᚠᛋ ᚠᚾᛖᛋ ᚩᚱᛖᚷᚾᛖᛋ ᚦᚨ ᚦᛖ ᚠᚹᛇᛉᚠᚾ ᚠᚾᚻ ᚷᛖᚦᚢᚸᚠᚾ ᛒᛖ ᛚᚠᛝᚱᛖ ᛋᚹᛁᚷᛖ·

:ᛋᛁᚦᚦᚠᚾ ᛋᚳᛉᛈ ᚩᚱᛖᛏᛖᚦ ᚹᚣᚱᛏᚨ ᚹᛁᛚᛚᛖ ᚻᛁᛏ ᛉᚳ ᛋᚹᚨ ᚩᚱᛖᛏᚠᚾ ᛒᛚᚠᛋᛏᛞᚠᚾ·:

:ᛋᚳᛉᛈ ᚩᚱᛖᛏᛖᚦ ᛉᛚᛚᛖ ᚦᚨ ᚦᛖ ᛋᛁᚾᚻᚠᚾ ᚻᛁᛋ ᛞᚢᚦᛖ ᚠᛏᚩᚠᚱᚠᚾ·:

:ᚹᛁᛚᛚᛖ ᚻᛁᛏ ᛉᚳ ᚩᚱᛖᛏᚠᚾ ᚦᚨ ᛒᛚᚠᛋᛏᛞᚠᚾ ᚦᚨ ᚦᛖ ᚦᚠᚱᚾᚠᛋ ᚻᚠᛒᛒᚠᚦ·:

:ᚷᛖᛋᛖ· ᛉᚳ ᚦᚨ ᛒᛚᚠᛋᛏᛞᚠᚾ ᚦᚨ ᚦᛖ ᚦᚠᚱᚾᚠᛋ ᚻᚠᛒᛒᚠᚦ·:

:ᚠᚩᚱ ᚻᚹᚣ ᚻᚪᛒᛒᚪᚦ ᚻᛁᛖ ᚦᚩᚱᚾᚪᛋ·:

ᚾᚣᛋᛏᛖ ᛁᚳ ᚾᚪᚻᛏ ᛒᛖ ᚦᚪᛗ· ᚦᚩᚻᛏᛖ ᛁᚳ ᛏᚩ ᚪᛚᛁᛖᛋᚪᚾᚾᛖ ᚪᚾ ᛚᚪᚳ ᚦᚫᛏ ᛋᛏᛁᚳᚩᛞᛖ ᛠᛚᛚᛖᛋ ᛏᚩ ᚠᚫᛋᛏᛖ ᚫᛏ ᛗᛁᚾᚢᛗ ᚪᛋᛏᚣᚱᛖᚱᛖ· ᚹᚫᛋ ᛗᛖ ᛗᛁᚳᛖᛚ ᛋᚩᚱᛝ ᚠᚩᚱ ᚦᚫᛗ ᚦᚫᛏ ᛗᛁᚾ ᚢᚾᚷᛖᛚᛁᛗᛈ ᚦᚢᚻᛏᛖ ᛗᛖ ᛋᚹᛁᚦᛖ ᚻᛖᚠᛁᚷ· ᚪᚾᛞ ᛋᛁᚦᚦᚪᚾ ᛗᛁᚾ ᚹᚫᛏᛖᚱ ᚹᚫᛋ ᚹᚪᚾᛁᛖᚾᛞᛖ ᚷᛖᛋᛠᚻ ᛁᚳ ᚾᛠᛚᚫᚳᚪᚾ ᚦᚫᛏ ᚹᛁᛖᚱᚱᛖᛋᛏᛖ ᚦᛁᛝ·

:ᚠᚩᚱ ᚻᚹᚣ ᚻᚪᛒᛒᚪᚦ ᛒᛚᚩᛋᛏᛗᚪᚾ ᚦᚩᚱᚾᚪᛋ·:

ᚾᚫᚠᚱᛖ ᚠᚩᚱᛋᚪᚳ ᛋᛖ ᛚᚣᛏᛚᚪ ᚫᚦᛖᛚᛁᛝ ᚪᚾᚾᛖ ᚠᚱᛖᚷᚾ ᚦᚪ ᚦᚪ ᚻᛖ ᚻᛁᚾᛖ ᚷᛖᚪᛋᚳᚩᛞᛖ· ᚹᚫᛋ ᛁᚳ ᚹᚣᚱᚳᛖᚾᛞᛖ ᚫᛏ ᛗᛁᚾᚢᛗ ᛚᚪᚳᛖ ᛏᚩ ᚦᚪᚾ ᚦᚫᛏ ᛁᚳ ᛋᚫᚷᛞᛖ ᛚᛇᚻᛏᛚᛁᚳᛖ·

:ᚦᚩᚱᚾᚪᛋ ᚾᚪᛒᛒᚪᚦ ᚾᚪᚾᛖ ᚾᚣᛏᚾᛖᛋᛋᛖ· ᛒᛚᚩᛋᛏᛗᚪᚾ ᛋᛈᚱᚣᛏᛏᚪᚦ ᚻᛁᛖ ᚠᚩᚱ ᚣᚠᛖᛚᚾᛖᛋᛋᛖ ᚪᚾᚢᛗ·:

:ᚹᚪ ᛚᚪ ᚹᚪ·:

ᛋᚹᛁᛝᚩᛞᛖ ᚻᛖ ᚦᚪ· ᚪᚾᛞ ᚦᚪ ᛏᚩᚫᛏᚣᚻᛏᛖ ᚻᛖ ᛗᛁᛞ ᛋᚢᛗᚢᛗ ᛝᚱᚪᛗᚪᛏ·

:ᚾᛖ ᚷᛖᛚᛁᛖᚠᛖ ᛁᚳ ᚩᚾ ᚦᚫᛏ· ᚹᚪᚳ ᛋᛁᚾᛞᚩᚾ ᛒᛚᚩᛋᛏᛗᚪᚾ· ᚾᚪᛒᛒᚪᚦ ᚻᛁᛖ ᚾᚪᚾ ᚣᚠᛖᛚ· ᚻᛁᛖ ᛒᛇᚱᛝᚪᚦ ᚻᛁᛖ ᛋᚹᚪ ᛋᚹᚪ ᚻᛁᛖ ᛗᚪᛝᚩᚾ· ᚷᛖᛚᛁᛖᚠᚪᚦ ᚻᛁᛖ ᚦᚫᛏ ᚻᛁᛖ ᛋᛁᛖᚾ ᚠᚱᛖᚳᛖᚾᛞᛚᛁᚳ ᛒᛖ ᚦᚪᛗ ᚦᚩᚱᚾᚢᛗ·:

ᚾᛖ ᚪᚾᛞᚹᚣᚱᛞᛖ ᛁᚳ ᚦᚪ ᚪᚾᛞ ᛋᚩᚾᚪ ᚦᚫᛋ ᚳᚹᚫᚦ ᛏᚩ ᛗᛖ ᛋᛖᛚᚠᚢᛗ· :ᚷᛁᚠ ᚦᚫᛏ ᛚᚪᚳ ᛋᛏᛁᚳᛁᛖ ᛚᛖᛝ ᛗᚩᛏ ᛁᚳ ᚻᛁᛏ ᚻᛠᚹᚪᚾ ᚩᚠ ᚻᛁᛋ ᛋᛏᚩᚹᛖ ᛗᛁᛞ ᚻᚪᛗᚩᚱᛖ ᛗᛁᚾᚢᛗ·: ᛖᚠᛏ ᚷᛖᛞᚱᛖᚠᛞᛖ ᛋᛖ ᛚᚣᛏᛚᚪ ᚫᚦᛖᛚᛁᛝ ᛗᛁᚾᛖ ᚦᚩᚻᛏ·

:ᚪᚾᛞ ᚦᚢ ᚹᛖᚾᛋᛏ ᚦᚫᛏ ᚦᚪ ᛒᛚᚩᛋᛏᛗᚪᚾ·:

:ᚾᚪ ᛚᛇᚠ ᚾᛁᛋ ᚻᛁᛏ ᛋᚹᚪ· ᚾᛖ ᚷᛖᚹᛖᚾᛖ ᛁᚳ ᚾᚪᚻᛏ· ᛋᚫᚷᛞᛖ ᛁᚳ ᚻᚹᚫᛏᚹᚢᚷᚢ· ᛇᛗ ᛁᚳ ᚪᛒᛁᛋᛝᚩᛞᛖ ᛗᛁᛞ ᛗᚪᚱᚢᛗ ᚦᛁᛝᚢᛗ·:

ᚻᛖ ᚪᛋᛏᚣᛚᛏᛖ ᚦᚪ ᚦᚪ ᚻᛖ ᛗᛖ ᛚᚩᚳᚪᚾᛞᛖ ᚩᚾ·

:ᛗᛁᛞ ᛗᚪᚱᚢᛗ ᚦᛁᛝᚢᛗ·:

ᚻᛖ ᛚᚩᚳᚩᛞᛖ ᛗᛖ ᚩᚾ ᚻᚢ ᛁᚳ ᚩᚾᛚᛠᛏ ᛏᚩ ᚦᚪᛗ ᚦᛁᛝᛖ ᚦᚫᛏ ᚻᛁᛗ ᚾᛁᛖᛞᛖᛋ ᛗᚫᛋᛏᛖ ᚪᚠᚦᚣᚾᛚᚪᚾ· ᚪᚾᛞ ᚻᚫᚠᛞᛖ ᛁᚳ ᚦᚪ ᚻᚪᛗᚩᚱ ᚩᚾ ᛗᛁᚾᚢᛗ ᚻᚪᚾᛞᚢᛗ ᚦᛖ ᚹᚫᚱᚩᚾ ᚷᛖᚢᚾᚳᛚᚫᚾᛋᚩᛞᛖ ᛒᛖ ᚦᚪᛗ ᛋᛗᛇᚱᚹᛖ·

:ᛚᚪ ᚦᚢ ᚳᚹᛖᚦᛖᛋᛏ ᛋᚹᚪ ᛋᚹᚪ ᚦᚪ ᚪᚹᛏᛉᛖᚾᚪᚾ ᛗᛖᚾᚾ·:

ᚹᚫᛋ ᛁᚳ ᚩᚠᛋᚳᛠᛗᚩᛞᛖ ᛒᛖ ᚦᚪᛗ· ᚪᚾᛞ ᚻᛖ ᛏᚩᚫᛏᚣᚻᛏᛖ ᛒᚢᛏᚪᚾ ᚫᚾᛁᚷᚱᛖ ᚪᚱᛖ·

:ᚩᚾ ᛠᛚᛚᚢᛗ ᚦᛁᛝᚢᛗ ᛒᛁᛋᛏ ᚦᚢ ᚻᚹᛖᛚᛁᛖᚾᛞᛖ … ᛠᛚᛚᛖ ᚦᛁᛝ ᚦᚢ ᚹᛁᛚᛏ ᛗᛁᛋᚠᚪᚾ·:

ᚹᚠᛋ ᚻᛖ ᛞᛁᚳᚳᛚᚢᛞ ᚠᛋᛏᚣᚱᚠᚻᛖ· ᚠᛋᚳᛖᚠᚳ ᚻᛁᛋ ᛝᚣᛚᚻᛖᚾ ᚴᛏᛉ ᚠᚾ ᚹᛁᚾᚻᛖ·

:ᚳᚾᚠᚹᛖ ᛁᚳ ᛏᚢᛝᚠᛚ ᚦᚠᛞ ᚦᛖ ᚹᚢᚾᚠᚦ ᛁᚾ ᚴᚢᛚᛚ ᚱᛉᚻ ᛞᚠᚾᚾ· ᚾᚠᚴᚱᛖ ᚾᛖ ᛖᚦᚠᚻᛖ ᚻᛖ ᛋᛏᛖᚾᚳ ᚠᚾᚱᛖ ᛒᛚᚠᛋᛏᛞᚠᚾ· ᚾᚠᚴᚱᛖ ᚾᛖ ᚷᛖᛋᛉᚻ ᚻᛖ ᚾᚠᚾᚾᛖ ᛏᚢᛝᚠᛚ· ᚾᚠᚴᚱᛖ ᚾᛖ ᛚᚢᚴᚠᚻᛖ ᚻᛖ ᚾᚠᚾᛁᚷᚾᛖ· ᚾᚠᚴᚱᛖ ᚾᛖ ᚻᛁᚻᛖ ᚻᛖ ᚾᚠᚾ ᚦᛁᛝ ᛒᚢᛏᚠᚾ ᚠᚱᛁᛞᚠᚾ· ᚠᚾᛞ ᛉᛚᚾᛖ ᚦᚠᚾᛖ ᚻᚠᚷ ᛖᚴᛏᛝᚠᚦ ᚻᛖ ᛋᚹᚠ ᛋᚹᚠ ᚦᚢ· ᛁᚳ ᛇᛞ ᚷᛖᚻᚱᛇᛝ ᛞᚠᚾᚾ· ᛁᚳ ᛇᛞ ᚷᛖᚻᚱᛇᛝ ᛞᚠᚾᚾ· ᚠᚾᛞ ᚦᚠᛏ ᚠᛒᛚᚠᚹᚠᚦ ᚻᛁᚾᛖ ᛞᛁᛞ ᚠᚴᛖᚱᛞᚠᚻᛖ· ᚠᚾᛞ ᚾᛁᛋ ᚻᛁᛏ ᚾᚠᚾ ᛞᚠᚾᚾ ᚠᚳ ᚻᛁᛏ ᛁᛋ ᛋᛈᚠᚾᚷᛖ·:

:ᚻᚹᚠᛏ ᛁᛋ ᚻᛁᛏ·:

:ᛁᛋ ᚻᛁᛏ ᛋᛈᚠᚾᚷᛖ·:

ᛒᛚᚠᛏᚠᚻᛖ ᚦᚠ ᛋᛖ ᛚᚣᛏᛚᚠ ᚠᚦᛖᛚᛁᛝ ᚴᚠᚱ ᚻᚠᛏᚻᛇᚱᛏᚾᛖᛋᛋᛖ·

:ᛋᛁᚦᚦᚠᚾ ᛞᚠᚾᛁᛝᚢᛞ .M.M. ᚷᛉᚱᚠ ᚦᚠ ᛒᛚᚠᛋᛏᛞᚠᚾ ᛏᚣᚻᚱᚠᚦ ᚦᚠᚱᚾᚠᛋ· ᛋᛁᚦᚦᚠᚾ ᛞᚠᚾᛁᛝᚢᛞ .M.M. ᚷᛉᚱᚠ ᛋᚳᛉᛈ ᛋᚹᚠᚦᛉᚻ ᚴᚱᛖᛏᚠᚦ ᛒᛚᚠᛋᛏᛞᚠᚾ· ᚠᚾᛞ ᚦᚢ ᚻᛖᛞᛖᛋᛏ ᚻᛁᛏ ᛚᚣᛏᛖᛚ ᚦᛁᛝ ᚦᚠᛏ ᛞᚠᚾ ᚹᛁᛚᛚᛖ ᚹᛁᛏᚠᚾ ᚴᚠᚱ ᚻᚹᚣ ᚻᛁᛖ ᚷᛖᛋᚹᛁᚾᚳᚠᚦ ᛏᚠ ᛏᚣᚻᚱᚠᚾᚾᛖ ᚦᚠᚱᚾᚠᛋ ᚦᚠ ᚦᛖ ᛏᚠ ᚾᚠᚾᚱᛖ ᚾᚠᛏᛖ ᛋᛁᛖᚾ· ᚳᚹᛖᚦᛖᛋᛏ ᚦᚢ ᚦᚠᛏ ᚦᚠᛏ ᚷᛖᚹᛁᚾᚾ ᚦᚠᚱᚠ ᛋᚳᛉᛈᚠ ᚹᛁᚦ ᛒᛚᚠᛋᛏᛞᚠᚾ ᛋᛁᛖ ᛚᚣᛏᛖᛚ ᚦᛁᛝ· ᚻᚢᚱᚢ ᛚᚠᛋ ᛞᚱᛇᛝᛚᛁᚳᛖ ᚦᚠᚾᚾᛖ ᚦᚠ ᚷᛖᛏᚠᛚᚢ ᚠᚾᛖᛋ ᛞᛁᚳᛚᚠᚾ ᚱᛉᚻᚠᚾ ᛞᚠᚾᚾᛖᛋ· ᚠᚾᛞ ᚷᛁᚴ ᛁᚳ ᚳᚾᚠᚹᛖ ᚠᚾᛖ ᛒᛚᚠᛋᛏᛞᚠᚾ ᛋᛇ ᚦᛖ ᛁᛋ ᚠᚾᚠ ᚠᚾ ᚦᚠᚱᛖ ᛇᚱᚦᚠᚾ ᚠᚾᛞ ᛁᛋ ᚠᚾ ᛞᛁᚾᚢᛞ ᛚᚣᛏᛚᚠᚾ ᛏᚢᛝᛚᛖ ᚠᚾᚢᛞ ᚠᚾᛞ ᚷᛁᚴ ᚠᚾ ᛚᚣᛏᛖᛚ ᛋᚳᛉᛈ ᚦᛉᚻ ᚻᛁᛏ ᚾᚣᛋᛏᛖ ᚦᚠᛏ ᚦᚠᛏ ᚻᛁᛏ ᚻᛖᚦ ᛞᚠᚷ ᚠᚻᚹᚠᛋᚳᚠᚾ ᚦᚠ ᛒᛚᚠᛋᛏᛞᚠᚾ ᚠᚾ ᚠᚾᚢᛞ ᛞᛖᚱᚷᛖᚾ ᚳᚹᛖᚦᛖ ᚦᚢ ᚦᚠᛏ ᚻᛁᛏ ᛋᛁᛖ ᛚᚣᛏᛖᛚ ᚦᛁᛝ·:

ᛒᛚᚣᛋᚳᛖᚻᛖ ᚻᛖ ᚴᚠᚱ ᚠᛋᛏᚣᚱᚢᛝᛖ ᚠᚾᛞ ᛏᚠᚠᛏᚣᚻᛏᛖ ᚻᛖ ᚦᚠ·

:ᚦᚠᚾᚾᛖ ᛞᚠᚾ ᛚᚢᚴᚠᚦ ᛒᛚᚠᛋᛏᛞᚠᚾ ᛋᛖ ᛁᛋ ᚠᚾᚴᛉᛚᚺ ᛁᚾ ᛉᛚᛚᚢᛞ .M.M. ᛏᚢᛟᛚᚠ ᚦᚠᚾᚾᛖ ᛁᛋ ᚻᛁᛏ ᚷᛖᚾᚠᚻ ᚦᚠᛏ ᚻᛖ ᛚᚠᚳᛁᛖ ᚢᛢᛈᛉᚱᚺ ᚻᛁᛞ ᛏᚩ ᛋᛈᚩ ᚦᚠᛏ ᚻᛖ ᛞᚠᚷᛖ ᛒᛚᛁᛋᛋᛁᚠᚾ· ᛋᛖᚷᛖᚦ ᛏᚩ ᚻᛁᛞ ᛋᛖᛚᚴᚢᛞ· ᛁᛋ ᛞᛁᚾᛖ ᛒᛚᚠᛋᛏᛞᚩ ᚠᚾ ᚻᛉᚻ ᚻᛈᚠᚱᚻᛈᛖᚷᚩ ··· ᚠᚳ ᚦᚠᚾᚾᛖ ᚦᚠᛏ ᛋᚳᛉᛢ ᚴᚱᛖᛏᛖᚦ ᚦᚩ ᛒᛚᚠᛋᛏᛞᚠᚾ ᚦᚠᚾᚾᛖ ᛁᛋ ᚻᛁᛏ ᚴᚠᚱ ᚻᛁᛞ ᛋᛈᚩ ᛋᛈᚩ ᛉᛚᛚᛖ ᛏᚢᛟᛚᚠᛋ ᚠᚺᛈᚠᛋᚳᛖᚺᛖ ᛈᚠᚱᛖᚾ· ᚠᚾᚺ ᚻᛁᛏ ᛋᛁᛖ ᛚᚤᛏᛖᛚ ᚦᛁᛟ··

ᚾᛖ ᛞᛁᚻᛏᛖ ᚻᛖ ᚳᛈᛖᚦᚠᚾ ᚾᚠᚾ ᚦᛁᛟ ᛖᛚᛚᛖᛋ· ᚴᚠᚱᛁᛟᚩ ᚻᛖ ᚷᛖᚴᛇᛚᛚ ᛏᚩ ᚷᛇᚳᛋᚢᛟᛖ· ᛈᚠᛋ ᛋᛇ ᚾᛁᚻᛏ ᚳᚢᛞᛖᚾ· ᚻᚠᚴᚺᛖ ᛁᚳ ᚠᛚᛖᚺ ᛞᛁᚾᛖ ᛏᚠᛚᚠᛋ· ᚾᛖ ᚱᚠᚻᛏᛖ ᛁᚳ ᚾᛖ ᛞᛁᚾᛖᛋ ᚻᚠᛞᚠᚱᛖᛋ ᚾᛖ ᛞᛁᚾᛖᛋ ᛚᚠᚳᛖᛋ ᚾᛖ ᛞᛁᚾᛖᛋ ᚦᚢᚱᛋᛏᛖᛋ ᚾᛖ ᛞᛁᚾᛖᛋ ᚺᛉᚦᛖᛋ ᚾᛖ ᚾᚠᚾᛁᚷᛖᛋ ᚠᚦᚱᛖᛋ ᚦᛁᛟᛖᛋ· ᛞᚠᛏᛖ ᚠᚾ ᛚᚤᛏᛖᛚ ᚠᚦᛖᛚᛁᛟ ᛒᛇᚾ ᚷᛖᚴᚱᛖᚴᚱᛖᚺᛖ ᛁᚾ ᚠᚾᚢᛞ ᛋᛏᛇᚱᚱᚠᚾ ᚠᚾᚢᛞ ᛏᚢᛟᛚᛖ ᛁᚾ ᛏᚢᛟᛚᛖ ᛞᛁᚾᚢᛞ ᚻᛖᚱ ᛁᚾ ᛇᚱᚦᚠᚾ· ᚤᛞᛒᚳᛚᚤᛢᛏᛖ ᛁᚳ ᚻᛁᚾᛖ· ᚱᚠᚳᚳᚠᚺᛖ ᛁᚳ ᚻᛁᚾᛖ· ᚱᚢᚾᚠᚺᛖ ᛁᚳ ᚻᛁᛞ ᛏᚩ· :ᛋᛇ ᛒᛚᚠᛋᛏᛞᚩ ᚦᛖ ᚦᚢ ᛚᚢᚴᚠᛋᛏ ᚾᛁᛋ ᚻᛖ ᚾᚠᚻᛏ ᚷᛖᚴᚱᛖᚳᚾᚠᚺᛖ ··· ᛁᚳ ᛈᛁᛚᛚᛖ ᚷᛖᚴᚠᚷᚠᚾ ᚠᚾᚾᛖ ᚳᚠᚴᛚ ᚴᚠᚱ ᚦᛁᚾᚢᛞ ᛋᚳᛉᛢᛖ ··· ᛁᚳ ᛈᛁᛚᛚᛖ ᚷᛖᚴᚠᚷᚠᚾ ᚠᚾᚾᛖ ᛢᛉᚱᚱᚠᚳ ᚴᚠᚱ ᚦᛁᚱᛖ ᛒᛚᚠᛋᛏᛞᚠᚾ ··· ᛁᚳ ᛈᛁᛚᛚᛖ ···: ᚾᚤᛋᛏᛖ ᛁᚳ ᚻᛈᚠᛏ ᛁᚳ ᚳᚢᚦᛖ ᛋᛖᚳᛟᛉᚾ ᛞᚩ· ᚦᚢᚻᛏᛖ ᛞᛖ ᚦᚠᛏ ᛁᚳ ᛈᚠᚱᛖ ᛋᛈᛁᚦᛖ ᚠᚷᚤᛢᛖ· ᚾᚤᛋᛏᛖ ᛁᚳ ᚻᚢ ᛁᚳ ᛞᛁᚻᛏᛖ ᚳᚢᛞᚠᚾ ᚻᛁᛞ ᛏᚩ ᚻᛈᚠᚱ ᛁᚳ ᛞᛁᚻᛏᛖ ᚻᛁᚾᛖ ᚷᛖᚱᚠᚳᚠᚾ ··· ᚦᚠᛏ ᛚᚠᚾᚺ ᚦᚠᚱᚩ ᛏᛉᚱᚩ ᛁᛋ ᛋᛈᛁᚦᛖ ᚺᛁᛖᛟᚠᛚᚴᚢᛚ·

## ᚳᚠᛢᛁᛏᚠᛚ .VIII.

ᚻᚱᚠᚦᛖ ᛋᚳᚠᛚᚺᛖ ᛁᚳ ᛈᛁᛏᚠᚾ ᛞᚠᚱᛖ ᛒᛖ ᚦᛁᛋᛋᛖ ᛒᛚᚠᛋᛏᛞᚠᚾ· ᛉᛚᚾᛖᚷ ᛈᚠᚱᚠᚾ ᛒᛚᚠᛋᛏᛞᚠᚾ ᚠᚾ ᚦᚠᛞ ᛏᚢᛟᛚᛖ ᚦᚠᛋ ᛚᚤᛏᛚᚠᚾ ᚠᚦᛖᛚᛁᛟᛖᛋ ᚦᚩ ᛈᚠᚱᚠᚾ ᛋᛈᛁᚦᛖ ᚠᚾᚴᛉᛚᚺ ᚷᛖᚻᛁᛖᛈᛖᚺ ᚠᚴ ᛚᛉᚴᚢᛞ ᚠᚾ ᚠᚾᚢᛞ ᛒᛉᛝᛖ ᚾᚠᚱᚠᚾ ᚻᛁᛖ ᚻᛖᚴᛁᚷᛖ ᚦᛁᛟ ᚠᚾᚺ ᚺᚱᛖᚴᚺᚠᚾ ᚾᚠᚾᚾᛖ ᛞᚠᚾᚾᚩ· ᛚᛁᚻᛏᚠᚾ ᚠᚾ ᚠᚾᚢᛞ ᛞᚠᚱᛝᛖᚾᚾᛖ ᚠᚾ ᛝᚱᚠᛋᛖ ᚠᚾᚺ ᚠᚳᛈᚢᚾᚳᚠᚾ ᚠᚾ ᚠᚴᚾᛖ· ᚠᚳ ᛋᚢᛞᛖ ᛞᚠᚷᛖ ᚠᚾ ᚻᛁᚠᚱᚩ ᚷᛖᛒᚱᛖᚺᚺᛖ ᛈᚤᚱᛏᚱᚢᛞᚠᛋ ᛒᛖ ᚠᚾᚢᛞ ᛋᚠᚺᛖ ᛝᚠᚺ ᚠᚾᚩ ᛈᚠᛏ ᚻᛈᚠᚾᚠᚾ ᚦᚠᛏ ᚳᚠᛞᛖ· ᛒᛖᚻᛇᛚᚺ ᛋᛖ ᛚᚤᛏᛚᚩ ᚠᚦᛖᛚᛁᛟ ᛋᛈᛁᚦᛖ ᚷᛉᚱᛈᛖ ᚦᚠᚾᛖ ᛋᛢᚱᚠᛏᚠᚾ ᛋᛖ ᚦᛖ ᚾᚠᛋ ᚾᚩ ᚷᛖᛚᛁᚳ ᚦᚠᛞ ᚠᚦᚱᚢᛞ ᛋᛢᚱᚠᛏᚢᛞ· ᛞᛁᚻᛏᛖ ᚻᛁᛏ

ᛒᛇᚾ ᚾᛁᚹᛖ ᚷᛖᚴᚤᚾᛞ ᚠᛈᛖᚾᚠᚻᛚᚠᛉᛏᚱᛇᚹᚠ· ᚠᚳ ᛋᛇ ᚹᚤᚱᛏ ᚻᚱᚠᚦᛖ ᚠᛒᛚᚠᚾᚾ ᛏᚠ ᚹᛏᛘᚠᚾᚾᛖ ᚠᚾᛞ ᚠᚾᛝᚠᚾᚾ ᚴᚠᚱᚦᛒᚱᛁᛝᚠᚾ ᛒᛚᛖᚺᛖ· ᛋᛖ ᛚᚤᛏᛚᚠ ᚠᚦᛖᛚᛁᛝ ᛋᛖ ᚦᛖ ᚹᚠᛋ ᚠᚾᚺᚹᛏᚱᚺ ᚦᚠ ᚦᚠ ᛋᚹᛁᚦᛖ ᛞᛁᚳᛚᛖ ᛒᛚᛖᚺ ᚹᚠᛋ ᛝᚱᚠᚹᛖᚾᚺᛖ ᚷᛏᚱᚹᛖ ᚠᚾᚷᛏᛏ ᚦᚠᛏ ᚻᛇ ᛞᚠᛏᛖ ᚻᚠᛒᛒᚠᚾ ᚹᚢᚾᚺᚠᚱᛚᛁᚳ ᚻᛁᚹ· ᚠᚳ ᛋᛇ ᛒᛚᛖᚺ ᚾᛖ ᛞᛁᚻᛏᛖ ᚾᚠ ᚴᚢᛚᚴᚱᛖᛞᛞᚠᚾ ᚠᚾ ᚻᛁᛖᚱᛖ ᛝᚱᛖᚾᚠᚾ ᛒᚢᚱᛖ ᚦᚠᛏ ᚻᛇ ᚹᚠᚱᛖ ᚷᛏᚱᚠ ᚻᛁᛖᚱᛖ ᛒᛇᚱᚻᛚᚾᛖᛋᛋᛖ· ᚷᛖᚳᛏᛋ ᚻᛇ ᛋᛞᛏᛚᛁᚳᛖ ᚻᛁᛖᚱᛖ ᚻᛁᚹ ᚷᛖᛝᚤᚱᚺᛖ ᚻᛇ ᚻᛁᛖ ᛚᚠᛏᛚᛁᚳᛖ ᚷᛖᛏᚱᚤᛞᚠᚺᛖ ᚻᛇ ᚻᛁᛖᚱᛖ ᛚᛏᚴᚠᛋ ᚠᚾ ᚠᚴᛏᛖᚱ ᚠᚦᚱᚢᛞ· ᚾᚠᛚᚺᛖ ᚻᛇ ᚠᛏᛁᛖᚹᚠᚾ ᛏᛚᛚᛖ ᛒᛖᚴᛏᛚᚺᛖᚾ ᛋᚹᚠ ᛋᚹᚠ ᛒᛚᛖᚺᛖ ᚦᚠᛋ ᛈᚠᛈᛁᚷᛖᛋ· ᚾᚠᛚᚺᛖ ᚻᛇ ᚠᛏᛁᛖᚹᚠᚾ ᚠᚱ ᚻᛇ ᚹᚠᚱᛖ ᛞᛁᚺ ᚴᚢᛚᚱᛖ ᛒᛇᚱᚻᛚᚾᛖᛋᛋᛖ ᚷᛖᚴᚱᚠᛏᚹᛖᚺ· ᛚᚠ ᚹᚠᛚᚺᛖ ᚻᛇ ᛚᛁᚳᛁᚠᚾ· ᛚᚠᛋᛏᛖ ᚻᛁᛖᚱᛖ ᚺᛁᛖᛝᚠᛚᚴᚢᛚ ᚦᚹᛏᛚ ᛞᚠᚾᛁᚷᚢᛞ ᚺᚠᛝᚢᛞ· ᚦᚠ ᛋᚢᛞᚢᛞ ᛞᚠᚱᚷᛖᚾᚾᛖ ᚦᚠ ᚦᚠ ᛋᛇ ᛋᚢᚾᚾᛖ ᚹᚠᛋ ᚢᛈᚠᛋᛏᛁᚷᛖᚾᚺᛖ ᚻᛇ ᚹᚠᛋ ᚠᚾᚷᛁᛖᚱᚹᛖᚺᛖ·

ᚠᚾᚺ ᚻᛇ ᚳᚹᚠᚦ ᚳᚾᛖᚾᚺᛖ ᚠᚴᛏᛖᚱ ᚦᚠᛞ ᚦᛖ ᚻᛇ ᚹᚠᚱᚻᛏᛖ ᛞᛁᚺ ᛋᚹᚠ ᛞᛁᚳᚳᛚᚢᛞ ᚷᛖᚱᚠᚺᛖ·

:ᛚᚠ ᚻᛏᚱᚺᛖ ᛁᚳ ᚠᚾᚹᚠᚳ … ᛒᛁᚺᚺᛖ ᛁᚳ ᚴᚠᚱᚷᛁᛖᚴᚾᛖᛋᛋᛖ … ᚷᛁᛖᛏ ᛁᚳ ᛇᛞ ᚴᚢᛚᛚ ᚻᚱᛇᚻ::

ᚦᚠᚾᚾᛖ ᛋᛖ ᛚᚤᛏᛚᚠ ᚠᚦᛖᛚᛁᛝ ᚾᚠ ᛚᛖᛝ ᚾᛖ ᚳᚢᚦᛖ ᚷᛖᚻᚤᚺᚠᚾ ᚻᛁᛋ ᚹᚢᚾᚺᚱᚢᛝᛖ·

:ᛏᚱᛏ ᚦᚢ ᛋᚹᛁᚦᛖ ᚠᚾᛚᛁᚳ::

:ᚾᛁᛋ ᚻᛁᛏ ᛋᚹᚠ:: ᚠᚾᚺᛋᚹᚠᚱᚠᚺᛖ ᛋᛇ ᛒᛚᛖᚺ ᛋᚠᚴᛏᛖ· :ᚠᚾᚺ ᚹᚠᛋ ᛁᚳ ᚠᚳᛖᚾᚾᛖᚺ ᛞᛁᚺ ᛋᚢᚾᚾᚠᚾ::

ᚹᛖᛚ ᚠᚱᚠᚺᚺᛖ ᛋᛖ ᛚᚤᛏᛖᛚ ᚠᚦᛖᛚᛁᛝ ᚦᚠᛏ ᚻᛇ ᚾᚠᚴᚺᛖ ᚠᚾᚴᛏᛚᚺᚾᛖᛋᛋᛖ ᚷᛖᚾᚠᚻ ᚠᚳ ᚹᚠᛋ ᚻᛇ ᛋᚹᛁᚦᛖ ᚷᛖᚳᚹᛖᛞᛚᛁᚳᛖ·

:ᛁᛋ ᚾᚢ ᛋᛇ ᛏᛁᚺ ᚦᚠᛋ ᛞᚠᚱᛝᛖᚾᛞᛖᛏᛖᛋ ᛋᚹᚠ ᛞᛖ ᚦᚤᚾᚳᛖᚦ: ᚻᛇ ᛏᚠᚠᛏᚤᚻᛏᛖ ᛋᚠᚾᚠ :ᛈᛁᛚᛚᚠᚦ ᚷᛖᛞᚢᚾᚠᚾ ᛞᛁᚾᛖᛋ ᚦᚠᛋ ᛁᚳ ᛒᛁᚺᚺᛖ ᛇᚹ::

ᚹᚠᛋ ᚻᛖ ᚦᚠ ᛋᚹᛁᚦᛖ ᚠᛞᚠᚱᚠᚺᛖ ᛋᛖ ᛚᚤᛏᛚᚠ ᚠᚦᛖᛚᛁᛝ ᚠᚾᚺ ᛒᚱᚠᚻᛏᛖ ᚹᚠᛏᛖᚱᚳᚱᚢᚳᛖ ᚴᚢᛚᛚ ᚴᛖᚱᛋᚳᛖᛋ ᚹᚠᛏᛖᚱᛖᛋ ᚠᚾᚺ ᛒᛖᛋᚹᛁᛚᚠᚺᛖ ᚦᚠ ᛒᛚᚠᛋᛏᛞᚠᚾ·

ᚷᛖᚺᚱᛖᚻᛏᛖ ᚻᛇ ᚻᛁᚾᛖ ᛋᚹᛁᚦᛖ ᛋᚠᚾᚠ ᛞᛁᚺ ᚻᛁᛖᚱᛖ ᛁᚺᛖᛚᚾᛖᛋᛋᛖ· ᛋᚢᛞᛖ ᚺᚠᚷᛖ ᚦᚠ ᚦᚠ ᚻᛇ ᚹᚠᛋ

ᛋᛈᚱᛖᚳᛖᚾᛞᛖ ᛒᛖ ᚦᚫᛗ .IV. ᚦᚫᚱᚾᚩ ᚻᛁᛗ ᛏᚩ ᛋᚫᚷᛞᛖ ᚻᛇ ᛏᚩ ᚦᚫᛗ ᛚᚣᛏᛚᚫᚾ ᚫᚦᛖᛚᛁᛝᛖ·

⁝ᛗᚫᚸᚫᚾ ᚳᚢᛗᚫᚾ ᚦᚩ ᛏᛁᚷᚱᚫᛋ ᛗᛁᛞ ᚻᛇᚱᚩ ᚾᚫᚷᛚᛋᛈᛖᚱᚢᛗ·:

⁝ᚾᛖ ᛋᛁᚾᛞᚫᚾ ᚦᚫᚱ ᚾᚫᚾᛖ ᛏᛁᚷᚱᚫᛋ ᚫᚾ ᛗᛁᚾᚢᛗ ᛏᚢᛝᛚᛖ: ᚫᚾᛞᛋᚹᚫᚱᚫᛞᛖ ᚦᚩ ᛋᛖ ᛚᚣᛏᛚᚩ ᚫᚦᛖᛚᛁᛝ ⁝ᚫᚾᛞ ᛏᛁᚷᚱᚫᛋ ᚾᚫᚠᚱᛖ ᚠᚱᛖᛏᚫᚦ ᚸᚱᚫᛋᛖᛋ·:

⁝ᚾᛖ ᛇᛗ ᛁᚳ ᚾᚩ ᚸᚱᚫᛋ: ᚫᚾᛞᚹᚣᚱᛞᛖ ᛋᛇ ᛒᛚᚫᛋᛏᛗᚩ ᛋᚫᚠᛏᛖ·

⁝ᚫᚱᛁᚩ ᛗᛁᚾᛖᛋ·:

⁝ᚾᛖ ᚠᚫᚱᚻᛏᛁᛖ ᛁᚳ ᚾᚫᚾᛖ ᛏᛁᚷᚱᚫᛋ ᚫᚳ ᚸᚱᚣᚱᛖᛚᛁᚳ ᛁᛋ ᛗᛖ ᛋᛖ ᚹᛁᚾᛞ· ᚻᚫᚠᛋᛏ ᚦᚢ ᚫᚾ ᚹᛁᛝ ᚦᚫᛏ ᛗᚫᚷ ᛋᚳᛁᛖᛚᛞᚫᚾ ᚠᚱᚫᛗ ᚦᚫᛗ ᚹᛁᚾᛞᛖ·:

⁝ᚹᛁᚾᛞ ᛋᛁᛖ ᚸᚱᚣᚱᛖᛚᛁᚳ· ⋯ ᚦᚫᛏ ᛁᛋ ᚣᚠᛖᛚ ᚹᚣᚱᛞ ᚫᚾᚱᛖ ᛒᛚᚫᛋᛏᛗᛖ: ᚦᚫᚻᛏᛖ ᚦᚩ ᛋᛖ ᛚᚣᛏᛚᚩ ᚫᚦᛖᛚᛁᛝ· ⁝ᛁᛋ ᚻᛁᛏ ᛋᚹᛁᚦᛖ ᛠᚱᚠᚫᚦᛚᛁᚳ ᛒᛖ ᚦᚫᚱᛖ ᛒᛚᚫᛋᛏᛗᚫᚾ·:

⁝ᚫᚾ ᚫᚠᚾᚢᛝᛖ ᚦᚢ ᚷᛖᛚᚫᚸᚫᛋᛏ ᛗᛖ ᚫᚾᚢᛗ ᚸᛚᚫᚱᛖᚾᚫᚾ ᛈᚫᛏᛏᛖ ᛒᛖᚾᛇᚦᚫᚾ· ᛁᛋ ᚻᛁᛏ ᛗᛁᚳᛖᛚ ᚳᛠᛚᛞ ᛗᛁᛞ ᛇᚹ· ᚾᛁᛋ ᚻᛁᛏ ᚾᚩ ᚸᚫᛞ ᛋᚹᚩ ᛋᚹᚩ ᚻᛁᛏ ᛁᛋ· ᚦᚫᚾᚫᚾ ᛁᚳ ᚳᚫᛗ·:

ᚫᚳ ᚻᛇ ᚷᛖᛋᛏᚣᚾᛏᛖ ᚻᛁᛖ ᚦᚩ· ᚹᚫᛋ ᚻᛇ ᚳᚣᚱᚾᛖᛚ ᚦᚩ ᚦᚩ ᚻᛇ ᚳᚫᛗ· ᚾᛖ ᚳᚢᚦᛖ ᚻᛇ ᚾᚫᚾ ᚹᛁᛝ ᛒᛖ ᚦᚫᛗ ᚩᚦᚱᚢᛗ ᚹᚩᚱᚢᛚᛞᚢᛗ· ᚫᚠᛋᚳᚫᛗᚫᛞ ᚦᚫᛏ ᛗᚫᚾ ᚫᚾᚷᛠᛏ ᚻᛁᛖᚱᛖ ᛋᚹᚫ ᚫᚾᚠᛠᛚᛞᛖ ᛚᛠᛋᚢᛝᛖ ᚳᚫᚻᚻᛖᛏᛏᛖ ᚻᛇ ᛏᚢᚹᚫ ᚫᚦᚦᛖ ᚦᚱᛁᚹᚫ ᛋᚹᚫ ᚦᚫᛏ ᚻᛇ ᛗᛁᚻᛏᛖ ᛗᛁᛋᛞᚫᚾ ᚫᚾᚷᛠᚾ ᚦᚫᛗ ᛚᚣᛏᛚᚫᚾ ᚫᚦᛖᛚᛁᛝᛖ·

:ᚦᚨᛏ ᚦᛁᛟ ᚦᚨᛏ ᛞᚨᚷ ᛋᚢᛁᛖᛚᚺᚨᚾ ᚠᚱᚨᛞ ᚦᚨᛞ ᚹᛁᚾᚺᛖ ·····:

:ᛚᚨ ᚹᚨᛚᚺᛖ ᛁᚢ ᚺᛁᛚ ᚾᚢ ᚷᛖᚠᛖᚢᚢᚨᚾ ᚨᚢ ᚹᚨᚱᛖ ᚦᚢ ᚢᚱᛖᚦᛖᚾᚺᛖ ᛏᚨ ᛞᛖ·:

ᚦᚨ ᚷᛖᚾᛁᛖᚺᚺᛖ ᚺᛇ ᚺᛁᛖ ᛋᛖᛚᚠᛖ ᛖᚹᛏ ᛏᚨ ᚢᚨᚺᚺᛖᛏᛏᚨᚾ ᛋᚹᚨ ᚦᚨᛏ ᚺᛖ ᚾᛁᛖᚺᛖᛋ ᛞᚨᛏᛖ ᚺᚨᛒᛒᚨᚾ ᚨᚾᛒᚱᚣᚱᚺᛁᚾᛖᛋᛋᛖ·

ᚦᚢᛋ ᛋᛖ ᛚᚣᛏᛚᚨ ᚨᚦᛖᛚᛁᛟ ᚺᚱᚨᚦᛖ ᚨᚾᚷᚨᚾᚾ ᛏᛈᛇᚾ ᚨᚾᚷᛉᚾ ᚺᛁᚱᛖ ᚠᚨᚱ ᛉᛏᚱᛖ ᚺᛁᛋ ᛚᚢᚠᛖ· ᚨᚾᚷᛉᛏ ᚺᛖ ᚺᛁᛖᚱᚨ ᛚᛁᚺᛏᚨᚾ ᚹᚨᚱᚺ ᛋᚹᛁᚦᛖ ᛇᚱᚾᚨᛋᛏᛚᛁᚢᛖ ᚨᚾᚺ ᚹᛉᚱᚦ ᚦᚨ ᛞᛁᚢᛖᛚ ᚢᚾᚱᚨᛏ·

:ᚺᛁᛚ ᚹᚨᚱᛖ ᛒᛖᛏᚱᛖ ᚷᛁᚠ ᛁᚢ ᚾᛖ ᚷᛖᛚᛁᛖᚠᚺᛖ ᚺᛁᛖᚱᛖ ᚾᚨ: ᛋᚨᚷᚺᛖ ᚺᛖ ᛞᛖ ᛏᚨ ᛋᚢᛞᛖ ᚺᚨᚷᛖ· :ᛞᚨᚾ ᚾᛖ ᛋᚢᛉᛚ ᚾᚨᚠᚱᛖ ᚺᛚᚣᛋᛏᚨᚾ ᛒᛚᚨᛋᛏᛞᚢᛞ ᚺᛁᛚ ᛒᛖᚺᚨᚠᚨᚦ ᚺᛁᛖ ᛋᚢᛉᚹᛁᚨᚾ ᚨᚾᚺ ᛖᚦᛁᚨᚾ ᚺᛁᛖᚱᛖ ᛋᛏᛖᚾᚢ· ᚨᚠᚣᛚᚺᛖ ᛒᛚᚨᛋᛏᛞᚨ ᛞᛁᚾ ᚦᚨᚾᛖ ᛏᚢᛟᛚᛖ ᛋᛏᛖᚾᚢᛖᛋ ᚨᚢ ᚺᛁᛚ ᚾᛖ ᚢᚣᚦᛖ ᛞᛖ ᚱᚨᛏᛋᛁᚨᚾ· ᚺᛁᛚ ᚹᚨᚱᛖ ᛒᛖᛏᚱᛖ ᚷᛁᚠ ᚦᚨᛏ ᛋᛏᚨᚱ ᛒᛖ ᚦᚨᛞ ᚾᚨᚷᛚᛋᛈᛖᚱᚢᛞ ᚦᚨᛏ ᛞᛖ ᛋᚹᛁᚦᛖ ᛒᚱᚣᚱᚺᛖ ᚷᛖᚺᚱᛖᚱᚺᛖ ᛞᛖ ᛞᚨ·:

ᚨᚾᚺ ᚺᛖ ᛞᛖ ᛒᛖᛏᚨᚺᛏᛖ ᚦᚨᛋ ᚹᚨᚱᚺ·

:ᚾᛖ ᚢᚣᚦᛖ ᛁᚢ ᚺᛁᛚ ᚢᚾᚺᛖᚱᛋᛏᚨᚾᚺᚨᚾ ᚦᚨ· ᚺᛁᛚ ᚹᚨᚱᛖ ᛒᛖᛏᚱᛖ ᚷᛁᚠ ᛁᚢ ᚷᛖᚺᛖᛞᚺᛖ ᚺᛁᚱᛖ ᛒᛖ ᚺᛁᛖᚱᛖ ᚺᚨᚺᚢᛞ ᚨᚾᚺ ᚾᚨᛋᚾᚨ ᛒᛖ ᚺᛁᛖᚱᛖ ᚹᚨᚱᚺᚢᛞ· ᛋᛏᚨᚾᚢ ᚺᛇ ᚨᚾᚺ ᚷᛚᛇᚹ ᚠᚨᚱ ᛞᛁᚾᚢᛞ ᚦᛁᛟᚢᛞ· ᚹᚨ ᛚᚨ ᚹᚨ ᚦᚨᛏ ᛁᚢ ᚨᛏᚠᛚᛉᚺ ᚦᚨ· ᛋᚢᚨᛚᚺᛖ ᛁᚢ ᚨᚱᚨᚺᚨᚾ ᚺᛁᛖᚱᛖ ᚺᚾᛖᛋᚢᚾᛖᛋᛋᛖ ᛋᛇ ᚦᛖ ᚹᚨᛋ ᚺᛁᛖᚱᛖ ᛉᚱᛞᚢᛞ ᛚᛉᛋᚢᛟᚢᛞ ᛒᛖᚺᛁᚾᚺᚨᚾ· ᛋᛁᚾᚺᚨᚾ ᛒᛚᚨᛋᛏᛞᚨᚾ ᚹᛁᚦᛖᚱᚢᚹᛁᚺᛖᚾᛖᛋᛋᛖ ᛋᚹᛁᚦᛖ ᚠᚢᛚᛚᛖ· ᚹᚨᛋ ᛁᚢ ᚦᚨ ᛉᛏᛚᛖᛋ
ᛏᚨ ᚷᛁᚢᛟ ᛏᚨ ᛚᚢᚠᛁᚨᚾᛖ ᚺᛁᛖᚱᛖ·:

# ᚳᚪᛈᛁᛏᚩᛚ .IX.

ᚷᛖᛚᛁᛖᚠᛖ ᛁᚳ ᚦᚫᛏ ᚻᛖ ᚫᛏᚠᛚᛠᚻ ᛗᛁᛞ ᚪᚾᚢᛗ ᚠᚫᚱᛖᛚᛞᚢᛗ ᚹᛁᛚᛞᚱᚪ ᚠᚢᚸᛚᚪ· ᚩᚾ ᛗᚩᚱᚸᛖᚾᚾᛖ ᚻᛁᛋ ᚠᚩᚱᛖ ᚻᛖ ᚠᚫᚷᚱᛖ ᚪᚳᛚᚫᚾᛋᚩᛞᛖ ᚻᛁᛋ ᛏᚢᛝᚩᛚ· ᛋᛗᛠᛚᛁᚳᛖ ᚻᛖ ᚷᛖᛋᚹᛁᛈᚩᛞᛖ ᚻᛁᛋ ᛒᛇᚱᚸᚪᛋ ᚦᛖ ᛗᛁᚻᛏᚩᚾ ᛚᛁᛖᚷ ᚪᛋᛈᛁᚹᚪᚾ· ᚻᚫᚠᛞᛖ ᚻᛖ ᛏᚹᚪ ᚳᚹᛁᚳᚱᚪ ᛒᛇᚱᚸᚪ ᚦᛖ ᛗᛁᚻᛏᚩᚾ ᛚᛁᛖᚷ ᚪᛋᛈᛁᚹᚪᚾ ᚹᚫᚱᚩᚾ ᚻᛁᛖ ᛋᚹᛁᚦᛖ ᚾᚣᛏᛏ ᛏᚩ ᚷᛖᚷᛠᚱᚹᛁᚪᚾᚾᛖ ᚦᚩᚾᛖ ᛗᚩᚱᚸᛖᚾᛗᛖᛏᛖ· ᚻᚫᚠᛞᛖ ᚻᛖ ᛠᚳ ᚪᚾᚾᛖ ᚪᚳᚹᛁᚾᛖᚾᚾᛖ ᛒᛇᚱᚸ· ᚩᚾᛞ ᚠᚩᚱ ᚦᚪᛗ ᚦᛖ ᚻᛖ ᛋᚫᚷᛞᛖ ᛏᚩ ᚻᛁᛗ ᛋᛖᛚᚠᚢᛗ· :ᚾᛖ ᚳᚪᚾᛋᛏ ᚦᚢ ᚾᚫᚠᚱᛖ ᚹᛁᛏᚪᚾ·: ᚷᛖᛋᚹᛁᛈᚩᛞᛖ ᚻᛖ ᛠᚳ ᚦᚩᚾᛖ ᚪᚳᚹᛁᚾᛖᚾᚾᛖ ᛒᛇᚱᚸ· ᚷᛁᚠ ᚦᚪ ᛚᛁᛖᚷ ᚪᛋᛈᛁᚹᛖᚾᛞᛖ ᛒᛇᚱᚸᚪᛋ ᛋᛁᚾᛞᚩᚾ ᚷᛖᛋᚹᛁᛈᚩᛞᛖ ᚹᛖᛚ ᚻᛁᛖ ᚹᛁᛚᛚᚪᚦ ᛒᛁᛖᚱᚾᚪᚾ ᛋᚪᚠᛏᛖ ᚩᚾᛞ ᛖᚠᛖᚾ ᚩᚾᛞ ᚾᛖ ᚹᛁᛚᛚᚪᚦ ᚢᛏᚩᛒᛖᚱᛋᛏᚪᚾ· ᚦᚩᚾᚾᛖ ᚦᚪ ᛚᛁᛖᚷ ᚪᛋᛈᛁᚹᛖᚾᛞᛖ ᛒᛇᚱᚸᚪᛋ ᚢᛏᚩᛒᛖᚱᛋᛏᚪᚦ ᚦᚩᚾᚾᛖ ᚻᛁᛏ ᛁᛋ ᛋᚹᚣᛚᚳᛖ ᛋᚹᚪ ᚳᚣᛚᛖᚾ ᚹᚫᚱᛖ ᚩᚾᛒᚫᚱᚾᛞᛖ· ᛋᚩᚦ ᛁᛋ· ᛋᛁᚾᛞᚩᚾ ᛗᛖᚾᚾ ᚩᚾ ᛇᚱᚦᚪᚾ ᛏᚩ ᛚᚣᛏᛖᛚ ᚩᚾᛞ ᚦᚪᛋ ᚹᛖ ᚾᛖ ᛗᚪᚸᚩᚾ ᛋᚹᛁᛈᛁᚪᚾ ᚢᚱᛖ ᛚᛁᛖᚷ ᚪᛋᛈᛁᚹᛖᚾᛞᛖ ᛒᛇᚱᚸᚪᛋ· ᚩᚾᛞ ᚠᚩᚱ ᚦᚪᛗ ᚻᛁᛖ ᚢᛋ ᛗᛁᚳᚳᛚᚢᛗ ᚷᛖᛋᚹᛖᚾᚳᚪᚦ·

ᚻᛖᚠᛁᚷᛗᚩᛞᛖ ᚪᛏᚫᚱ ᚦᚪ ᛋᛖ ᛚᚣᛏᛚᚪ ᚫᚦᛖᛚᛁᛝ ᚦᚪ ᛖᚾᛞᛖᚾᛖᚻᛋᛏᚪᚾ ᛋᛈᚱᚩᛏᚪᚾ ᚦᚫᛋ ᚪᛈᛖᚾᚻᛚᚪᚠᛏᚱᛇᚹᛖᛋ· ᚾᛖ ᚷᛖᛚᛁᛖᚠᛞᛖ ᚻᛖ ᚾᚪ ᚦᚫᛏ ᚻᛖ ᚫᚠᚱᛖ ᚳᚢᛗᛖ ᛖᚠᛏ· ᚪᚳ ᛠᛚᛚ ᚦᚫᛏ ᚹᛇᚱᚳ ᚦᚢᚻᛏᛖ ᚻᛁᛗ ᚦᚣ ᛗᚩᚱᚸᛖᚾᚾᛖ ᛋᚹᛁᚦᛖ ᛋᚹᛖᛏᛖ· ᚩᚾᛞ ᚦᚪ ᚦᚪ ᚻᛖ ᛒᛖᛋᚹᛁᛚᚩᛞᛖ ᚦᚪ ᛒᛚᚩᛋᛏᛗᚫᚾ ᚫᛏ ᚦᚫᚱᛖ ᚫᚠᛏᛖᛗᚫᛋᛏᚪᚾ ᛏᛁᛞᛖ ᚩᚾᛞ ᚹᚩᛚᛞᛖ ᚻᛁᛖ ᚷᛖᛚᚪᚸᛁᚪᚾ ᚦᚪᛗ ᚸᛚᚫᚱᛖᚾᚪᚾ ᛈᚩᛏᛏᛖ ᛒᛖᚾᛇᚦᚪᚾ ᚦᚪ ᚩᚾᚳᚾᛇᚹ ᚻᛖ ᚻᛁᛗ ᛋᛖᛚᚠᚢᛗ ᚹᛁᚦᛁᚾᚾᚪᚾ ᚦᚫᛏ ᚻᛖ ᚹᚩᛚᛞᛖ ᚹᛖᛈᚪᚾ·

:ᚹᛁᛚᛚᛖ ᚦᚢ ᚷᛖᛋᚢᚾᛞᛖ ᛒᛇᚾ: ᚳᚹᚫᚦ ᚻᛖ ᛏᚩ ᚦᚫᚱᛖ ᛒᛚᚩᛋᛏᛗᚫᚾ·

ᚪᚳ ᚻᛇ ᚾᛖ ᚩᚾᛞᚹᚣᚱᛞᛖ ᚻᛁᛗ ᚾᚪ·

:ᚹᛁᛚᛚᛖ ᚦᚢ ᚷᛖᛋᚢᚾᛞᛖ ᛒᛇᚾ: ᚳᚹᚫᚦ ᚻᛖ ᛖᚠᛏ·

ᛋᛇ ᛒᛚᚩᛋᛏᛗᚪ ᚳᚪᚻᚻᛖᛏᛏᛖ ᚦᚪ· ᚾᛖ ᚹᚫᛋ ᚻᛁᛏ ᚾᚪ ᚠᚩᚱ ᚳᛠᛚᛞᛖ·

:ᚹᚫᛋ ᛁᚳ ᛞᚣᛋᛁᚷ: ᚳᚹᚫᚦ ᚻᛇ ᚦᚪ ᚻᛁᛗ ᛏᚩ· :ᚪᛋᚳᛁᛖ ᛁᚳ ᚦᛁᚾᚱᛖ ᚠᚩᚱᚷᛁᛖᚠᚾᛖᛋᛋᛖ· ᚪᚠᚪᚾᛞᚪ ᛏᚩ ᚦᛁᚩᚾᚾᛖ·:

ᚹᚫᛋ ᚻᛖ ᚩᚠᚹᚢᚾᛞᚱᚩᛞ ᚦᚫᛏ ᚦᚫᚱ ᚾᚫᚱᚩᚾ ᚾᚪᚾᛖ ᚻᚪᛋᚳᚪᛋ· ᚹᚫᛋ ᚦᚪ ᚪᛏᛋᛏᚩᚾᛞᛖᚾᛞᛖ ᚩᚾᛞ ᚻᚫᚠᛞᛖ ᚦᚩᚾᛖ ᚸᛚᚫᚱᛖᚾᚾᛖ ᛈᚩᛏᛏ ᚩᚾ ᚻᚩᚾᛞᚪ· ᚾᛖ ᚳᚢᚦᛖ ᚻᛖ ᚢᚾᛞᛖᚱᛋᛏᚩᚾᛞᚪᚾ ᚦᚪ ᛋᛗᚩᛚᛏᚪᚾ ᛗᚪᚾᚦᚹᚫᚱᚾᛖᛋᛋᛖ·

:ᛚᚪ ᚦᚢ ᛠᚱᛏ ᛗᛖ ᛚᛇᚠ: ᚳᚹᚫᚦ ᛋᛇ ᛒᛚᚩᛋᛏᛗᚪ· :ᚾᛖ ᚹᛁᛋᛏᛖ ᚦᚢ ᛒᛖ ᚦᚪᛗ· ᛁᛋ ᚻᛁᛏ ᛗᛁᚾ ᚷᛖᛋᚳᚣᛚᛞ· ᚾᛁᛋ ᚻᛁᛏ ᚾᚪᚾ ᚹᛇᚱᚦᛚᛁᚳ ᚦᛁᛝ· ᚪᚳ ᚦᚢ ᚹᚫᚱᛖ

ᚠᚳᛚᚠᚾᛋᚠᛞᛖ ᚻᛖ ᚹᛖᛚ ᚻᛁᛋ ᛚᛁᛖᚷ ᚠᛋᛈᛁᚹᛖᚾᚻᚾᛖ ᛒᛇᚱᛟ
ᛞᛁᛞ ᚠᚾᚢᛞ ᛒᛖᛋᛞᚠᚾ·

ᛋᚹᚨ ᚺᚹᚨᚠᛋᛚᛁᚲ ᛋᚹᚨ ᛋᚹᚨ ᛁᚲ ᚹᚠᛋ· ᚠᛉᚠᚾᚺᚨ ᛏᚨ ᚦᛁᚠᚾᚾᛖ … ᛚᚠᛏ ᚦᛁᛋᚾᛖ ᚷᛚᚠᚱᛖᚾᚾᛖ ᛈᚠᛏᛏ ᚷᛖᚱᛖᛋᛏᚠᚾ· ᚾᛖ ᚷᛁᛖᚱᚾᛖ ᛁᚲ ᚦᚠᛋ ᚾᚨ ᛚᛖᛟ·:

:ᚠᚾᚺ ᛋᛖ ᚹᛁᚾᚺ·:

:ᚾᛖ ᛃᛞ ᛁᚲ ᛋᚹᚨ ᛉᚠᚱᚲᛁᛚᛚᛖᚺ ᛋᚹᚨ ᚦᚠᛏ … ᚦᚠᛏ ᛉᛖᚱᛋᚲ ᛚᚢᛉᛏ ᚠᚾ ᚾᚺᛏᛖ ᚹᛁᛚᛚᛖ ᛞᛖ ᚷᛖᚺᛖᛚᛈᚠᚾ· ᛁᚲ ᛃᛞ ᛒᛚᚠᛋᛏᛞᚨ·:

:ᚠᚾᚺ ᚦᚨ ᚺᛃᚱ·:

:ᛒᛖᚺᚨᛉᚠᚦ ᛞᛖ ᚠᚺᚱᛃᚷᚠᚾ ᛏᚹᚨ ᚠᚦᚦᛖ ᚦᚱᛁᛖ ᚢᛞᛖᛚᚨ ᚷᛁᛉ ᛁᚲ ᚹᛁᛚᛚᛖ ᚹᛁᛏᚠᚾ ᚺᚹᚠᛏ ᚦᚨ ᛒᚢᛏᛖᚱᛉᛚᛃᚷᚠᚾ ᛋᛁᛖᚾ· ᚦᚢᚾᚲᛖᚦ ᛞᛖ ᚦᚠᛏ ᚦᚠᛏ ᛋᛁᛖ ᛋᚹᛁᚦᛖ ᛉᚠᚷᛖᚱ· ᚺᚹᚨ ᛁᛋ ᚦᛖ ᚹᛁᛚᛚᛖ ᛞᛖ ᛖᛚᛚᛖᛋ ᚷᛖᛋᛖᚲᚠᚾ· ᛋᚢᛉᛚᛏ ᚦᚢ ᛒᛃᚾ ᛋᚹᛁᚦᛖ ᛉᛃᚱᚱ· ᚠᚢ ᛒᛖ ᚦᚠᛞ ᛗᛁᚲᚢᛚᚢᛞ ᚺᛃᚱᚢᛞ ᚾᛖ ᛉᚠᚱᚺᛏᛁᚷᛖ ᛁᚲ ᚾᚨ· ᚺᚨᛒᛒᛖ ᛁᚲ ᚾᚠᚷᛚᛋᛈᛖᚱᚢ ᛗᛁᚾᛖ·:

ᚠᚾᚺ ᚢᚾᛋᚲᚢᛚᚺᛁᚷᛚᛁᚲᛖ ᚺᛃ ᚠᚦᛁᛖᚹᚺᛖ ᚺᛁᛖᚱᛖ ᛉᛃᚹᛖᚱ ᚦᚠᚱᚾᚨ· ᚠᚾᚺ ᚺᛃ ᚦᚨ ᛏᚠᚠᛏᚢᚺᛏᛖ·

:ᚾᛖ ᛚᛖᛟ ᚺᛁᛏ ᛏᚨ ᛋᚹᛁᚦᛖ ᛁᛋ ᚺᛁᛏ ᚺᚱᚠᛉᛚᛁᚲ· ᚦᚢ ᚷᛖᚲᛉᛋ ᛏᚨ ᛋᛁᚦᛁᚠᚾᚾᛖ· ᚷᚨ ᚾᚢ·:

ᚾᛖ ᚹᚠᛚᚺᛖ ᚺᛃ ᚦᚠᛏ ᚺᛖ ᚷᛖᛋᚠᚹᛖ ᚺᛁᛖ ᚹᛖᛈᚠᚾ· ᚹᚠᛋ ᚺᛃ ᚠᚾᛞᚠᚺᛖ ᛒᛚᚠᛋᛏᛞᚨ·

## ᚲᚨᛈᛁᛏᚠᛚ .X.

ᚹᚠᛋ ᚺᛖ ᚠᚾ ᛚᚠᚾᚺᛖ ᚦᚠᚱᚨ ᛏᚢᛟᛚᚨ .CCCXXV. .CCCXXVI. .CCCXXVII. .CCCXXVIII. .CCCXXIX. ᚠᚾᚺ .CCCXXX. ᛋᚹᚨ ᚺᛖ ᚠᚾᚷᚠᚾᚾ ᚺᛁᛖ ᚷᛖᚾᛃᛋᛁᚠᚾ ᛏᚨ ᚠᛒᛁᛋᚷᛁᚠᚾᚾᛖ ᚺᛁᚾᛖ ᛋᛖᛚᛉᚾᛖ ᚦᚠᚱ ᚷᛖ ᛏᚨ ᛚᛃᚱᚾᛁᚠᚾᚾᛖ·

ᛚᛁᛉᚠᚺᛖ ᚠᚾ ᚲᚢᚾᛁᛟ ᚠᚾ ᚦᚠᛞ ᛉᚠᚱᛞᛖᛋᛏᚠᚾ· ᚹᚠᛋ ᛋᛖ ᚲᚢᚾᛁᛟ ᛋᛁᛚᛏᛖᚾᚺᛖ ᚠᚾ ᚺᛁᛋ ᚲᚢᚾᛖᛋᛖᛏᛚ ᚦᚠᛏ ᚹᚠᛋ ᚠᚾᛉᛉᛚᚺ ᚠᚾᚺ ᚦᛉᚺ ᚺᛁᛚ ᚹᚠᛋ ᚲᚢᚾᛖᛚᛁᚲ· ᚹᚠᛋ ᚺᛖ ᚷᛖᛋᚲᚱᚢᚺᚺᛖ ᛈᚲᚱᛈᚱᛖ ᚠᚾᚺ ᚺᛃᚱᚹᛁᛖᚱᚦᛖ ᛉᛚᛁᛖᛋᛖ·

:ᛚᚨ· ᛞᚨᚷ ᛁᚲ ᚷᛖᛋᛃᚾ ᛋᚢᛞ ᛋᚢᛉᛚᚲ: ᚲᛚᚢᛈᚠᚺᛖ ᛋᛖ ᚲᚢᚾᛁᛟ ᚦᚨ ᚦᚨ ᚺᛖ ᚷᛖᛋᛉᚺ ᚦᚠᚾᛖ ᛚᚢᛏᛚᚠᚾ ᚠᚦᛖᛚᛁᛟ· ᚹᚠᛋ ᛋᛖ ᛚᚢᛏᛚᚨ ᚠᚦᛖᛚᛁᛟ ᚦᚨ ᛉᚱᛁᚷᚾᛖᚾᚺᛖ ᚺᛁᚾᛖ ᛋᛖᛚᛉᚾᛖ·

:ᚻᚢ ᛞᚠᚷ ᚻᛖ ᚷᛖᚳᚾᚠᚹᚠᚾ ᛞᛖ ᛋᛁᚦᚦᚠᚾ ᚻᛖ ᚾᛖ ᚷᛖᛋᛉᚻ ᛞᛖ ᚾᚠᚣᚱᛖ ᚠᚱ·:

ᚾᚩᛋᛏᛖ ᚻᛖ ᚦᚠᛏ ᛞᛁᚻ ᚳᚩᚾᛁᛝᚢᛞ ᛋᛇ ᚹᚠᚱᚢᛚᚻ ᛁᛋ ᛋᚹᛁᚦᛖ ᚠᚾᚣᛉᛚᚻ ᚦᛁᛝ· ᛋᛁᚾᛞᚠᚾ ᛉᛏᛚᛖ ᛞᛖᚾᚾ ᛋᚳᛉᛚᚳᚠᛋ·

:ᚳᚢᛞ ᛞᛖ ᛏᚫ ᛋᚹᚫ ᚦᚠᛏ ᛁᚳ ᛞᚠᚷ ᚦᛖ ᛒᛖᛏ ᚷᛖᛋᛇᚾ: ᚳᚹᚠᚦ ᚦᚫ ᛋᛖ ᚳᚩᚾᛁᛝ ᚻᛁᛞ ᛏᚫ ᚠᚾᚻ ᚹᚠᛋ ᛋᚹᛁᚦᛖ ᛢᚱᚢᚻ ᚦᚠᛏ ᚻᛖ ᛞᛁᚻᛏᛖ ᛒᛇᚾ ᚳᚩᚾᛁᛝ ᚠᚣᚠᚱ ᚠᚾᚢᛞ ᛞᛖᚾᚾ·

ᛚᚠᚳᚠᚻᛖ ᚦᚫ ᛋᛖ ᛚᚩᛏᛚᚫ ᚠᚦᛖᛚᛁᛝ ᚷᛁᚣ ᚻᛖ ᛞᛁᚻᛏᛖ ᚣᛁᚾᚻᚠᚾ ᛋᛖᛏᛚ ᚠᚳ ᚹᚠᛋ ᛋᛖ ᛏᚢᛝᚠᛚ ᛉᛏᛚᛖ ᛒᛖᚹᚱᛁᚷᛖᚾ ᛞᛁᚻ ᚦᚠᛞ ᚠᚾᛚᛁᚳᚠᚾ ᚣᛚᛁᛖᛋᛖ ᚦᚠᛋ ᚳᚩᚾᛖᛚᛁᚳᚠᚾ ᛋᚳᛁᚳᚳᛖᛚᛖᛋ· ᚠᚾᚸᚠᚾᚾ ᚦᚫ ᛋᛏᚠᚾᚻᚠᚾ ᚠᚾᚻ ᛋᛁᚦᚦᚠᚾ ᚻᛖ ᚹᚠᛋ ᚹᛖᚱᛁᚷ ᛞᚠᛋᛏᛖ ᚻᛖ ᚸᚠᚾᛁᚠᚾ·

:ᚾᛁᛋ ᚻᛁᛏ ᚾᚫ ᛋᛁᚻᚢ ᚸᚠᚾᛁᚠᚾ ᚠᚾᚻᚹᛉᚱᚻᚢᛞ ᚦᚠᛞ ᚳᚩᚾᛁᛝᛖ: ᛋᚠᚷᚻᛖ ᚦᚫ ᛋᛖ ᚳᚩᚾᛁᛝ· :ᚦᚠᛏ ᛁᚳ ᚦᛖ ᚣᚠᚱᛒᛇᚻᛖ·:

:ᚾᛖ ᛞᚠᚷ ᛁᚳ ᚻᛁᛏ ᚣᚠᚱᛒᛖᚱᚠᚾ: ᚠᚾᚻᛋᚹᚠᚱᚠᚻᛖ ᚦᚫ ᛋᛖ ᛚᚩᛏᛚᚫ ᚠᚦᛖᛚᛁᛝ ᛋᚹᛁᚦᛖ ᚠᛞᚠᛋᚠᚻᛖ· :ᚻᚠᚣᚻᛖ ᛁᚳ ᛚᚠᛝᚾᛖ ᛋᛁᚦ ᚠᚾᚻ ᚾᛖ ᛋᛚᛖᛢ ᛁᚳ ᚾᚫ·:

ᚳᚹᚠᚦ ᚦᚫ ᛋᛖ ᚳᚩᚾᛁᛝ ᚻᛁᛞ ᛏᚫ· :ᚦᚠᚾᚾᛖ ᛁᚳ ᚻᚠᛏᛖ ᚦᛖ ᚸᚠᚾᛁᚠᚾ· ᚾᛖ ᚷᛖᛋᛉᚻ ᛁᚳ ᚾᚠᚾᚾᛖ ᚸᚠᚾᛁᚠᚾ ᛒᛖ ᛞᚠᚾᛁᚸᚢᛞ ᚷᛉᚱᚢᛞ ᛁᛋ ᚸᚠᚾᛁᚠᚾ ᛋᛖᛚᚻᛁᛚᛁᚳ ᚦᛁᛝ· ᛚᚫ ᛞᚠᛋᛏ ᚦᚢ ᚸᚠᚾᛁᚠᚾ ᛖᚣᛏ ᚻᛁᛏ ᛁᛋ ᛒᛖᛒᚠᚻ·:

:ᚠᚣᚠᚱᛖᚦ ᛞᛖ ᚦᚠᛏ ᚾᛖ ᛞᚠᚷ ᛁᚳ ᚾᚫ ᛚᛖᛝ ᚸᚠᚾᛁᚠᚾ ···: ᛋᛏᚠᛞᛖᚱᚠᚻᛖ ᛋᛖ ᛚᚩᛏᛚᚫ ᚠᚦᛖᛚᛁᛝ ᚠᚾᚻ ᚠᚾᚸᚠᚾᚾ ᛒᛚᚠᛏᛁᚠᚾ·

:ᛚᚫ ᛚᚫ·: ᚠᚾᚻᛋᚹᚠᚱᚠᚻᛖ ᛋᛖ ᚳᚩᚾᛁᛝ· :ᚻᚹᚠᛏ ᛁᚳ ᚻᚠᛏᛖ ᚦᛖ ᚸᚠᚾᛁᚠᚾ ᛋᚠᚾᚫ ᚠᚾᚻ ᛖᚣᛏ ᛋᚠᚾᚫ·:

ᚳᛚᚢᛞᚠᚻᛖ ᚻᛖ ᚻᚹᚠᛏᚹᚢᚸᚢ ᚠᚾᚻ ᛞᛁᚻᛏᛖ ᛞᚠᚾ ᚦᛁᚾᚳᚠᚾ ᚦᚠᛏ ᚻᛖ ᚹᚠᚱᛖ ᚠᛋᛏᚩᚱᚠᚻᛖ·

ᚹᚠᛋ ᚦᚠᛞ ᚳᚩᚾᛁᛝᛖ ᛞᛁᚳᛖᛚ ᚦᛁᛝ ᚦᚠᛏ ᚻᛁᛋ ᛉᛚᚻᚠᚱᛚᛁᚳᚾᛖᛋ ᚹᚠᚱᛖ ᛒᛖᚻᛉᛚᚻᛖᚾ· ᚹᚠᛚᚻᛖ ᚻᛖ ᚷᛖᚦᚠᚣᛁᚠᚾ ᚾᚠᚾᛖ ᚢᚾᚷᛖᚻᛁᛖᚱᛋᚢᛞᚾᛖᛋᛋᛖ· ᚹᚠᛋ ᚻᛖ ᛋᚹᛁᚦᛖ ᛋᛏᚩᚱᚾᛖ ᚳᚩᚾᛁᛝ· ᚠᚳ ᛋᛁᚦᚦᚠᚾ ᚻᛖ ᚹᚠᛋ ᛉᚳ ᚸᚠᚻ ᚳᚩᚾᛁᛝ ᚹᚠᚱᚠᚾ ᚻᛁᛋ ᚻᚠᛋᛖ ᚷᛖᚻᛖᚣᛖ·

:ᚷᛁᚣ ᛁᚳ ᚷᛖᚻᛖᛏᛖ: ᚻᛖ ᚹᚠᛚᚻᛖ ᛋᛖᚳᚸᛉᚾ :ᚷᛁᚣ ᛁᚳ ᚷᛖᚻᛖᛏᛖ ᚠᚾᚢᛞ ᛉᛚᚻᚠᚱᛞᛖᚾᚾ ᚷᛖᚻᛁᚹᛁᚠᚾ ᚻᛁᚾᛖ ᛏᚫ ᛒᚱᛁᛞᚣᚢᚸᚠᛚᛖ ᚠᚾᚻ ᚷᛁᚣ ᚦᛖᛋ ᛉᛚᚻᚠᚱᛞᚠᚾ ᚾᚠᛚᚻᛖ ᚷᛖᚻᛁᛖᚱᚠᚾ ᚾᚠᚱᛖ ᚻᛁᛏ ᚾᚫ ᚻᛁᛋ ᚸᚩᛚᛏ· ᚹᚠᚱᛖ ᚻᛁᛏ ᛞᛁᚾ ᚸᚩᛚᛏ·:

:ᚠᛚᛁᛖᚣᛖᛋᛏ ᚦᚢ ᛞᛖ ᚷᛖᛋᛁᛏᛏᚠᚾ·: ᚠᛋᚳᚠᚻᛖ ᚦᚫ ᛋᛖ ᛚᚩᛏᛚᚫ ᚠᚦᛖᛚᛁᛝ ᛞᛁᚻ ᚣᚠᚱᚹᚠᚾᛁᚷᛖᚾᚻᚱᛖ ᛋᛢᚱᚠᚳᛖ·

᛬ᚻᚠᛏᛖ ᛁᚴ ᚦᛖ ᛋᛁᛏᛏᚠᚾ᛬ ᚠᚾᚺᛋᚹᚠᚱᚠᚺᛖ ᛋᛖ ᚴᚤᚾᛁᛝ ᚠᚾᚺ ᚴᚤᚾᛖᛚᛁᚴᛖ ᚷᛖᛚᛏᛉᚻ ᚦᚠᚾᛖ ᛚᚠᛈᛈᚠᚾ ᚻᛁᛋ ᚴᚤᚾᛖᛚᛁᚴᚠᚾ ᛋᚴᛁᚴᚴᛖᛚᛖᛋ ᚻᛁᛞ ᛏᚨ·

ᚦᚨ ᚠᚣᚹᚢᚾᚻᚱᚠᚺᛖ ᛋᛖ ᛚᚤᛏᛚᚨ ᚠᚦᛖᛚᛁᛝ· ᚹᚠᛋ ᛋᛖ ᛏᚢᛝᚠᛚ ᛋᚹᛁᚦᛖ ᛚᚤᛏᛖᛚ· ᚻᚹᚠᛋ ᛞᛁᚻᛏᛖ ᛋᛖ ᚴᚤᚾᛁᛝ ᚷᛖᚹᛉᛚᚺᚠᚾ·

᛬ᚻᛚᚠᚣᚠᚱᚺ ᛞᛁᚾ ···᛬ ᚴᚹᚠᚦ ᚻᛖ ᚦᚨ ᚻᛁᛞ ᛏᚨ ᛬ᛁᚴ ᚠᛋᚴᛁᚷᛖ ᚦᚠᛏ ᛞᛖ ᛋᛁᛖ ᚠᛚᛁᛖᚣᛖᚺ ᚦᚠᛏ ᛁᚴ ᛞᚠᚷ ᚦᛖ ᚣᚱᛁᚷᚾᚠᚾ··

᛬ᛁᚴ ᚻᚠᛏᛖ ᚦᛖ ᚠᛋᚴᛁᚠᚾ ᛞᛖ᛬ ᛋᚠᚸᚺᛖ ᛋᛖ ᚴᚤᚾᛁᛝ ᛖᚣᛖᛋᛏᛚᛁᚴᛖ·

᛬ᚻᛚᚠᚣᚠᚱᚺ ··· ᚻᚹᚠᛋ ᚷᛖᚹᛉᛚᚺᛖᛋᛏ ᚦᚢ··

᛬ᛉᛚᛚᛖᛋ ᚷᛖᚹᛉᛚᚺᛖ ᛁᚴ᛬ ᚠᚾᚺᚹᚤᚱᚺᛖ ᛋᛖ ᚴᚤᚾᛁᛝ ᛞᛁᚺ ᛞᛁᚴᛖᛚᚱᛖ ᚠᚾᚣᛉᛚᚺᚾᛖᛋᛋᛖ·

᛬ᛉᛚᛚᛖᛋ··

ᛞᛁᚺ ᛞᛁᚴᚴᛚᚢᛞ ᚷᛖᛒᚠᚱᛖ ᚷᛖᚹᛁᛋᚠᚺᛖ ᚦᚨ ᛋᛖ ᚴᚤᚾᛁᛝ ᚻᛁᛋ ᛏᚢᛝᚠᛚ ᚦᚨ ᚠᚦᚱᛖ ᛏᚢᛝᛚᚠᛋ ᚠᚾᚺ ᚦᚨ ᛋᛏᛇᚱᚱᚠᚾ·

᛬ᚦᚠᛋ ᛉᛚᛚᛖᛋ ᚷᛖᚹᛉᛚᚺᛖᛋᛏ ᚦᚢ᛬ ᚴᚹᚠᚦ ᚦᚨ ᛋᛖ ᛚᚤᛏᛚᚨ ᚠᚦᛖᛚᛁᛝ·

᛬ᚦᚠᛋ ᛉᛚᛚᛖᛋ ···᛬ ᚠᚾᚺᚹᚤᚱᚺᛖ ᛋᛖ ᚴᚤᚾᛁᛝ·

ᚾᚠᛋ ᚻᛖ ᛋᚹᛁᚦᛖ ᛋᛏᚤᚱᚾᛖ ᚴᚤᚾᛁᛝ ᚠᚾᚨ ᚠᚴ ᚹᚠᛋ ᚻᛖ ᚷᛖᛞᚠᚾᛖ ᚴᚤᚾᛁᛝ·

᛬ᚠᚾᚺ ᚦᚨ ᛋᛏᛇᚱᚱᚠᚾ ᚹᛁᛚᛚᚠᚦ ᚷᛖᚻᛁᛖᚱᛋᚢᛞᛁᚠᚾ ᚦᛖ··

᛬ᛋᚠᚦᛚᛁᚴᛖ᛬ ᚴᚹᚠᚦ ᛋᛖ ᚴᚤᚾᛁᛝ· ᛬ᚷᛖᚻᛁᛖᚱᛋᚢᛞᛁᚠᚦ ᚻᛁᛖ ᛞᛁᚾᚢᛞ ᚹᚠᚱᚺᛖ· ᚷᛖᚦᚠᚣᛁᚷᛖ ᛁᚴ ᚾᚠᚾᛖ ᚢᚾᚻᛁᛖᚱᛋᚢᛞᚾᛖᛋᛋᛖ··

ᚹᚠᛋ ᛋᛖ ᛚᚤᛏᛚᚨ ᚠᚦᛖᛚᛁᛝ ᛋᚹᛁᚦᛖ ᚠᚣᚹᚢᚾᚻᚱᚠᚺ ᚦᚠᚱᛖ ᛞᛁᚻᛏᛖ· ᛞᛁᚻᛏᛖ ᚻᛖ ᚦᚠᚱᛖ ᛞᛁᚻᛏᛖ ᚷᛖᚹᛉᛚᚺᚠᚾ ᚦᚠᚾᚾᛖ ᛞᛁᚻᛏᛖ ᚻᛖ ᚷᛖᛋᛇᚾ ᚾᚨ .XLIII. ᛋᚢᚾᚠᚾ ᛋᛖᛏᛚᚸᚠᛝᚠᛋ ᚠᚴ .LXXII. ᚠᚦᚦᛖ .C. ᚠᚦᚦᛖ .CC. ᚠᚾ ᚠᚾᚢᛞ ᚺᚠᚷᛖ ᛒᚢᛏᚠᚾ ᚠᚾᚱᛖ ᛋᛏᚤᚱᚢᛝᛖ ᚻᛁᛋ ᛋᛖᛏᛚᛖᛋ· ᚠᚾᚺ ᛋᛁᚦᚦᚠᚾ ᚻᛖ ᚹᛉᚱᚦ ᚻᚹᚠᛏᚹᚢᚸᚢ ᛞᚠᚺᚴᛉᚱᛁᚷ ᚦᚠᚾᚾᛖ ᚻᛖ ᚷᛖᛞᚢᚾᚺᛖ ᚻᛁᛋ ᛚᚤᛏᛚᚠᚾ ᛏᚢᛝᛚᛖᛋ ᛋᛖ ᛚᚤᛏᛚᚨ ᚠᚦᛖᛚᛁᛝ ᚠᚾᛒᚱᚠᚷᚺ ᚻᛁᛋ ᚻᛇᚱᛏᛖ ᚠᚾᚺ ᚠᛋᚴᚠᚺᛖ ᚠᚾᚱᛖ ᚠᚱᛖ ᚠᛏ ᚦᚠᛞ ᚴᚤᚾᛁᛝᛖ·

᛬ᚹᚠᛚᚺᛖ ᛁᚴ ᚷᛖᛋᛇᚾ ᛋᚢᚾᚾᚠᚾ ᛋᛖᛏᛚᚸᚠᛝ ··· ᚷᛖᚦᚠᚣᚨ ᛞᛖ ᚦᚠᚾᛖ ᚺᚱᛉᛞ ··· ᚻᚠᛏ ᚦᚨ ᛋᚢᚾᚾᚠᚾ ᚸᚠᚾ ᛏᚨ ᛋᛖᛏᛚᛖ··

᛬ᚷᛁᚣ ᛁᚴ ᚠᛒᚢᚺᛖ ᚠᚾᚢᛞ ᛉᛚᚺᚠᚱᛞᛖᚾᚾ ᚣᛚᛇᚾ ᛋᚹᚨ ᛋᚹᚨ ᛒᚢᛏᛖᚱᚣᛚᛇᚸᚠᚾ ᛏᚠᚹᛉᚱᚺ ᛒᛚᚠᛋᛏᛞᚠᚾ ᚠᚾ ᚠᚣᛏᛖᚱ ᚠᚦᚱᚢᛞ ᚠᚦᚦᛖ ᚹᚱᛁᛏᚠᚾ ᛋᚠᚱᛚᛁᚴᚾᛖ ᛋᚠᛝ ᚠᚦᚦᛖ ᚻᛁᚹᛁᚠᚾ ᚻᛁᚾᛖ ᛏᚨ ᛒᚱᛁᛞᚣᚢᚸᚠᛚᛖ ᚠᚾᚺ ᚷᛁᚣ ᛋᛖ ᛉᛚᚺᚠᚱᛞᚠᚾ ᚾᚠᛚᚺᛖ ᛞᚠᚾ ᛋᚹᚨ ᛋᚹᚨ ᛁᚴ ᚻᛁᚾᛖ ᚻᛖᛏᛖ ᚻᚠᚣᛖ ᛁᚴ ᚦᚠᚾᚾᛖ ᚦᚨ ᛏᛇᚾᚠᚾ ᚠᚦᚦᛖ ᚻᛖ··

᛬ᚹᚠᚱᛖ ᚻᛁᛏ ᚦᛁᚾ ᛏᛇᚾᚨ᛬ ᚴᚹᚠᚦ ᛋᛖ ᛚᚤᛏᛚᚨ ᚠᚦᛖᛚᛁᛝ ᛞᛁᚺ ᚷᛖᚹᛁᛋᛋᚢᛝᛖ·

:ᛏᛖᛚᚨ· ᚻᛁᛏ ᚷᛖᚺᚨᚠᛖᚾᚨᚦ ᚨᛚᚴᚾᛖ ᛒᛁᚺᚺᚨᚾ ᚦᚨᛋ ᚦᛖ ᚻᛖ ᛞᚨᚷ ᚷᛖᛚᚨᛋᛏᚨᚾ: ᚨᚾᚺᛋᚹᚨᚱᚨᚺᛖ ᚦᚨ ᛋᛖ ᚴᚴᚾᛁᛝ· :ᛋᛏᛖᚾᛏ ᛘᛚᚺᚨᚱᛚᚴᚾᛖᛋ ᚠᛁᚱᛋᛏ ᚨᚾ ᚷᛖᛋᚴᛘᚺᚹᛁᛋᚾᛖᛋᛋᛖ· ᚷᛁᚠ ᚦᚢ ᛒᛖᛒᛇᚺᛖ ᚦᛁᚾᚢᛞ ᚠᚨᛚᚴᛖ ᚠᚨᚱᚦᚹᚨᚺᚨᚾ ᚨᚾᚺ ᚻᛁᛖ ᛋᛖᛚᚠᛖ ᚨᚺᚱᛖᚾᚴᚨᚾ ᚨᚾ ᛋᚨ ᚹᛁᛚᛚᚨᚦ ᚻᛁᛖ ᚢᚾᚷᛖᚻᛁᛖᚱᛋᚢᛞ ᛒᛇᚾ·ᛞᛖ ᚷᛖᚺᚨᚠᛖᚾᚨᚦ ᚨᛒᛇᚺᚨᚾ ᚷᛖᚻᛁᛖᚱᛋᚢᛞᚾᛖᛋᛋᛖ ᛋᛁᚦᚦᚨᚾ ᛞᛁᚾᛖ ᛒᛖᛒᚨᚺᚢ ᛋᛁᚾᚺᚨᚾ ᚷᛖᛋᚴᛘᚺᚹᛁᛋ·:

᛬ᚻᚹᚫᛏ ᚷᛖᚹᛇᚱᚦᛖ ᛒᛖ ᛗᛁᚾᚢᛗ ᛋᚢᚾᚪᚾ ᛋᛖᛏᛚᚸᚪᛝᛖ᛫᛬ ᚳᚹᚫᚦ ᚦᚪ ᛋᛖ ᛚᚣᛏᛚᚪ ᚫᚦᛖᛚᛁᛝ ᛋᛖ ᚦᛖ ᚾᚫᚠᚱᛖ ᚠᚩᚱᚸᛠᛏ ᚫᚾᚱᛖ ᚠᚱᛁᚷᚾᛖᛋᛋᛖ ᚦᚪ ᚦᛖ ᚻᛖ ᚠᚱᚫᚾ ᚫᚾᚱᛖ ᛏᛁᛞᛖ᛫

᛬ᛋᚳᛠᛚᛚᛏ ᚦᚢ ᚻᚪᛒᛒᚪᚾ ᚦᛁᚾᚾᛖ ᛋᚢᚾᚪᚾ ᛋᛖᛏᛚᚷᚪᛝ᛫ ᚹᛁᛚᛚᛖ ᛁᚳ ᛒᛖᛒᛇᛞᚪᚾ ᛒᛖ ᚦᚪᛗ᛫ ᚪᚳ ᚹᛁᛚᛚᛖ ᛁᚳ ᛒᛖ ᛗᛁᚾᚱᛖ ᚳᚣᚾᛖᛚᛁᚳᚪᚾ ᚷᛖᛋᚳᛠᛞᚹᛁᛋᚾᛖᛋᛋᛖ ᚪᚾᛒᛁᛞᚪᚾ ᚦᚫᛋ ᛋᛈᛖᛞᛁᚷᚪᚾ ᛏᛁᛗᚪᚾ᛫᛬

᛬ᚻᚹᚫᚾᚾᛖ ᛗᚫᚷ ᚦᚫᛏ ᛒᛇᚾ᛫᛬ ᚪᛋᚳᚪᛞᛖ ᚦᚪ ᛋᛖ ᛚᚣᛏᛚᚪ ᚫᚦᛖᛚᛁᛝ᛫

᛬ᛚᚪ ᛚᚪ᛬ ᚪᚾᛞᚹᚣᚱᛞᛖ ᛋᛖ ᚳᚣᚾᛁᛝ ᛋᛖ ᚦᛖ ᚹᚫᛋ ᛚᚪᚳᛁᛖᚾᛞᛖ ᚫᚾ ᛗᛁᚳᛚᚪᚾ ᛞᚫᚷᛋᚳᛠᚹᛖᚱᛖ᛫ ᛬ᛚᚪ ᛚᚪ ᚹᛁᛚᛚᛖ ᚻᛁᛏ ᛒᛇᚾ ᛏᚩ ᛞᚫᚷᛖ ᚫᚾ ᚫᚠᚾᚢᛝᛖ ᛋᛇᚠᚩᚾ ᛏᛁᛞᚢᛗ ᚪᚾᛞ ᚦᚫᚱᛖ ᛠᚻᛏᚩᚦᚪᚾ ᛒᚢᛏᚪᚾ ᚦᚩᚾᚾᛖ ᚦᚱᛁᛞᛞᚪᚾ ᛞᚫᛚ᛫ ᚪᚾᛞ ᚦᚢ ᚹᛁᛚᛚᛖ ᚪᚾᚷᛁᛖᛏᚪᚾ ᛋᚹᚪ ᛋᚹᚪ ᛗᚪᚾ ᚷᛖᚻᛁᛖᚱᛋᚢᛗᚪᚦ ᛗᛖ᛫᛬

ᚸᚪᚾᚪᛞᛖ ᚦᚪ ᛋᛖ ᛚᚣᛏᛚᚪ ᚫᚦᛖᛚᛁᛝ᛫ ᚩᚠᚻᚱᛠᚹ ᚦᚫᛋ ᛋᚢᚾᚪᚾ ᛋᛖᛏᛚᚸᚪᛝᛖᛋ ᛋᛖ ᚦᛖ ᚻᛖ ᚾᛖ ᚷᛖᛋᚪᚹᛖ᛫ ᚦᚩᚻᛏᛖ ᚻᛁᛗ ᛚᚣᛏᛚᛖ ᛚᚪᛝᚢᛝᚻᚹᛁᛚ᛫

᛬ᚾᚪᛒᛒᛖ ᛁᚳ ᚻᛖᚱ ᚾᚪᚻᛏ ᛖᛚᛚᛖᛋ ᛏᚩ ᛞᚩᚾᚾᛖ᛬ ᚳᚹᚫᚦ ᚻᛖ ᚩᚾᚷᛠᚾ ᚦᚩᚾᛖ ᚳᚣᚾᛁᛝ᛫ ᛬ᚹᛁᛚᛚᛖ ᛁᚳ ᛖᚠᛏ ᛋᛁᚦᛁᚪᚾ᛫᛬

᛬ᚾᛖ ᛋᛁᚦᛁᛖ ᚦᚢ ᚾᚪ ᛁᚳ ᚦᛖ ᛒᛁᛞᛞᛖ᛬ ᚪᚾᛞᚹᚣᚱᛞᛖ ᛋᛖ ᚳᚣᚾᛁᛝ ᚹᚫᛋ ᚻᛖ ᛋᚹᛁᚦᛖ ᛈᚱᚢᛞ ᚦᚫᛏ ᚻᛖ ᚻᚫᚠᛞᛖ ᛋᚢᛗᚾᛖ ᛋᚳᛠᛚᚳ᛫ ᛬ᛁᚳ ᚦᛖ ᚷᛖᛞᚩ ᛏᚩ ᚹᛁᛏᚪᚾ᛫᛬

᛬ᚻᚹᚫᛏ ᛁᛋ ᛋᛇ ᛒᛁᛋᚸᚢᛝ ᚦᚫᛋ ᚹᛁᛏᚪᚾ᛫᛬

᛬ᛋᚳᛠᛚᛚᛏ ᚦᚢ ᛒᛇ ᚹᛁᛏᚩ ᚦᚫᛋ ᚱᛁᚻᛏᛖᛋ᛫᛬

᛬ᚪᚳ ᚾᛁᛋ ᚻᛖᚱ ᚾᚪᚾ ᚦᛖ ᛁᚳ ᚳᚢᚦᛖ ᛞᛖᛗᚪᚾ᛫᛬

᛬ᚾᛁᛋ ᚦᚫᛏ ᚳᚢᚦ᛬ ᚳᚹᚫᚦ ᛋᛖ ᚳᚣᚾᛁᛝ᛫ ᛬ᚾᛖ ᛇᛞᛖ ᛁᚳ ᚦᚩᚾᛖ ᚹᛖᚷ ᚣᛗᛒᚢᛏᚪᚾ ᛗᛁᚾᛖᛋ ᚱᛁᚳᛖᛋ᛫ ᛁᚳ ᛠᛗ ᛋᚹᛁᚦᛖ ᚠᚱᚩᛞ ᚠᛇᚱᛖᛋ ᚾᚪᛒᛒᛖ ᛁᚳ ᚾᚪᚾᚾᛖ ᛋᛏᛖᛞᛖ ᚠᚩᚱ ᚪᚾᚢᛗ ᚹᚫᚷᚾᛖ ᚪᚾᛞ ᛗᛖᚦᛖᚸᚪᚦ ᛋᛖ ᚣᛗᛒᚳᛖᚱᚱ᛫᛬

᛬ᛚᚪ ᚷᛖᛋᛠᚻ ᛁᚳ᛬ ᚳᚹᚫᚦ ᛋᛖ ᛚᚣᛏᛚᚪ ᚫᚦᛖᛚᛁᛝ ᚪᚾᛞ ᚻᚾᚫᚸ ᛏᚩ ᛇᚱᚦᚪᚾ ᛋᚹᚪ ᚦᚫᛏ ᚻᛖ ᚳᚢᚦᛖ ᛋᚳᛠᚹᛁᚪᚾ ᚩᚦᚱᛖ ᛋᛁᛞᚪᚾ ᚦᚫᛋ ᛏᚢᛝᛚᛖᛋ ᛬ᚦᚫᛏ ᚾᛁᛋ ᛠᚳ ᚾᚪᚾ ᛗᚪᚾᚾ ᛁᚾ ᚩᚦᚱᛖ ᛋᛁᛞᚪᚾ᛫᛬

᛬ᛞᛖᛗᛋᛏ ᚦᚢ ᛒᛖ ᚦᛖ ᛋᛖᛚᚠᚢᛗ᛬ ᚻᛁᛗ ᚪᚾᛞᛋᚹᚪᚱᚩᛞᛖ ᛋᛖ ᚳᚣᚾᛁᛝ᛫ ᛬ᛁᛋ ᚦᚫᛏ ᚻᛖᚠᛁᚷᚪᛋᛏ ᚦᛁᛝᚪ᛫ ᛁᛋ ᚻᛁᛏ ᛗᛁᚳᚳᛚᚢᛗ ᚻᛖᚠᛁᚷᚱᚪ ᚦᛁᛝ ᛏᚩ ᛞᛖᛗᚪᚾᚾᛖ ᛒᛖ ᚻᛁᛗ ᛋᛖᛚᚠᚢᛗ ᚦᚩᚾᚾᛖ ᛏᚩ ᛞᛖᛗᚪᚾᚾᛖ ᛒᛖ ᚩᚦᚱᚢᛗ᛫ ᚦᚩᚾᚾᛖ ᚦᚢ ᛋᛈᛖᛞᛖᛋᛏ ᛏᚩ ᛞᛖᛗᚪᚾᚾᛖ ᚹᛖᛚ ᛒᛖ ᚦᛖ ᛋᛖᛚᚠᚢᛗ ᚦᚩᚾᚾᛖ ᛒᛁᛋᛏ ᚦᚢ ᛋᚩᚦᛚᛁᚳᛖ ᚹᛁᛏᚩ᛫᛬

᛬ᛗᚫᚷ ᛁᚳ᛬ ᛋᚫᚷᛞᛖ ᚦᚪ ᛋᛖ ᛚᚣᛏᛚᚪ ᚫᚦᛖᛚᛁᛝ ᛬ᛞᛖᛗᚪᚾ ᛒᛖ ᛗᛖ ᛋᛖᛚᚠᚢᛗ ᛋᚹᚪ ᚻᚹᚫᚱ ᛋᚹᚪ ᛁᚳ ᛋᛁᛖ᛫ ᛗᚩᛏ ᛁᚳ ᚾᚪ ᚹᚢᚾᛁᚪᚾ ᚻᛖᚱ᛫᛬

᛬ᛚᚪ ᛚᚪ᛫᛬ ᚳᚹᚫᚦ ᚦᚪ ᛋᛖ ᚳᚣᚾᛁᛝ ᛬ᚦᚣᚾᚳᛖᚦ ᛗᛖ ᚦᚫᛏ ᛋᚢᛗ ᛠᛚᛞ ᚱᚫᛏ ᛒᛁᚦ ᚷᛖᚻᚹᚫᚱ ᚩᚾ ᛗᛁᚾᚢᛗ ᛏᚢᛝᛚᛖ᛫ ᚻᛁᛖᚱᛞᛖ ᛁᚳ ᚻᛁᚾᛖ ᚩᚾ ᚾᛁᚻᛏᛖ᛫ ᛗᛁᚻᛏ ᚦᚢ ᛒᛇᚾ ᛞᛖᛗᚪ ᚦᚫᛋ ᛠᛚᛞᚪᚾ ᚱᚫᛏᛖᛋ᛫ ᛋᚳᛠᛚᛏ ᚦᚢ ᚻᚹᛁᛚᚢᛗ ᚻᛁᚾᛖ ᛞᛖᛗᚪᚾ ᛏᚩ ᛞᛠᚦᛖ᛫ ᚦᚢᛋ ᚻᛁᛋ ᛚᛁᚠ ᚻᚪᛝᚪᚦ ᚩᚾ ᚦᛁᚾᚢᛗ ᛞᚩᛗᛖ᛫ ᚪᚳ ᚦᚢ ᚷᛖᛗᛁᛚᛏᛋᚪᚦ ᚻᛁᛗ ᚫᚠᚱᛖ ᛋᚹᚪ ᚦᚫᛏ ᚦᚢ ᛗᛁᚻᛏ ᛋᛈᚫᚱᛁᚪᚾ ᚻᛁᚾᛖ᛫ ᛁᛋ ᚦᚫᚱ ᚪᚾ ᚱᚫᛏ ᚪᚾᚪ᛫᛬

᛬ᚾᛖ ᛚᛁᚳᚪᚦ ᛗᛖ ᛞᛖᛗᚪᚾ ᛏᚩ ᛞᛠᚦᛖ᛬ ᚪᚾᛞᛋᚹᚪᚱᚩᛞᛖ ᛋᛖ ᛚᚣᛏᛚᚪ ᚫᚦᛖᛚᛁᛝ ᚦᚪ ᛬ᚪᚾᛞ ᛁᚳ ᚹᛁᛚᛚᛖ ᚾᚪ ᚷᛖᚹᛁᛏᚪᚾ ᚠᚱᚪᛗ ᚦᛁᛋᚢᛗ ᛋᛏᛖᛞᛖ᛫᛬

᛬ᚾᚪ ᚾᚪ᛬ ᛋᚫᚷᛞᛖ ᛋᛖ ᚳᚣᚾᛁᛝ᛫

ᚪᚳ ᛋᛖ ᛚᚣᛏᛚᚪ ᚫᚦᛖᛚᛁᛝ ᛋᛖ ᚦᛖ ᚷᛖᚷᛠᚱᚹᚩᛞᛖ ᛠᛚᛚ ᚦᛁᛝ ᚻᛁᛋ ᚠᚩᚱᚦᚷᛖᚹᛁᛏᛖᚾᛖᛋᛋᛖ ᚾᛖ ᚹᚩᛚᛞᛖ ᚷᛖᛞᛖᚠᛁᚷᛁᚪᚾ ᚦᚩᚾᛖ ᛠᛚᛞᚪᚾ ᚳᚣᚾᛁᛝ᛫

᛬ᚷᛁᚠ ᚦᚢ ᛗᛁᚾ ᚳᚣᚾᛁᛝ ᚹᛇᚱᚦᚪᛋᛏ ᚷᛖᚻᛁᛖᚱᛋᚢᛗᚾᛖᛋᛋᛖ ᛒᛖ ᛏᛁᛗᚪᚾ ᛋᚳᛠᛚᛏ ᚦᚢ ᛗᛖ ᛒᛖᛒᛇᛞᚪᚾ ᚷᛖᛋᚳᛠᛞᚹᛁᛋ ᚦᛁᛝ᛫ ᛋᚹᚪ ᚦᛁᚾ ᛒᛖᛒᚩᛞ ᛋᛁᛖ ᚦᚫᛏ ᛁᚳ ᚻᛇᚾᚾᚪᚾ ᚷᛖᚹᛁᛏᛖ ᛒᛁᚾᚾᚪᚾ ᚪᚾᚢᛗ ᛠᚸᚪᚾᛒᚣᚱᚻᛏᛗᛖ᛫ ᚦᚣᚾᚳᛖᚦ ᛗᛖ ᚦᚫᛏ ᚦᚪ ᚦᛁᛝ ᛋᛁᚾᛞᚩᚾ ᚸᚩᛞᛖ ᛏᚩ ᚦᚪᛗ᛫᛬

ᚦᚪ ᚦᚪ ᛋᛖ ᚳᚣᚾᛁᛝ ᚾᚪᚻᛏ ᚾᛖ ᛋᚫᚷᛞᛖ ᛋᛖ ᛚᚣᛏᛚᚪ ᚫᚦᛖᛚᛁᛝ ᛁᛖᛚᛞᚩᛞᛖ ᚪᚾᚱᛖ ᚻᚹᛁᛚᛖ ᚪᚾᛞ ᛋᛁᚦᚦᚪᚾ ᚷᛖᚹᚪᛏ ᛗᛁᛞ ᛋᛁᚳᚳᛖᛏᚢᛝᛖ᛫

᛬ᛋᚳᛠᛚᛏ ᚦᚢ ᛒᛇᚾ ᛗᛁᚾ ᚫᚱᛖᚾᛞᚱᚪᚳᚪ᛬ ᚳᛚᚣᛈᚩᛞᛖ ᚦᚪ ᛋᛖ ᚳᚣᚾᛁᛝ ᚻᚱᚪᚦᛖ᛫

ᚹᚩᛚᛞᛖ ᚻᛖ ᚦᚫᛏ ᚻᛁᛏ ᚷᛖᚦᚢᚻᛏᛖ ᚦᚫᛏ ᚻᛖ ᚻᚫᚠᛞᛖ ᛗᛁᚳᛖᛚ ᚷᛖᚹᛠᛚᛞ᛫

ᛋᛁᚾᛞᚩᚾ ᚦᚪ ᚪᚹᛠᛉᛖᚾᚪᚾ ᛗᛖᚾᚾ ᛋᚹᛁᚦᛖ ᚹᚢᚾᛞᚩᚱᛚᛁᚳᛖ ᚳᚹᚫᚦ ᛋᛖ ᛚᚣᛏᛚᚪ ᚫᚦᛖᛚᛁᛝ ᛒᛖ ᚻᛁᛗ ᛋᛖᛚᚠᚢᛗ ᚦᚪ ᚦᚪ ᚻᛖ ᚹᚫᛋ ᚠᚩᚱᚦᚷᛖᚹᛁᛏᛖᚾᛞᛖ᛫

# ᚳᚠᛈᛁᛏᚠᛚ .XI.

ᚹᚢᚾᚠᚻᛖ ᚠᚴᛖᚱᚺᚤᚻᛁᚷ ᛞᚠᚾᚾ ᚠᚾ ᚦᚠᛞ ᚠᚦᚱᚢᛞ ᛏᚢᛝᛚᛖ·

:ᛚᚠ ᛚᚠ ᚺᛈᚠᛏ ᚳᚤᛞᚦ ᛋᚢᛞ ᚴᚱᛇᚾᚻ ᛏᚠ ᚷᛖᚾᛇᛋᚢᛝᛖ·: ᚳᛚᚤᛈᚠᚻᛖ ᛋᛖ ᚠᚴᛖᚱᚺᚤᚻᛁᚷᚠ ᛞᚠᚾᚾ ᚴᛇᚱᚱᚠᚾ ᚦᚠ ᚦᚠ ᚺᛖ ᚷᛖᛋᛉᚺ ᚦᚠᚾᛖ ᛚᚤᛏᛚᚠᚾ ᚠᚦᛖᛚᛁᛝ·

ᛋᚠᚦᛚᛁᚳᛖ ᛏᚠ ᚠᚴᛖᚱᚺᚤᚻᛁᚷᛖ ᛞᛖᚾᚾ ᚠᚦᚱᛖ ᛞᛖᚾᚾ ᛋᛁᚾᚻᚠᚾ ᚴᚱᛇᚾᚻᚠᛋ·

:ᚹᛖᛋ ᚦᚢ ᚺᚠᛚ: ᚳᛈᚠᚦ ᚦᚠ ᛋᛖ ᛚᚤᛏᛚᚠ ᚠᚦᛖᛚᛁᛝ· :ᚺᚠᚴᛋᛏ ᚦᚢ ᚹᚢᚾᚻᚠᚱᛚᛁᚳᚾᛖ ᚺᚠᛏ ᚠᚾ ᚺᛏᚴᚠᚻ·:

:ᛁᛋ ᛋᛖ ᚺᚠᛏ ᚴᚠᚱ ᚸᚱᛖᛏᛁᛝᛖ: ᚠᚾᚻᛋᛈᚠᚱᚠᚻᛖ ᚦᚠ ᛋᛖ ᛞᚠᚾᚾ· :ᛁᛋ ᛋᛖ ᚺᚠᛏ ᚴᚠᚱ ᚸᚱᛖᛏᛁᛝᛖ ᚦᚠᚾᚾᛖ ᛞᛖᚾᚾ ᚺᛖᚱᛁᚠᚦ ᛞᛖ· ᛁᛋ ᚺᛁᛏ ᛞᛁᚳᛖᛚ ᛞᛁᛋᚷᛖᛚᛁᛞᛈ ᚦᚠᛏ ᛞᚠᚾᚾᚠ ᚾᚠᚾ ᚾᛖ ᚠᛏᛁᛖᚹᛖᚦ ᚺᛖᚱ·:

:ᛚᚠ ᚺᛈᚠᛏ·: ᚳᛈᚠᚦ ᚦᚠ ᛋᛖ ᛚᚤᛏᛚᚠ ᚠᚦᛖᛚᛁᛝ ᛋᛖ ᚦᛖ ᚳᚢᚦᛖ ᚾᚠᚾ ᚦᛁᛝ ᚢᚾᚻᛖᚱᛋᛏᚠᚾᚻᚠᚾ·

:ᚳᛚᚠᛈᛈ ᚦᛁᚾᛖ ᚺᚠᚾᛞᚠ: ᚱᚠᚻᚻᛖ ᚦᚠ ᛋᛖ ᚠᚴᛖᚱᚺᚤᚻᛁᚷᚠ ᛞᚠᚾᚾ·

ᚷᛖᚳᛚᚠᛈᛈᛏᛖ ᛋᛖ ᛚᚤᛏᛚᚠ ᚠᚦᛖᛚᛁᛝ ᚺᛁᛋ ᚺᚠᚾᛞᚠ· ᚸᚱᛖᛏᛏᛖ ᚺᛁᚾᛖ ᚦᚠ ᛋᛖ ᚠᚴᛖᚱᚺᚤᚻᛁᚷᚠ ᛞᚠᚾᚾ ᚠᚾᚴᛉᛚᚻᛚᛁᚳᛖ ᚠᚾᚻ ᚱᚠᚱᚻᛖ ᚺᛁᛋ ᚺᚠᛏ·

:ᛁᛋ ᚦᛁᛋ ᛞᚤᚱᚸᚱᚠ ᚦᚠᚾᚾᛖ ᛋᛇ ᚷᛖᚾᛇᛋᚢᛝᛖ ᛒᛖ ᚦᚠᛞ ᚳᚤᚾᛁᛝᛖ: ᛋᚠᚷᚻᛖ ᚦᚠ ᛋᛖ ᛚᚤᛏᛚᚠ ᚠᚦᛖᛚᛁᛝ ᛒᛖ ᚺᛁᛞ ᛋᛖᛚᚴᚢᛞ· ᚠᚾᚻ ᚠᚾᚸᚠᚾᚾ ᚦᚠ ᛖᚴᛏ ᚳᛚᚠᛈᛈᚠᚾ ᚺᛁᛋ ᚺᚠᚾᛞᚠ· ᚠᚾᚻ ᚱᚠᚱᚻᛖ ᛋᛖ ᚠᚴᛖᚱᚺᚤᚻᛁᚷᚠ ᛞᚠᚾᚾ ᛖᚴᛏ ᚺᛁᛋ ᚺᚠᛏ ᛏᚠ ᚸᚱᛖᛏᛁᛝᛖ·

ᚦᚠᛋ ᚠᛉᛏᛖᚱ ᛉᛁᛉ ᛠᛤᚠᚾᛒᛢᚱᚻᛏᛞᚨ ᚠᛉᚦᛢᚾᚴᚠᚻᛖ ᚦᚠᛞ ᛚᛢᛏᛚᚠᚾ ᚠᚦᛖᛚᛁᛝᛖ ᛋᛖ ᛚᚠᛝᛋᚢᛞᛚᛁᚴᚨ ᛢᛚᛖᛤᚨ·

:ᚠᚾᚻ ᚻᚹᚠᛋ ᛒᛖᚻᚠᛉᚠᚦ ᛋᚹᚨ ᚦᚠᛏ ᛋᛖ ᚻᚠᛏ ᛉᛠᛚᛚᛖ ᚠᚻᚢᚾᚹᛠᚱᚻ·: ᚴᚹᚠᚦ ᚻᛖ ᚦᚨ·

ᚠᚴ ᛋᛖ ᚠᛉᛖᚱᚻᛢᚻᛁᚷᚨ ᛞᚠᚾᚾ ᚾᛖ ᚷᛖᚻᛁᛖᚱᚻᛖ ᚻᛁᚾᛖ ᚾᚨ· ᚠᛉᚱᛖ ᛈᛁᛚᛚᚠᚦ ᚦᚨ ᚠᛉᛖᚱᚻᛢᚻᛁᚷᚠᚾ ᛞᛖᚾᚾ ᚷᛖᚻᛁᛖᚱᚠᚾ ᚦᚨ ᚻᛖᚱᛖᚾᛖᛋᛋᛖ ᚠᚾᚨ·

:ᚻᚹᚠᛏ ᚠᚹᚢᚾᚻᚱᚠᛋᛏ ᚦᚢ ᛞᛖ ᛋᚠᚦᛚᛁᚴᛖ·: ᚠᛋᚴᚠᚻᛖ ᚻᛖ ᚦᚠᚾᛖ ᛚᛢᛏᛚᚠᚾ ᚠᚦᛖᛚᛁᛝ·

:ᚻᚹᚠᛏ ᛁᛋ ᚦᚠᛏ ᚠᚹᚢᚾᚻᚱᛁᚠᚾ·:

:ᚠᚹᚢᚾᚻᚱᛁᚠᚾ ᛁᛋ ᛏᚨ ᚢᚾᚻᛖᚱᛋᛏᚠᚾᚻᚠᚾᚾᛖ ᚦᚠᛏ ᛁᚴ ᛇᛞ ᛋᛖ ᛉᚨᚷᚱᛖᛋᛏᚨ ᛋᛖ ᚷᛖᛤᛚᛖᛝᛖᚻᛖᛋᛏᚨ ᛋᛖ ᚱᛁᚴᚠᛋᛏᚨ ᚠᚾᚻ ᛋᛖ ᚷᛖᛋᚴᛠᚻᛈᛁᛋᛖᛋᛏᚨ ᛞᚠᚾᚾ ᚦᚠᛋ ᛏᚢᛝᛚᛖᛋ·:

:ᚠᚴ ᛠᚱᛏ ᚦᚢ ᚠᚾᚨ ᚠᚾ ᚦᛁᚾᚢᛞ ᛏᚢᛝᛚᛖ·:

:ᚷᛖᛤᛚᚠᚻᛖ ᛞᛖ ᚠᚹᚢᚾᚻᚱᚨ ᛞᛖ ᚦᛠᚻᚻᚹᚠᚦᚱᛖ·:

:ᚠᚹᚢᚾᚻᚱᛁᚷᛖ ᛁᚴ ᚦᛖ: ᛋᚠᚷᚻᛖ ᚦᚨ ᛋᛖ ᛚᛢᛏᛚᚨ ᚠᚦᛖᛚᛁᛝ ᚠᚾᚻ ᚠᚱᚠᚱᚻᛖ ᚻᛁᛋ ᛠᛘᛚᛖ ᚻᚹᚠᚾᛚᛁᚴᛖ· :ᚠᚴ ᛉᚠᚱ ᚻᚹᛢ ᚦᛢᚾᚴᛖᚦ ᚦᛖ ᚦᚠᛏ ᛞᛁᚴᛖᛚ·:

ᚷᛖᚹᚠᛏ ᚦᚨ ᛋᛖ ᛚᛢᛏᛚᚨ ᚠᚦᛖᛚᛁᛝ·

:ᛋᚠᚦᛚᛁᚴᛖ ᚦᚨ ᚠᚹᛠᛘᛖᚾᚠᚾ ᛞᛖᚾᚾ ᛋᛁᚾᚻᚠᚾ ᛋᚹᛁᚦᛖ ᛈᚢᚾᚻᚠᚱᛚᛁᚴᛖ: ᚻᛖ ᛈᚠᛋ ᚴᚹᛖᚦᛖᚾᚻᛖ ᛏᚨ ᚻᛁᛞ ᛋᛖᛚᛉᚢᛞ ᚦᚨ ᚦᚨ ᚻᛖ ᛉᚠᚱᚦᛋᛁᚦᚠᚻᛖ·

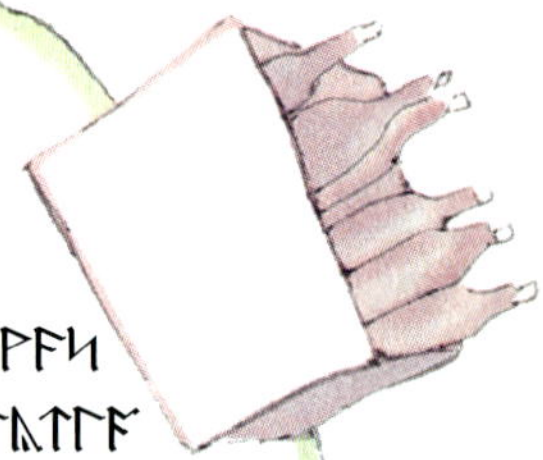

## ᛣᚠᛈᛁᛏᚠᛚ .XII.

ᚹᚠᛋ ᚦᚠᚱ ᚠᚾ ᚻᚱᛁᚾᛣᛖᚱᛖ ᚠᚾ ᚦᚠᛞ ᚦᚱᛁᛞᛞᚠᚾ ᛋᛏᛇᚱᚱᚠᚾ· ᚹᚠᛋ ᛋᛇ ᚾᛇᛋᚢᛝ ᛋᚹᛁᚦᛖ ᛋᛣᛖᚠᚱᛏ ᚠᛣ ᚺᛇ ᛞᚠᛣᚠᛞᛖ ᚦᚠᛏ ᛋᛖ ᛚᛆᛏᛚᚠ ᚠᚦᛖᛚᛁᛝ ᚷᛖᚴᛇᛚᛚ ᚠᚾ ᚠᚾᛖ ᛞᛁᛣᛖᛚᛖ ᚢᚾᚱᚠᛏᚾᛖᛋᛋᛖ·

·ᚺᚹᚠᛏ ᛉᚱᛏ ᚦᚢ ᛋᛖᛣᛖᚾᛞᛖ ᚺᛖᚱ·· ᚺᛖ ᚠᛋᛣᚠᛞᛖ ᚦᚠᚾᛖ ᚻᚱᛁᚾᛣᛖᚱᛖ ᚦᚠᚾᛖ ᚦᛖ ᚺᛖ ᛞᛖᛏᛏᛖ ᛋᛁᛏᛏᛖᚾᛞᛖ ᚠᚾᛞ ᛋᚢᚹᛁᛖᚾᛞᛖ ᛒᛖᚴᚠᚱᚠᚾ ᛏᚹᚠᛞ ᚱᚠᚹᚢᛞ ᚴᛚᚠᛋᛣᚠ ᚠᚾᛖ ᚦᚠᚱᚠ ᚹᚠᛋ ᚠᛞᛖᛏᛏᛁᚷ ᚠᚦᚱᛖ ᚴᚢᛚᛚ·

·ᛁᛣ ᚻᚱᛁᚾᛣᛖ· ᚠᚾᛞᛋᚹᚠᚱᚠᛞᛖ ᛋᛖ ᚻᚱᛁᚾᛣᛖᚱᛖ ᛞᛁᛞ ᚦᛇᛋᛏᚠᚱᚴᚢᛚᛚᚢᛞ ᚠᚾᛞᚹᛚᛁᛏᚠᚾ·

·ᚴᚠᚱ ᚺᚹᛆ ᛉᚱᛏ ᚦᚢ ᚻᚱᛁᚾᛣᛖᚾᛞᛖ·· ᛋᛖ ᛚᛆᛏᛚᚠ ᚠᚦᛖᛚᛁᛝ ᚠᛋᛣᚠᛞᛖ ᚠᛏ ᚺᛁᛞ·

·ᛋᚹᚠ ᚦᚠᛏ ᛁᛣ ᛞᚠᚷᛖ ᚴᚠᚱᚷᛁᛖᛏᚠᚾ· ᚠᚾᛞᛋᚹᚠᚱᚠᛞᛖ ᛋᛖ ᚻᚱᛁᚾᛣᛖᚱᛖ·

·ᚺᚹᚠᛏ ᛁᛋ ᚦᚠᛏ ᚦᛖ ᚦᚢ ᚹᛁᛚᛖ ᚴᚠᚱᚷᛁᛖᛏᚠᚾ·· ᛋᚠᚷᛞᛖ ᚦᚠ ᛋᛖ ᛚᛆᛏᛚᚠ ᚠᚦᛖᛚᛁᛝ ᚺᛁᚾᛖ ᚠᚴᚺᚱᛇᚹᛖᚾᛞᛖ·

:ᛋᚹᚨ ᚦᚠᛏ ᛁᚳ ᛞᚠᚷᛖ ᚡᚠᚱᚷᛁᛖᛏᛖᚾ ᚦᚠᛏ ᛁᚳ ᛉᛞ ᚠᚡᛋᚳᛉᛞᚠᚻ: ᚳᚹᚠᚦ ᛋᛖ ᛞᚱᛁᚾᚳᛖᚱᛖ ᚻᚾᛁᚷᛁᛖᚾᚻᛖ ᚻᛁᛋ ᚻᛉᚡᚠᚻ·

:ᚡᚠᚱ ᚻᚹᛣ ᛉᚱᛏ ᚦᚳ ᚠᚡᛋᚳᛉᛞᚠᚻ·: ᚠᛋᚳᚠᚻᛖ ᚦᚨ ᛋᛖ ᛚᛣᛏᛚᚨ ᚠᚦᛖᛚᛁᛝ ᚻᚠᚡᚻᛖ ᚻᛖ ᚷᛖᚹᛁᛚᚾᚳᛝᛖ ᚻᛁᛞ ᛏᚨ ᚻᛖᛚᛈᚠᚾᚾᛖ·

:ᚡᚠᚱ ᚦᚠᛞ ᚦᛖ ᛁᚳ ᛋᚳᛈᛖ·: ᚳᚹᚠᚦ ᚦᚨ ᛋᛖ ᛞᚱᛁᚾᚳᛖᚱᛖ ᚷᛖᚡᛇᛚᛚ ᚦᚨ ᛏᚨ ᛋᚹᛁᚷᛖ ᚠᚾᛞ ᚾᚠᛚᚻᛖ ᛋᛈᛖᚳᚠᚾ ᚾᚨ ᛚᛖᛝ·

ᚠᛋᛚᛉᛈ ᚦᚨ ᛋᛖ ᛚᛣᛏᛚᚨ ᚠᚦᛖᛚᛁᛝ ᛞᚱᛇᚱᛁᚷᛞᚠᚻ·

ᚹᚠᛚᚠᚹᚨ ᛋᛁᚾᛞᚠᚾ ᚦᚨ ᚠᚹᛉᛉᛖᚾᚠᚾ ᛚᛇᚻᛖ ᚠᚡᚱᛖ ᛋᚹᛁᚦᛖ ᚹᚳᚾᛞᚠᚱᛚᛁᚳᛖ ᚻᛖ ᚹᚠᛋ ᚳᚹᛖᚦᛖᚾᚻᛖ ᛏᚨ ᚻᛁᛞ ᛋᛁᛚᚡᚳᛞ ᚠᚾ ᚻᛁᛋ ᛋᛁᚦᛖ·

## ᚳᚨᛈᛁᛏᚨᛚ .XIII.

ᛋᛖ ᚡᛇᚱᚦᚨ ᛏᚳᛝᚠᛚ ᚹᚠᛋ ᚦᚠᛋ ᛒᛁᛋᛁᚷᚠᚾ ᛞᚠᚾᚾᛖᛋ ᛏᚳᛝᚠᛚ· ᚹᚠᛋ ᚦᛖᛋ ᛞᚠᚾᚾ ᛏᚨ ᚦᚠᛞ ᛒᛁᛋᛁᚷ ᚦᚠᛏ ᚻᛖ ᚾᚠᚡᚱᛖ ᚾᛖ ᚠᚻᚠᚡ ᚻᛁᛋ ᚻᛉᚡᚠᚻ ᚦᚨ ᚦᛖ ᛋᛖ ᛚᛣᛏᛚᚨ ᚠᚦᛖᛚᛁᛝ ᚦᛁᚻᛖᚱ ᚳᚠᛞ·

:ᚹᛖᛋ ᚦᚳ ᚻᚠᛚ: ᛋᚠᚷᚻᛖ ᛋᛖ ᛚᛣᛏᛚᚨ ᚠᚦᛖᛚᛁᛝ ᚻᛁᛞ ᛏᚨ· :ᚦᛁᚾ ᛋᛏᛁᚳᚳᚨ ᚦᚠᛋ ᛋᛞᚠᚳᚠᚾ ᚠᚳᚹᚠᚾᚳ·:

:ᛏᚹᚨ ᚠᚾᛞ ᚦᚱᛁᚨ ᛋᛁᚾᛞᚠᚾ ᚡᛁᚡ· ᚡᛁᚡ ᚠᚾᛞ ᛋᛇᚡᚠᚾ ᛋᛁᚾᛞᚠᚾ ᛏᚹᛖᛚᚡ· ᛏᚹᛖᛚᚡ ᚠᚾᛞ ᚦᚱᛁᚨ ᛋᛁᚾᛞᚠᚾ ᚡᛁᚡᛏᛣᚾᛖ· ᚹᛖᛋ ᚦᚳ ᚻᚠᛚ· ᚡᛁᚡᛏᛣᚾᛖ ᚠᚾᛞ ᛋᛇᚡᚠᚾ ᛋᛁᚾᛞᚠᚾ ᛏᚹᚨ ᚠᚾᛞ ᛏᚹᛖᚾᛏᛁᚷ ᛏᚹᚨ ᚠᚾᛞ ᛏᚹᛖᚾᛏᛁᚷ ᚠᚾᛞ ᛋᛁᛖᛉ ᛋᛁᚾᛞᚠᚾ ᛉᚻᛏ ᚠᚾᛞ ᛏᚹᛖᚾᛏᛁᚷ· ᚾᚠᛒᛒᛖ ᛁᚳ ᚦᚨ ᛏᛁᛞᚠᚾ ᚻᛁᚾᛖ ᛏᚨ ᚠᚾᚠᛚᚠᚾ· ᛋᛁᛖᛉ ᚠᚾᛞ ᛏᚹᛖᚾᛏᛁᚷ ᚠᚾᛞ ᚡᛁᚡ ᛋᛁᚾᛞᚠᚾ ᚠᚾ ᚠᚾᛞ ᚦᚱᛁᛏᛁᚷ· ᛚᚨ· ᚻᛁᛏ ᛁᛋ .DI.M.M. ᚠᚾᛞ .DCXII.M. ᚠᚾᛞ .DCCXXXI.:

:.D.M.M. ᚻᚹᛖᛚᚳᚱᚨ ᚦᛁᛝᚨ·:

:ᚻᚹᚠᛏ· ᛉᚱᛏ ᚦᚳ ᚷᛁᛖᛏ ᛞᛁᚻ ᛞᛖ· .DI.M.M. ᚠᚾᛞ ᚠᚾ ᚦᚠᚱᚨ … ᚾᚠᛏ ᛁᚳ ᚾᚨ ᛚᛖᛝ … ᚻᚠᛒᛒᛖ ᛁᚳ ᛞᛁᚳᛖᛚ ᚹᛇᚱᚳ· ᛁᚳ ᛇᛞ ᛇᚱᚾᚠᛋᛏᛖ ᛞᚠᚾᚾ ᚹᛁᛚᛚᛖ ᛁᚳ ᚾᚨ ᛒᛇᚾ ᚠᛒᛁᛋᛝᚠᚻᛖ ᛞᛁᚻ ᚦᚠᛞ ᚦᛁᛝᛣᛞ ᚦᚠᚱᚨ ᚳᛁᛚᚻᚱᚨ· ᛏᚹᚨ ᚠᚾᛞ ᚡᛁᚡ ᛋᛁᚾᛞᚠᚾ ᛋᛇᚡᚠᚾ·:

:.DI.M.M. ᚠᚾᛞ ᚠᚾ ᚻᚹᛖᛚᚳᚱᚨ ᚦᛁᛝᚨ·: ᛖᚡᛏᚷᛁᚠᚻᛖ ᚦᚨ ᛋᛖ ᛚᛣᛏᛚᚨ ᚠᚦᛖᛚᛁᛝ ᛋᛖ ᚦᛖ ᚾᚠᚡᚱᛖ ᚠᚾ ᛚᛁᚡᛖ ᚡᚠᚱᛋᚠᚳ ᚠᚾᛖ ᚡᚱᛁᚷᚾᛣᛝᛖ ᚦᛖ ᚻᛖ ᚷᛖᚡᚱᚠᚾ ᚠᚱ·

ᛋᛖ ᛒᛁᛋᛁᚷᚨ ᛞᚨᚾᚾ ᚠᚺᚨᚴ ᚦᚨ ᚺᛁᛋ ᚺᛉᚴᚨᚺ·

:ᚹᚨᛋ ᛁᚲ ᚷᛖᚺᚱᛖᚴᛖᚺ ᚦᚱᛁᚹᚨ ᚨᚾ ᛉᛚᛚᚢᛞ ᚦᚨᛞ .LIV. ᛟᛉᚱᚢᛞ ᚦᚨᛋ ᚦᛖ ᛁᚲ ᛚᛁᛒᛒᛖ ᚨᚾ ᚦᚨᛞ ᛏᚢᛟᛚᛖ· ᚹᚨᛋ ᛋᛖ ᚠᚱᛖᛋᛏᚨ ᛋᛁᚦ .XXII. ᚷᛉᚱᚨ ᚨᚱ ᚨᚾᛞ ᚹᚨᛋ ᚺᛁᛏ ᛒᛁᛏᛖᛚᚨ ᛞᚨᛁᚢᛋ ᛋᛖ ᚦᛖ ᚷᛖᚴᛇᛚᛚ ᚨᚴ ᚺᛁᛖᚺᚦᚢ ᛟᚨᚺ ᚨᚾᚨ ᚹᚨᛏ· ᛞᚨᚲᚨᚺᛖ ᚺᛖ ᛞᛁᚲᛖᛚᛖ ᚲᛚᚨᛏᛖᚱᚢᛟᛖ ᚨᚾᛞ ᛁᚲ ᛞᛁᛋᚴᛖᛟ ᚴᛇᚹᛖᚱ ᛋᛁᚦᚢᛞ ᛒᛖ ᛞᛁᚾᚢᛞ ᚷᛖᛏᚨᛚᚢᛞ· ᛋᛖ ᚠᚴᛏᛖᚱᚨ ᛋᛁᚦ ᚹᚨᛋ .XI. ᚷᛉᚱᚢᛞ ᚨᚱ ᚨᚾᛞ ᚹᚨᛋ ᚺᛁᛏ ᚦᚱᚨᛟ ᚦᚨᛋ ᛞᚱᚨᛈᚨᚾ· ᚾᚨᛒᛒᛖ ᛁᚲ ᛈᛚᛖᚷᛖᚾᚨ ᚷᛖᚾᚨᚺ· ᚾᚨᛒᛒᛖ ᛁᚲ ᚾᚨ ᛏᛁᛞᚨᚾ ᛏᚨ ᚠᛞᛏᛁᚨᚾᚾᛖ· ᚨᚾᛞ ᛁᛋ ᚾᚢ ᛋᛖ ᚦᚱᛁᛞᛞᚨ ᛋᛁᚦ· ᚨᚾᛞ ᚦᚢᛋ ᛁᚲ ᛋᛖᚲᚷᛖ .DI.M.M. ···:

:.M.M.M. ᚺᚹᛖᛚᚲᚱᚨ ᚦᛁᛟᚨ·: ᚨᚾᚷᛉᛏ ᚦᚨ ᛋᛖ ᛒᛁᛋᛁᚷ ᛞᚨᚾᚾ ᚦᚨᛏ ᚺᛖ ᛋᚲᛖᚨᛚᚺᛖ ᚾᚨᛒᛒᚨᚾ ᛋᛁᛒᛒᛖ·

:.M.M.M. ᚦᚪᚱᚪ ᛚᛁᛏᛚᚪ ᚦᛁᛝᚪ ᚦᚪ ᛋᛖ ᛗᚩᚾ ᛗᚫᚷ ᚻᚹᛁᛚᚢᛗ ᚷᛖᛋᛇᚾ ᚩᚾ ᚻᛇᚠᚩᚾᚢᛗ·:

:ᚠᛚᛇᚸᚪᚾ·:

:ᚾᚪᛋ ᚾᚪ ᚦᚫᛏ ᛚᚣᛏᛚᛖ ᚦᛁᛝ ᚦᚪ ᚦᛖ ᛒᛚᛁᚳᚳᛖᛏᛏᚪᚦ·:

:ᛒᛇ·:

:ᚾᚪᛋ ᚾᚪ ᚦᚫᛏ· ᛚᚣᛏᛚᛖ ᚦᛁᛝ ᚩᚠ ᚸᚩᛚᛞᛖ ᚦᚪ ᚦᛖ ᚹᛁᛚᛚᚪᚦ ᛁᛞᛖᛚᚪ ᛗᛖᚾᚾ ᛚᚫᛞᚪᚾ ᛏᚩ ᛋᚹᛖᚠᚾᚢᛗ· ᛇᛗ ᛁᚳ ᛇᚱᚾᚩᛋᛏᛖ ᛗᚩᚾᚾ· ᚾᚪᛒᛒᛖ ᛁᚳ ᚾᚪ ᚦᚪ ᛏᛁᛗᚪᚾ ᛏᚩ ᛋᚹᛖᚠᚾᚢᛗ·:

:ᛚᚪ ᚦᚪ ᛋᛏᛇᚱᚱᚪᚾ·:

:ᛗᚪᚸᚪᚾ ᚻᛁᛖ ᚦᚪᚾᚾᛖ ᛒᛇᚾ ᛋᛏᛇᚱᚱᚪᚾ·:

:ᚪᚾᛞ ᚻᚹᚫᛏ ᛞᛖᛋᛏ ᚦᚢ ᛒᛖ ᚦᚫᛗ .D.M.M. ᛋᛏᛇᚱᚱᚢᛗ·:

:.DI.M.M. ᚪᚾᛞ .DCXXII.M. ᚪᚾᛞ .DCCXXXI. ᛁᚳ ᛇᛗ ᛇᚱᚾᚩᛋᛏᛖ ᛗᚩᚾᚾ ᚪᚾᛞ ᛋᛗᛠᛚᛁᚳ·:

:ᚪᚾᛞ ᚻᚹᚫᛏ ᛞᛖᛋᛏ ᚦᚢ ᛒᛖ ᚦᚫᛗ ᛋᛏᛇᚱᚱᚢᛗ·:

:ᚻᚹᚫᛏ ᛁᚳ ᛞᚩ ᛒᛖ ᚦᚫᛗ·:

:ᚷᛖᛋᛖ ᛚᛇᚠ·:

:ᚾᛖ ᚷᛖᛞᚩ ᛁᚳ ᚾᚪᚻᛏ· ᚻᛠᛚᛞᛖ ᛁᚳ ᚻᛁᛖ·:

:ᚦᚢ ᚻᛠᛚᛞᛖᛋᛏ ᚦᚪ ᛋᛏᛇᚱᚱᚪᚾ·:

:ᚷᛖᛋᛖ·:

:ᚪᚳ ᚷᛖᛋᛠᚻ ᛁᚳ ᚫᚾᚾᛖ ᚳᚣᚾᛁᛝ ᛋᛖ ᚦᛖ·:

:ᚳᚣᚾᛁᛝᚪᛋ ᚾᛖ ᚷᛖᚻᛠᛚᛞᚪᚦ ᚾᚪᚻᛏ ᚻᛁᛖ ᚷᛖᚹᛠᛚᛞᚪᚦ ᚪᚾᛖᛋ ᚦᛁᛝᛖᛋ· ᛋᚩᚦᛚᛁᚳᛖ ᚻᛁᛏ ᛁᛋ ᚩᚦᛖᚱ ᚦᛁᛝ·:

:ᚪᚾᛞ ᚻᚹᚫᛏ ᛁᛋ ᛋᛇ ᚠᚱᛖᛗᚢᛝ ᚦᛖ ᚦᚢ ᚻᚫᚠᛋᛏ ᚠᚱᚪᛗ ᚦᚪᚱᚪ ᛋᛏᛇᚱᚱᚪᚾ ᚳᛠᛈᛖ·:

:ᚷᛖᛞᛖᚦ ᛗᛖ ᚦᚫᛏ ᚹᛖᛚᛁᚷᚾᛖ·:

:ᚪᚾᛞ ᚻᚹᚫᛏ ᛁᛋ ᛋᛇ ᚠᚱᛖᛗᚢᛝ ᚦᚫᛋ ᚹᛖᛚᚪᚾ·:

:ᛗᚫᚷ ᛁᚳ ᛒᚣᚳᚸᛠᚾ ᛗᚪ ᛋᛏᛇᚱᚱᚪᚾ ᚷᛁᚠ ᚻᛁᛖ ᛋᛁᛖᚾ ᚩᚾᚠᚢᚾᛞᛖᚾ·:

ᚳᚹᚫᚦ ᛋᛖ ᛚᚣᛏᛚᚪ ᚫᚦᛖᛚᛁᛝ ᚦᚪ ᛏᚩ ᚻᛁᛗ ᛋᛖᛚᚠᚢᛗ· :ᚦᛁᚾᚳᛖᚦ ᚻᛖ ᚻᚹᚫᛏᚹᚢᚸᚢ ᛋᚹᚪ ᛋᚹᚪ ᛗᛁᚾ ᛞᚱᛁᚾᚳᛖᚱᛖ·:

ᚪᛋᚳᚩᛞᛖ ᚦᚪ ᚩᚦᛖᚱᛖ ᚠᚱᛁᚷᚾᚢᛝᛖ·

:ᚻᚢ ᛗᚫᚷ ᛗᚩᚾ ᚪᚸᚪᚾ ᛋᛏᛇᚱᚱᚪᚾ·:

:ᚻᚹᚪ ᚪᚻ ᚻᛁᛖ·: ᚳᚹᚫᚦ ᛋᛖ ᛒᛁᛋᛁᚷᚪ ᛗᚩᚾᚾ ᚦᚪ ᚩᛋᛏᚣᚱᚪᚻᛖ·

:ᚾᚪᛏ ᛁᚳ ᚦᚫᛏ· ᚾᚪᚻ ᚻᛁᛖ ᚾᚪᚾ ᛗᚩᚾᚾ·:

᛬ᚷᛗᚻᛉᛚᛞᛗ ᛁᚳ ᚻᛁᛗ ᛋᛁᚦᚦᚠᚾ ᛁᚳ ᚦᚠᚻᛏᛗ ᚹᛁᚱᛋᛏ ᛒᛗ ᚦᚠᛞ᛫᛬

᛬ᚹᛁᛚᛚᛗ ᚦᚠᛏ ᛒᛇᚾ ᚷᛗᚾᚠᚻ᛫᛬

᛬ᚷᛗᛋᛗ ᚹᛁᛋᛚᛁᚳᛗ᛫ ᚦᚠᚾᚾᛗ ᚦᚢ ᚹᛁᚾᛞᛗᛋᛏ ᚠᚦᚠᛞᚠᚾᛋ ᛋᛗ ᚦᛗ ᛁᛋ ᚾᚠᚾᛗᛋ ᛞᚠᚾᚾᛗᛋ ᚦᚠᚾᚾᛗ ᚦᚢ ᛞᛁᚻᛏ ᚷᛗᚻᛉᛚᛞᚠᚾ ᚻᛁᚾᛗ᛫ ᚦᚠᚾᚾᛗ ᚦᚢ ᚻᚠᚹᛋᛏ ᛋᛗ ᚹᛁᚱᛋᛏᚠ ᚦᚠᚻᛏ ᛒᛗ ᚠᚾᚢᛞ ᚦᛁᛝᛗ ᚠᚾᛞ ᚦᚢ ᚻᛁᛏ ᚻᚠᚹᛋᛏ ᛞᛁᛞ ᚱᛁᚻᛏᛗ ᚦᚠᚾᚾᛗ ᚦᚢ ᛞᛁᚻᛏ ᚠᚷᚠᚾ ᚻᛁᛏ᛫ ᚠᚾᛞ ᛁᚳ ᚠᚻ ᛁᚳ ᚦᚠ ᛋᛏᛇᚱᚱᚠᚾ ᛋᛁᚦᚦᚠᚾ ᚾᚠᚾ ᛞᚠᚾᚾ ᚠᚱ ᚾᛗ ᚦᚠᚻᛏᛗ ᚻᛁᛗ ᛏᚠ ᚠᚷᚠᚾᚾᛗ ᚦᚠᚾᚾᛗ ᛁᚳ᛬

᛬ᛋᚠᚦᛚᛁᚳᛗ᛬ ᚳᛈᚠᚦ ᛋᛗ ᛚᚢᛏᛚᚠ ᚠᚦᛗᛚᛁᛝ᛫ ᛬ᚠᚾᛞ ᚻᛈᚠᛏ ᛞᛗᛋᛏ ᚦᚢ ᛒᛗ ᚻᛁᛞ᛫᛬

᛬ᚷᛗᚹᛉᛚᛞᛗ ᛁᚳ ᚻᛁᛗᚱᚠ᛫ ᚠᚱᛁᛞᛗ ᛁᚳ ᚻᛁᛗ ᚠᚾᛞ ᚠᚱᛁᛞᛗ ᛁᚳ ᚻᛁᛗ ᛗᚹᛏ᛬ ᛋᚠᚷᛞᛗ ᛋᛗ ᛒᛁᛋᛁᚷᚠ ᛞᚠᚾ᛫ ᛬ᚾᛁᛋ ᚻᛁᛏ ᛚᛇᚻᛏ ᚦᛁᛝ᛫ ᚠᚳ ᛁᚳ ᛇᛞ ᛇᚱᚾᚠᛋᛏᛗ ᛞᚠᚾᚾ᛫᛬

ᚾᚠᛋ ᚦᚠᛏ ᚦᚠᛞ ᛚᛁᛏᛚᚠᚾ ᚠᚦᛗᛚᛁᛝᛗ ᚷᛗᚳᛈᛗᛞᛞ᛫

᛬ᚦᚠᚾᚾᛗ ᛁᚳ ᚻᚠᛒᛒᛗ ᛋᛇᛚᚳᛗᚾ ᚻᛉᛚᛋᛞᚢᚾᛗ ᚦᚠᚾᚾᛗ ᛞᚠᚷ ᛁᚳ ᛞᛁᚾᚾᛗ ᚻᛉᛚᛋ ᛞᛁᛞ ᚻᛁᛞ ᛒᛗᛈᛁᚾᚻᚠᚾ ᚠᚾᛞ ᛞᚠᚷ ᛁᚳ ᚻᛁᚾᛗ ᛒᛗᚱᚠᚾ ᛞᛁᛞ ᛞᛗ᛫ ᚦᚠᚾᚾᛗ ᛁᚳ ᚻᚠᛒᛒᛗ ᛒᛚᚠᛋᛏᛞᚠᚾ ᚦᚠᚾᚾᛗ ᛞᚠᚷ ᛁᚳ ᚻᛁᛗ ᚷᛗᛝᚠᚻᚱᛁᚠᚾ ᚠᚾᛞ ᚻᛁᛗ ᛒᛗᚱᚠᚾ ᛞᛁᛞ ᛞᛗ᛫ ᚠᚳ ᚦᚢ ᚾᛗ ᛞᛁᚻᛏ ᚷᛗᛝᚠᚻᚱᛁᚠᚾ ᚦᚠ ᛋᛏᛇᚱᚱᚠᚾ᛫᛬

᛬ᚾᛗ ᚳᚠᚾ ᛁᚳ ᚦᚠᛏ᛫ ᚠᚳ ᛁᚳ ᛞᚠᚷ ᚻᛁᛗ ᚷᛗᛚᛗᚳᛝᛉᚾ ᚠᚾ ᛞᛁᚾᚢᛞ ᛋᚳᛉᛉᛁᛗᚳᛗᚱᛗ᛫᛬

᛬ᚻᛈᚠᛏ ᛉᚱᛏ ᚦᚢ ᚳᛈᛗᚦᛗᚾᚻᛗ᛫᛬

᛬ᚳᛈᚠᚦ ᛁᚳ ᚦᚠᛏ ᛁᚳ ᚹᛁᛚᛚᛗ ᚠᛈᚱᛁᛏᚠᚾ ᚦᚠᛏ ᚷᛗᛏᚠᛚ ᛞᛁᚾᚱᚠ ᛋᛏᛇᚱᚱᚠ ᚠᚾ ᚠᚾᚢᛞ ᛚᛉᛉᛗ᛫ ᚠᚾᛞ ᚦᚠᚾᚾᛗ ᚹᛁᛚᛚᛗ ᛁᚳ ᛒᛗᛚᚢᚢᚠᚾ ᚦᚠᛏ ᛚᛉᚹ ᚠᚾ ᚠᚾᚱᛗ ᚳᛁᛋᛏᛗ᛫᛬

᛬ᚠᚾᛞ ᛁᛋ ᚦᛁᛋ ᛉᛏᛚ᛫᛬

᛬ᚷᛗᛋᛗ ᛁᛋ ᚦᛁᛋ ᚷᛗᚾᚠᚻ᛫᛬

᛬ᛁᛋ ᚦᛁᛋ ᚷᛚᛉᛞ᛬ ᚦᚠᚻᛏᛗ ᚦᚠ ᛋᛗ ᛚᚢᛏᛚᚠ ᚠᚦᛗᛚᛁᛝ᛫ ᛬ᛁᛋ ᚦᛁᛋ ᛋᚳᚠᛣᛚᛁᚳ ᚦᛁᛝ᛫ ᚠᚳ ᚾᛁᛋ ᚾᚠᚾ ᚱᛁᚻᛏ ᚻᛇᛣ ᚦᛁᛝ᛫᛬

ᚦᚠᚻᛏᛗ ᛋᛗ ᛚᚢᛏᛚᚠ ᚠᚦᛗᛚᛁᛝ ᛒᛗ ᚦᚠᛞ ᚻᛇᛣᚢᛞ ᚦᛁᛝᚢᛞ ᚠᚾ ᛋᛈᛁᚦᛗ ᚠᚦᚱᛗ ᚹᛁᛋᚠᚾ ᚦᚠᚾᚾᛗ ᚦᚠ ᚠᛈᛉᛉᛗᚾᚠᚾ ᛞᛗᚾᚾ᛫

᛬ᚻᚠᛒᛒᛗ ᛁᚳ ᛒᛚᚠᛋᛏᛞᚠᚾ᛬ ᛏᚠᚠᛏᚢᚻᛏᛗ ᚻᛗ ᚦᚠ ᛬ᚻᚠᛒᛒᛗ ᛁᚳ ᛒᛚᚠᛋᛏᛞᚠᚾ ᛋᛇ ᚦᛗ ᛁᚳ ᛒᛗᛋᛈᛁᛚᛁᚷᛗ ᛞᚠᚷᚻᛈᚠᛞᛚᛁᚳᛗ᛫ ᚻᚠᛒᛒᛗ ᛁᚳ ᚦᚱᛁᛗ ᛒᛇᚱᛝᚠᛋ ᚦᛗ ᛞᚠᛝᚠᚾ ᛚᛁᛗᚷ ᚠᛋᛣᛁᛈᚠᚾ ᚠᚾᛞ ᚦᚠ ᚷᛗᛋᛈᛁᛣᛁᚷᛗ ᛁᚳ ᚠᛚᚳᚱᛗ ᛈᚳᚳᛗ᛫ ᚷᛗᛋᛈᛁᛣᛁᚷᛗ ᛁᚳ ᛉᚳ ᚦᚠᚾᛗ ᚦᛗ ᚾᛗ ᛞᚠᚷ ᛚᛗᛝ ᛚᛁᛗᚷ ᚠᛋᛣᛁᛗᛈᚠᚾ᛫ ᛞᚠᚾ ᚾᛗ ᛞᚠᚷ ᚾᚠᚹᚱᛗ

ᚷᛖᚳᚾᚠᚹᚠᚾ ᛉᛚᛚ ᚷᛖᛚᛁᛞᛈ᛫ ᛁᛋ ᚻᛁᛏ ᛝᚠᚻ ᚣᚠᚱ ᛞᛁᚾᚢᛞ ᛒᛇᚱᛝᚢᛞ ᚦᚠ ᚦᛖ ᛞᚠᛝᚠᚾ ᛚᛁᛖᚷ ᚠᛋᛈᛁᛖᚹᚠᚾ ᚠᚾᚻ ᛁᛋ ᚻᛁᛏ ᛝᚠᚻ ᚣᚠᚱ ᛞᛁᚾᚢᛞ ᛒᛚᚠᛋᛏᛞᚠᚾ ᚦᚠᛏ ᛁᚳ ᛞᚠᚷ ᚻᛁᛖ ᚷᛖᚹᛉᛏᛚᚻᚠᚾ᛫ ᚠᚳ ᚦᚢ ᚾᛖ ᛞᛁᚻᛏ ᚠᚹᛁᚻᛏ ᚷᛖᚣᚱᛖᛞᛁᚠᚾ ᚦᚠᛞ ᛋᛏᛇᚱᚱᚢᛞ᛫᛬

ᛋᛖ ᛒᛁᛋᛁᚷᚠ ᛞᚠᚾᚾ ᚷᛖᚠᛈᛖᚾᚠᚻᛖ ᚦᚠ ᚻᛁᛋ ᛞᚢᚦ ᚠᚳ ᚦᚠ ᚦᚠ ᚻᛖ ᚾᛖ ᛞᛁᚻᛏᛖ ᚣᛁᚾᚻᚠᚾ ᚾᚠᚾᛖ ᚠᚾᚻᛋᚹᚠᚱᚢ ᚦᚠ ᚷᛖᚹᚠᛏ ᛋᛖ ᛚᚣᛏᛚᚠ ᚠᚦᛖᛚᛁᛟ᛫

᛬ᚦᚠ ᚠᚹᛘᛉᛖᚾᚠᚾ ᛞᛖᚾᚾ ᛋᚠᚦᛚᛁᚳᛖ ᛋᛁᚾᚻᚠᚾ ᚢᚾᚷᛖᚹᚢᚾᛖᛚᛁᚳ᛬ ᚳᚹᚠᚦ ᚻᛖ ᚦᚠ ᛏᚠ ᚻᛁᛞ ᛋᛖᛚᚣᚢᛞ ᚠᚾ ᚻᛁᛋ ᛋᛁᚦᛖ᛫

# ᚳᚪᛈᛁᛏᚩᛚ .XIV.

ᛋᛖ ᚠᛁᚠᛏᚪ ᛏᚢᛝᚩᛚ ᚹᚫᛋ ᛋᚹᛁᚦᛖ ᚹᚢᚾᛞᚩᚱᛚᛁᚳ· ᚹᚫᛋ ᚻᛖ ᛋᛖ ᛚᚫᛋᛏᚪ ᛠᛚᛚᚱᚪ ᚦᚪᚱᚪ ᛏᚢᛝᛚᚪ· ᚻᚫᚠᛞᛖ ᚻᛖ ᚱᚣᛗᛖᛋ ᚷᛖᚾᚩᚻ ᚠᚩᚱ ᚪᚾᚱᛖ ᛋᛏᚱᚫᛏᚳᚪᚾᛞᛖᛚᛖ ᚪᚾᛞ ᚪᚾᚢᛗ ᛚᛇᚻᛏᛒᚫᚱᚪᚾ· ᚾᛖ ᛗᛁᚻᛏᛖ ᛋᛖ ᛚᚣᛏᛚᚪ ᚫᚦᛖᛚᛁᛝ ᚢᚾᛞᛖᚱᛋᛏᚪᚾᛞᚪᚾ ᚠᚩᚱ ᚻᚹᛁ ᚻᛁᛏ ᛒᛖᚻᚩᚠᚩᛞᛖ ᚪᚾᚱᛖ ᛋᛏᚱᚫᛏᚳᚪᚾᛞᛖᛚᛖ ᚪᚾᛞ ᚪᚾᛖᛋ ᛚᛇᚻᛏᛒᚫᚱᚪᚾ ᚻᚹᚫᚱᚻᚹᛖᚷᚪ ᚩᚾ ᚻᛇᚠᚩᚾᚢᛗ ᚩᚾ ᚪᚾᚢᛗ ᛏᚢᛝᛚᛖ ᛒᚢᛏᚪᚾ ᚻᚢᛋᛖ ᚪᚾᛞ ᛒᚢᛏᚪᚾ ᛗᚪᚾᚾᚢᛗ· ᚪᚳ ᚻᛖ ᚳᚹᚫᚦ ᛏᚩ ᚻᛁᛗ ᛋᛖᛚᚠᚢᛗ·

:ᚹᛖᚾ ᛁᛋ ᚦᚫᛏ ᚦᛖᛋ ᛗᚪᚾᚾ ᛁᛋ ᚻᚹᚪᛏᚹᚢᚸᚢ ᚹᛖᛞᛖᚾᚻᛇᚱᛏ· ᚪᚳ ᚾᛁᛋ ᚻᛖ ᛋᚹᚪ ᚹᛖᛞᛖᚾᚻᛇᚱᛏ ᛋᚹᚪ ᛋᛖ ᚳᚣᚾᛁᛝ ᛋᛖ ᚩᚠᛖᚱᛗᚩᛞᛁᚷᚪ ᛗᚪᚾᚾ ᛋᛖ ᛒᛁᛋᛁᚷᚪ ᛗᚪᚾᚾ ᚪᚾᛞ ᛋᛖ ᛞᚱᛁᚾᚳᛖᚱᛖ· ᛁᛋ ᚻᛁᛋ ᚹᛇᚱᚳ ᚻᚢᚱᚢ ᚪᚾᛞᚷᛁᛖᛏᚠᚢᛚ· ᚦᚪᚾᚾᛖ ᚻᛖ ᛚᛁᚻᛏᛖᚦ ᚻᛁᛋ ᚳᚪᚾᛞᛖᛚᛖ ᚦᚪᚾᚾᛖ ᛁᛋ ᚻᛁᛏ ᛋᚹᚣᛚᚳᛖ ᚻᛖ ᚷᛖᛋᛖᛏᛏᛖ ᚪᚾᚾᛖ ᚾᛁᚹᚪᚾ ᛏᚢᛝᚩᛚ ᚩᚦᚦᛖ ᚪᚾᛖ ᛒᛚᚩᛋᛏᛗᚪᚾ ᚩᚾ ᛇᚱᚦᚪᚾ· ᚦᚪᚾᚾᛖ ᚻᛖ ᚪᚳᚹᛖᚾᚳᛖᚦ ᚻᛁᛋ ᚳᚪᚾᛞᛖᛚᛖ ᚦᚪᚾᚾᛖ ᚩᚾᛋᛚᛖᛈᚳᚪᚦ ᛏᚢᛝᚩᛚ ᚪᚾᛞ ᛒᛚᚩᛋᛏᛗᚪ· ᛁᛋ ᛋᛇ ᚾᚩᛏᚢ ᛋᚹᛁᚦᛖ ᚠᚫᚷᛖᚱ· ᛋᚩᚦᛚᛁᚳᛖ ᛁᛋ ᚻᛇ ᛠᚳ ᚾᚣᛏᛚᛁᚳ ᚠᚩᚱ ᚦᚩᛗ ᚦᛖ ᚻᛇ ᛁᛋ ᚠᚫᚷᛖᚱ·:

ᚦᚪᚾᚾᛖ ᚻᛖ ᚳᚩᛗ ᛏᚩ ᚦᚫᛗ ᛏᚢᛝᛚᛖ ᚦᚪᚾᚾᛖ ᚻᛖ ᚪᚱᚠᚫᛋᛏᛚᛁᚳᛖ ᚷᛖᚸᚱᛖᛏᛏᛖ ᚦᚩᚾᛖ ᛚᛇᚻᛏᛒᚫᚱᚪᚾ·

:ᚹᛖᛋ ᚦᚢ ᚻᚪᛚ· ᚠᚩᚱ ᚻᚹᛁ ᚪᛞᚹᚫᛋᚳᛏᛖᛋᛏᚢ ᚾᚢ ᚦᛁᚾᛖ ᚳᚪᚾᛞᛖᛚᛖ·:

:ᚻᚫᛒᛒᛖ ᛁᚳ ᚹᛁᛋᛋᚢᛝᛖ: ᚳᚹᚫᚦ ᛋᛖ ᛚᛇᚻᛏᛒᚫᚱᚪ· :ᚹᛖᛋ ᚦᚢ ᚻᚪᛚ·:

:ᚻᚹᚫᛏ ᛁᛋ ᚦᚫᛏ ᚹᛁᛋᛋᚢᛝᛖ·:

:ᛁᛋ ᚻᛁᛏ ᚹᛁᛋᛋᚢᛝᛖ ᛏᚩ ᚪᚳᚹᛖᚾᚳᚪᚾ ᛗᛁᚾᛖ ᚳᚪᚾᛞᛖᛚ· ᚻᚫᛒᛒᛖ ᚦᚢ ᚷᚩᛞᚾᛖ ᚫᚠᛖᚾ·:

ᚪᚾᛞ ᚻᛖ ᛖᚠᛏ ᚪᛚᛁᚻᛏᛖ ᚻᛁᛋ ᚳᚪᚾᛞᛖᛚᛖ·

:ᚠᚩᚱ ᚻᚹᛁ ᚪᛚᛁᚻᛏᛖᛋᛏ ᚦᚢ ᚻᛁᛖ ᚾᚢ ᛖᚠᛏ·: ᚳᚹᚫᚦ ᛋᛖ ᛚᚣᛏᛚᚪ ᚫᚦᛖᛚᛁᛝ·

:ᚠᚩᚱ ᚦᚩᛗ ᚦᛖ ᚻᛁᛏ ᛁᛋ ᛋᛇ ᚹᛁᛋᛋᚢᛝ: ᚪᚾᛞᚹᚣᚱᛞᛖ ᛋᛖ ᛚᛇᚻᛏᛒᚫᚱᚪ·

:ᚾᛖ ᛗᚫᚷ ᛁᚳ ᚦᚫᛏ ᚢᚾᛞᛖᚱᛋᛏᚪᚾᛞᚪᚾ: ᛋᚫᚸᛞᛖ ᚦᚪ ᛋᛖ ᛚᚣᛏᛚᚪ ᚫᚦᛖᛚᛁᛝ·

:ᚾᛁᛋ ᚦᚪᚱ ᚾᚫᚾ ᚦᛁᛝ ᛏᚩ ᚢᚾᛞᛖᚱᛋᛏᚪᚾᛞᚪᚾᚾᛖ: ᚳᚹᚫᚦ ᛋᛖ ᛚᛇᚻᛏᛒᚫᚱᚪ· :ᛚᚪ ᚹᛁᛋᛋᚢᛝᛖ ᛁᛋ ᚹᛁᛋᛋᚢᛝᛖ· ᚹᛖᛋ ᚦᚢ ᚻᚪᛚ·:

ᚪᚾᛞ ᚻᛖ ᛖᚠᛏ ᚪᛞᚹᚫᛋᚳᛏᛖ ᚻᛁᛋ ᚳᚪᚾᛞᛖᛚᛖ·

ᚪᛞᚱᚣᚷᛞᛖ ᚻᛖ ᚦᚪ ᚻᛁᛋ ᚠᚩᚱᚪᚾᛞᛠᚠᚩᛞ ᛗᛁᛞ ᛚᛁᚾᛖᚾᚻᚱᚫᚷᛚᛖ ᚩᚠ ᚱᛠᛞᚢᛗ ᛒᛚᛇ·

:ᚷᛖᛞᚩ ᛁᚳ ᚸᚱᛁᛗᛗᛖ ᚦᛖᚾᚢᛝᛖ· ᚹᚫᛋ ᚻᛁᛏ ᚷᛖᛋᚳᛠᛞᚹᛁᛋ ᚷᛠᚱᚪ· ᚪᛞᚹᚫᛋᚳᛏᛖ ᛁᚳ ᚩᚾ ᛗᚩᚱᚸᛖᚾᚾᛖ ᚪᚾᛞ ᛚᛁᚻᛏᛖ ᛁᚳ ᚩᚾ ᚫᚠᛖᚾ· ᛗᛁᚻᛏᛖ ᛁᚳ ᚷᛖᚱᛖᛋᛏᚪᚾ ᚩᚾ

:ᚷᛖᚻᚨ ᛁᛚ ᛝᚱᛁᛞᛞᛖ ᚦᛖᚾᚢᛝᛖ:

ᚨᚦᚱᚢᛞ ᛏᛁᛞᚢᛞ ᚺᚨᚷᛖᛋ ᚨᚾᛞ ᛞᛁᚺᛏᛖ ᛁᚳ ᚷᛖᛋᛚᚨᚳᚨᚾ ᚨᚾ ᚨᚦᚱᚢᛞ ᛏᛁᛞᚢᛞ ᚾᛁᚺᛏᛖᛋ᛫᛬

᛬ᚨᚾᛞ ᚹᚨᛋ ᛋᛇ ᚹᛁᛋᛋᚢᛝ ᚨᚾᚹᛖᚾᛞ ᛋᛁᚦᚦᚨᚾ᛫᛬

᛬ᚾᚨᛋ ᛋᛇ ᚹᛁᛋᛋᚢᛝ ᚾᚩ ᚨᚾᚹᛖᚾᛞ᛬ ᚳᚹᚨᚦ ᛋᛖ ᛚᛇᚺᛏᛒᚨᚱᚩ᛫ ᛬ᚨᚾᛞ ᛁᛋ ᚦᚨᛏ ᛋᛖ ᛋᚨᚱᛚᛁᚳ ᛋᚨᛝ᛫ ᛁᛋ ᛋᛖ ᛏᚢᛝᚨᛚ ᚹᚱᛁᚦᛖᚾᛞᛖ ᚨᚤᚱᛖ ᛋᚾᛖᛚᛚᛁᚳᚨᚱ ᚤᚱᚨᛞ ᚷᛠᚱᛖ ᛏᚩ ᚷᛠᚱᛖ ᚨᚾᛞ ᛋᛇ ᚹᛁᛋᛋᚢᛝ ᚾᚨᛋ ᚾᚩ ᚨᚾᚹᛖᚾᛞ᛫᛬

᛬ᚾᚢ ᚦᚨᚾᚾᛖ᛫᛬ ᚳᚹᚨᚦ ᛋᛖ ᛚᚣᛏᛚᚩ ᚨᚦᛖᛚᛁᛝ᛫

᛬ᚦᚩ ᚾᚢ ᚦᚩ ᚺᛖ ᛁᛋ ᚹᚱᛁᚦᛖᚾᛞᛖ ᚨᚾᛖ ᛒᛁᚾᚾᚨᚾ ᚦᚨᛞ ᛋᛁᛖᛉᛏᛁᛤᚨᚦᚨᚾ ᛞᚨᛚᛖ ᚨᚾᚱᛖ ᛏᛁᛞᛖ ᚾᚨᛒᛒᛖ ᛁᚳ ᚾᚩ ᛚᛖᛝ ᚨᚾᚾᛖ ᛠᛤᚨᚾᛒᚣᚱᚺᛏᛞ ᛞᛖ ᛏᚩ ᚷᛖᚱᛖᛋᛏᚨᚾ᛫ ᚨᚤᚱᛖ ᚨᚾ ᚦᚨᛞ ᛋᛁᛖᛉᛏᛁᛤᚨᚦᚨᚾ ᛞᚨᛚᛖ ᚨᚾᚱᛖ ᛏᛁᛞᛖ ᛚᛁᚺᛏᛖ ᛁᚳ ᚦᚩ ᚳᚨᚾᛞᛖᛚᛖ ᚨᚾᛖ ᚨᚾᛞ ᛠᚳ ᚨᛞᚹᚨᛋᚳᛖ ᚺᛁᛖ ᚨᚾᛖ᛫᛬

᛬ᛁᛋ ᚺᛁᛏ ᛞᚣᚱᚷᛖ ᚦᛁᛝ᛫ ᚺᚨᛒᛒᚨᚦ ᛞᚨᛤᚨᛋ ᚦᚨᚾᛖ ᛋᛁᛖᛉᛏᛁᛤᚨᚦᚨᚾ ᛞᚨᛚ ᚨᚾᚱᛖ ᛏᛁᛞᛖ ᛞᛁᛞ ᚦᛖ᛫᛬

᛬ᚾᛁᛋ ᚺᛁᛏ ᚾᚩ ᛞᚣᚱᚷᛖ᛬ ᚳᚹᚨᚦ ᛋᛖ ᛚᛇᚺᛏᛒᚨᚱᚩ᛫ ᛬ᛋᚳᛖᚳᚨᚦ ᚹᛖ ᚾᚢ ᚨᚾᚾᛖ ᛞᚨᚾᚨᚦ᛫᛬

᛬ᚨᚾᚾᛖ ᛞᚨᚾᚨᚦ᛫᛬

᛬ᚷᛖᛋᛖ ᚦᚱᛁᛏᛁᚷᚢᛞ ᛋᛁᚦᚢᛞ ᚦᚨᚾᛖ ᛋᛁᛖᛉᛏᛁᛤᚨᚦᚨᚾ ᛞᚨᛚ ᚨᚾᚱᛖ ᛏᛁᛞᛖ᛫ ᚦᚱᛁᛏᛁᚷ ᛞᚨᛤᚨ᛫ ᚺᚨᛒᛒᛖ ᚦᚢ ᛤᚨᛞᚾᛖ ᚨᚤᛖᚾ᛫᛬

ᚨᚾᛞ ᛚᛁᚺᛏᛖ ᚺᛖ ᚦᚩ ᚺᛁᛋ ᚳᚨᚾᛞᛖᛚᛖ ᛖᚤᛏ᛫

ᛋᛖ ᛚᚣᛏᛚᚩ ᚨᚦᛖᛚᛁᛝ ᚺᛁᚾᛖ ᛒᛖᚺᛇᛚᛞ ᚨᚾᛞ ᚺᛖ ᛚᚢᚤᚨᛞᛖ ᚦᚨᚾᛖ ᛚᛇᚺᛏᛒᚨᚱᚨᚾ ᛋᛖ ᚦᛖ ᚤᚢᛚᚹᚨᚱᚺᛏᛖ ᚺᛁᛋ ᚹᛁᛋᛋᚢᛝᛖ ᛏᚱᛇᚹᚤᚨᛋᛏᛚᛁᚳᛖ᛫ ᚺᛖ ᚷᛖᛞᚢᚾᛞᛖ ᚦᚨᚱᚩ ᛋᚢᚾᚨᚾ ᛋᛖᛏᛚᛤᚨᛝᚩ ᚦᚩ ᚦᛖ ᚺᛖ ᚤᚣᛚᚷᛖᛞᛖ ᛒᛖ ᚦᚨᛞ ᚦᚨᛏ ᚺᛖ ᚨᚾᛒᚱᚨᛞ ᚺᛁᛋ ᛋᛖᛏᛚ᛫ ᚹᚨᛚᛞᛖ ᚺᛖ ᚷᛖᚺᛖᛚᚳᚨᚾ ᚺᛁᛋ ᚤᚱᛇᚾᛞᛖᛋ᛫

᛬ᚹᚨᛋᛏ ᛏᚢ … ᚷᛖᚳᚾᚨᚹᛖ ᛁᚳ ᚺᚢ ᚦᚢ ᛞᛁᚺᛏ ᚦᛖ ᚷᛖᚱᛖᛋᛏᚨᚾ ᚦᚨᚾᚾᛖ ᚦᚢ ᚹᚨᛚᛞᛖᛋᛏ᛫᛬

᛬ᚨᚤᚱᛖ ᛁᚳ ᚹᛁᛚᛚᛖ ᛞᛖ ᚱᛖᛋᛏᚨᚾ᛬ ᚳᚹᚨᚦ ᚦᚩ ᛋᛖ ᛚᛇᚺᛏᛒᚨᚱᚩ᛫

ᛞᚨᚷ ᛞᚨᚾ ᛒᛇᚾ ᛏᚱᛇᚹᛖ ᚨᚾᛞ ᛋᛚᛠᚳ ᛋᚨᛞᚨᚾ᛫

ᛏᚩᚨᛏᚣᚺᛏᛖ ᚦᚩ ᛋᛖ ᛚᚣᛏᛚᚩ ᚨᚦᛖᛚᛁᛝ᛫

᛬ᛁᛋ ᚦᛁᚾ ᛏᚢᛝᚨᛚ ᛏᚩ ᚦᚨᛋ ᛚᚣᛏᛖᛚ ᚦᚨᛏ ᚦᚢ ᛞᛠᚺᛏ ᚺᛁᛏ ᚣᛞᛒᚤᚨᚱᚨᚾ ᛞᛁᛞ ᚦᚱᛁᛖ ᚺᛚᛁᛖᚳᚩ᛫ ᚦᚢ ᛞᚨᛋᛏ ᛤᚨᚾ ᛏᚩ ᚦᚨᛋ ᛚᚨᛏᛚᛁᚳᛖ ᚦᚨᛏ ᚦᚢ ᛞᛠᚺᛏ ᚨᚤᚱᛖ ᛒᛇᚾ ᚨᚾ ᚦᚨᚱᛖ ᛋᚢᚾᚾᚨᚾ᛫ ᚦᚨᚾᚾᛖ ᚦᚢ ᚹᛁᛚᛏ ᚦᛖ ᚷᛖᚱᛖᛋᛏᚨᚾ ᚦᚨᚾᚾᛖ ᚦᚢ ᛞᚨᛋᛏ ᛤᚨᚾ … ᚨᚾᛞ ᚹᛁᛚᛚᛖ ᛋᛖ ᚺᚨᚷ ᚷᛖᛚᚨᛋᛏᚨᚾ ᛋᚹᚨ ᛚᚩᛝᛖ ᛋᚹᚨ ᚦᚢ ᚹᛁᛚᛏ᛫᛬

⁝ᚦᚠᛏ ᚾᛖ ᚹᛁᛚᛚᛖ ᛞᛁᚳᚳᛚᚢᛞ ᚷᛖᚻᛖᛗᛚᛈᚠᚾ ᛞᛁᚾᛖᛋ⁝ ᚳᚹᚠᚦ ᚦᚠ ᛋᛖ ᛚᛇᚻᛏᛒᚠᚱᚠ⁝ ⁝ᛚᚢᚣᛁᚷᛖ ᛁᚳ ᚦᚠᚾᛖ ᛋᛚᚠᛈ ᚠᚾ ᛞᛁᚾᚢᛞ ᛚᛁᚣᛖ⁝⁝

⁝ᚦᚠᚾᚾᛖ ᚾᛁᛋ ᚾᚠᚾ ᛏᚠᚻᚠᛈ⁝ ᛋᚠᚷᚻᛖ ᚦᚠ ᛋᛖ ᛚᚢᛏᛚᚠ ᚠᚦᛖᛚᛁᛝ⁝

⁝ᚾᛁᛋ ᚾᚠᚾ ᛏᚠᚻᚠᛈ⁝ ᚳᚹᚠᚦ ᛋᛖ ᛚᛇᚻᛏᛒᚠᚱᚠ⁝ ⁝ᚹᛖᛋ ᚦᚳ ᚻᚠᛚ⁝

ᚠᚾᚻ ᚠᚻᚹᚠᛋᚳᛏᛖ ᚻᛖ ᚦᚠ ᚻᛁᛋ ᚳᚠᚾᚻᛖᛚᛖ⁝

⁝ᛒᛁᚦ ᚻᛖ ᚠᚣᚠᚱᚻᚠᚷᚠᚻ ᚣᚱᚠᛞ ᛉᛚᛚᚢᛞ ᚠᚦᚱᚢᛞ⁝ ᚳᚹᚠᚦ ᚦᚠ ᛋᛖ ᛚᚢᛏᛚᚠ ᚠᚦᛖᛚᛁᛝ ᛏᚠ ᚻᛁᛞ ᛋᛖᛚᚣᚢᛞ ᚦᚠ ᚦᚠ ᚻᛖ ᛋᛁᚦᚠᚻᛖ ᚣᚠᚱᚦ ⁝ᚣᚱᚠᛞ ᚳᚢᚾᛝᛖ ᚣᚱᚠᛞ ᚻᚱᛁᚾᚳᛖᚱᛖ ᚣᚱᚠᛞ ᚦᚠᛞ ᛒᛁᛋᛁᚷᚠᚾ ᛞᛖᚾᚾ⁝ ᚠᚾᚻ ᛁᛋ ᚻᛖ ᛋᛖ ᚠᚾᚠ ᛋᛖ ᚦᛖ ᚾᛖ ᚠᚾᛋᛏᚢᚱᚠᚦ ᛞᛖ ᛏᚠ ᚻᛚᛉᚻᛏᚠᚱᛖ⁝ ᛞᚠᚷ ᚦᛁᛋ ᛒᛇᚾ ᛒᛖ ᚦᚠᛞ ᚦᚠᛏ ᚻᛖ ᚠᛒᛁᛋᚷᚠᚦ ᚻᛁᚾᛖ ᛒᛖ ᚠᚦᚱᚢᛞ ᚦᛁᛝᚳᛞ ᚠᚾᚻ ᚾᚠᛋ ᚾᚠ ᛒᛖ ᚻᛁᛞ ᛋᛖᛚᚣᚢᛞ⁝⁝

ᚷᛖᛉᛉᚻ ᚻᛖ ᛚᚠᛝᛖ ᛒᛖᛋᚠᚱᚷᛁᛖᚾᚻᛖ ᛋᛁᚳᛖᛏᚢᛝᛖ ᚠᚾᚻ ᛏᚠᚠᛏᚢᚻᛏᛖ ᚦᚠ ᛏᚠ ᚻᛁᛞ ᛋᛖᛚᚣᚢᛞ⁝

⁝ᛁᛋ ᚻᛖ ᛋᛖ ᚠᚾᚠ ᚦᚠᚾᛖ ᚦᛖ ᛁᚳ ᛞᛁᚻᛏᛖ ᚻᚠᛒᛒᚠᚾ ᛞᛖ ᛏᚠ ᚣᚱᛁᛖᚾᚻ⁝ ᚠᚳ ᛋᚠᚦᛚᛁᚳᛖ ᛁᛋ ᚻᛁᛋ ᛏᚢᛝᚠᛚ ᛏᚠ ᛚᚢᛏᛖᛚ⁝ ᚾᛁᛋ ᚦᚠᚱ ᚾᚠ ᚱᚢᛞᛖᛏ ᚦᛖ ᛞᚠᚷᛖ ᛏᚹᚠ ᚷᛖᚻᛉᛚᚻᚠᚾ⁝⁝

ᚾᚠᛚᚻᛖ ᛋᛖ ᛚᚢᛏᛚᚠ ᚠᚦᛖᛚᛁᛝ ᚾᛖ ᚷᛖᚦᚠᚣᛁᚠᚾ ᚦᚠᛏ ᚻᛖ ᛒᛖᚹᛇᛈ ᚦᚠᚾᛖ ᚷᛖᛒᛚᛖᛏᛋᚠᚻᚠᚾ ᛏᚢᛝᚠᛚ ᚣᚠᚱ ᚦᚠᛞ .MCCCCXL. ᛋᚢᚾᚠᚾ ᛋᛖᛏᛚᚷᚠᛝᚠ ᛒᛁᚾᚾᚠᚾ .XXIV. ᛏᛁᚻᚠ⁝

## ᚳᚠᛈᛁᛏᚠᛚ .XV.

ᚹᚠᛋ ᛋᛖ ᛋᛁᛖᛉᛏᚠ ᛏᚢᛝᚠᛚ ᛒᛖ ᛏᛁᛖᚾᚢᛞ ᛋᛁᚦᚢᛞ ᛞᚠᚱᚠ⁝ ᚹᚢᚾᚠᚻᛖ ᚦᚠᚱ ᚠᚾ ᛉᛚᚻ ᛞᚠᚾᚾ ᛋᛖ ᚦᛖ ᚠᚹᚱᚠᛏ ᚢᚾᚷᛖᛞᛖᛏᛚᛁᚳᛖ ᛒᛖᚳ⁝

⁝ᛚᚠ ᛚᚠ⁝ ᛋᚢᛞ ᚹᛁᛏᚠ⁝⁝ ᚳᚹᚠᚦ ᚻᛖ ᚦᚠ ᚦᚠ ᚻᛖ ᚦᚠᚾᛖ ᛚᚢᛏᛚᚠᚾ ᚠᚦᛖᛚᛁᛝ ᚷᛖᛋᛉᚻ⁝

ᚷᛖᛋᛖᛏᛏᛖ ᚻᛁᚾᛖ ᛋᛖ ᛚᚢᛏᛚᚠ ᚠᚦᛖᛚᛁᛝ ᚦᚠ ᚠᚾᚳᛈᛈᚠᚾ ᚦᚠᛞ ᛒᚠᚱᚻᛖ ᚠᚾᚻ ᚷᛖᚱᛖᛋᛏᛖ ᚻᚹᚠᛏᚹᚢᚷᚳ⁝ ᚻᚠᚣᚻᛖ ᚻᛖ ᛚᚠᚾᚷᚾᛖ ᛋᛁᚦ⁝

⁝ᚻᚹᚠᚾᚠᚾ ᚳᚢᛞᛖ ᚦᚳ⁝⁝ ᚠᛋᚳᚠᚻᛖ ᚻᛁᚾᛖ ᛋᛖ ᛉᛚᚻᚠ ᛞᚠᚾᚾ⁝

⁝ᚻᚹᚠᛏ ᛁᛋ ᛋᛇ ᛞᛁᚳᛖᛚᛖ ᛒᚠᚳ⁝⁝ ᛋᚠᚷᚻᛖ ᛋᛖ ᛚᚢᛏᛚᚠ ᚠᚦᛖᛚᛁᛝ⁝ ⁝ᚻᚹᚠᛏ ᚻᛖᛋᛏ ᚦᚳ ᚻᛖᚱ⁝⁝

⁝ᛁᚲ ᛇᛞ ᛇᚱᚦᚹᚱᛁᛏᛖᚱᛖ⁝ ᛋᚠᚷᚺᛖ ᛋᛖ ᛉᛚᚺᚨ ᛞᚠᚾᚾ·

⁝ᚺᚹᚠᛏ ᛁᛋ ᛇᚱᚦᚹᚱᛁᛏᛖᚱᛖ·⁝

⁝ᛁᛋ ᚺᛖ ᚹᛁᛏᚨ ᛋᛖ ᚦᛖ ᚲᚾᚠᚹᛖᚦ ᚺᚹᚠᚱ ᛋᛁᚾᚺᚠᚾ ᛋᚨ ᛋᛏᚱᛉᚺᚠᛋ ᛒᚤᚱᛁᚷ ᛒᛇᚱᛝᚠᛋ ᚠᚾᚺ ᚹᛖᛋᛏᛖᚾᛖ·⁝

⁝ᛁᛋ ᚺᛁᛏ ᚦᛁᛝ ᚦᚠᛋ ᛁᚲ ᛞᛁᚲᛖᛚ ᚷᛁᛖᛞᛖ⁝ ᛋᚠᛝᚺᛖ ᚦᚨ ᛋᛖ ᛚᚤᛏᛚᚨ ᚠᚦᛖᛚᛁᛝ· ⁝ᛁᛋ ᚺᛁᛏ ᛋᚠᚦ ᚲᚱᚠᚴᛏ ᚠᛏ ᚦᚠᛞ ᛖᚾᚺᛖ·⁝ ᚠᚾᚺ ᚺᛖ ᛚᚠᚲᚠᚺᛖ ᚠᚾ ᚦᚠᚾᛖ ᛏᚲᛝᚠᛚ ᚦᚠᛋ ᛇᚱᚦᚹᚱᛁᛏᛖᚱᛖᛋ· ᚾᚠᚴᚱᛖ ᚠᚱ ᚾᛖ ᚷᛖᛋᛉᚺ ᚺᛖ ᛋᚹᚨ ᚲᚤᚾᛖᛚᛁᚲ ᛏᚲᛝᚠᛚ·

⁝ᛁᛋ ᛇᚹᛖᚱ ᛏᚲᛝᚠᛚ ᛋᚹᛁᚦᛖ ᚹᛚᛁᛏᛁᚷ· ᛋᛁᚾᚺᚠᚾ ᚺᛖᚱ ᚠᚾᛁᚷᛖ ᚹᛁᚺᛋᚠ·⁝

⁝ᚾᛖ ᛞᚠᚷ ᛁᚲ ᚦᚠᛏ ᚷᛖᚲᚾᚠᚹᚠᚾ⁝ ᛋᚠᚷᚺᛖ ᛋᛖ ᛇᚱᚦᚹᚱᛁᛏᛖᚱᛖ·

⁝ᚹᚨ ᛚᚨ ᚹᚨ·⁝ ᚹᚠᛋ ᛋᛖ ᛚᚤᛏᛚᚨ ᚠᚦᛖᛚᛁᛝ ᛋᚹᛁᚦᛖ ᛒᛖᛋᚹᛁᚲᛖᚾ· ⁝ᚠᚾᚺ ᛋᛁᚾᚺᚠᚾ ᚺᛖᚱ ᚠᚾᛁᚷᛖ ᛒᛇᚱᛝᚠ·⁝

⁝ᚾᛖ ᛞᚠᚷ ᛁᚲ ᚦᚠᛏ ᚷᛖᚲᚾᚠᚹᚠᚾ⁝ ᛋᚠᛝᚺᛖ ᚦᚨ ᛋᛖ ᛇᚱᚦᚹᚱᛁᛏᛖᚱᛖ·

⁝ᚠᚾᚺ ᛋᛁᚾᚺᚠᚾ ᚺᛖᚱ ᚠᚾᛁᚷᛖ ᛒᚤᚱᛝᚨ ᛋᛏᚱᛉᚺᚨ ᚠᚾᚺ ᚹᛖᛋᛏᛖᚾᚨ·⁝

:ᚾᛖ ᛗᚫᚷ ᛁᚳ ᚦᚫᛏ ᚷᛖᚳᚾᚫᚹᚫᚾ: ᚳᚹᚫᚦ ᛋᛖ ᛇᚱᚦᚹᚱᛁᛏᛖᚱᛖ·

:ᚪᚳ ᛒᛁᛋᛏ ᚦᚢ ᛇᚱᚦᚹᚱᛁᛏᛖᚱᛖ·:

:ᛋᚩᚦᛚᛁᚳᛖ·: ᛋᚫᚸᛞᛖ ᛋᛖ ᛇᚱᚦᚹᚱᛁᛏᛖᚱᛖ :ᚪᚳ ᛇᛗ ᛁᚳ ᚾᚪ ᛋᛈᚣᚱᛁᚷᛖᚾᛞ· ᚾᚪᛒᛒᚪᚦ ᚹᛖ ᚫᚾᛁᚷᛖ ᛋᛈᚣᚱᛁᚷᛖᚾᛞᚪ· ᛋᛖ ᛇᚱᚦᚹᚱᛁᛏᛖᚱᛖ ᚾᛖ ᛏᛖᛚᛚᚪᚦ ᚾᚪ ᚦᚪ ᛒᚣᚱᛁᚷ ᚦᚪ ᛋᛏᚱᛠᛗᚪᛋ ᚦᚪ ᛒᛇᚱᚸᚪᛋ ᚦᚪ ᛋᚪ ᚦᚪ ᚹᛁᛞᛋᚪ ᚩᚾᛞ ᚦᚪ ᚹᛖᛋᛏᛖᚾᛖ· ᛁᛋ ᛇᚱᚦᚹᚱᛁᛏᛖᚱᛖ ᛏᚩ ᚹᛇᚱᚦᛚᛁᚳ ᛏᚩ ᚫᚠᛏᛖᚱᛋᛈᚣᚱᛁᚷᛖᚪᚾᚾᛖ· ᚾᚫᚠᚱᛖ ᚹᛁᛚᛚᛖ ᚻᛖ ᚠᚩᚱᛚᚫᛏᚪᚾ ᚻᛁᛋ ᛒᚩᚱᛞ ᚦᚫᚱ ᚦᚫᚱ ᚻᛖ ᚹᚱᛁᛏᛏ· ᚪᚳ ᚸᚱᛖᛏᛖᚦ ᚻᛖ ᚦᚪ ᛋᛈᚣᚱᛁᚷᛖᚾᛞᚪᛋ· ᛒᛖᚠᚱᛁᚾᛖᚦ ᚻᛁᛖ ᛒᛖ ᚦᚪᛗ ᚦᛁᛝᚢᛗ ᚩᚾᛞ ᚪᚹᚱᛁᛏᛏ ᚻᛇᚱᚪ ᚩᚾᚠᚢᚾᛞᛖᚾᚾᛖᛋᛋᛖ· ᚩᚾᛞ ᚦᚪᚾᚾᛖ ᚦᚪ ᚹᚱᛁᛏ ᚪᚾᛖᛋ ᛋᛈᚣᚱᛁᚷᛖᚾᛞᛖᛋ ᚦᚣᚾᚳᚪᚦ ᚻᛁᛗ ᚻᛠᛚᛁᚳ ᚦᚪᚾᚾᛖ ᛋᛖ ᛇᚱᚦᚹᚱᛁᛏᛖᚱᛖ ᚹᛁᛚᛚᛖ ᚩᛈᛖᚾᛚᛁᚳᛖ ᚪᚠᚪᚾᛞᛁᚪᚾ ᛒᛖ ᚦᚪᛋ ᛋᛈᚣᚱᛁᚷᛖᚾᛞᛖᛋ ᛋᛁᚪᛞᚢᛗ·:

:ᚠᚩᚱ ᚻᚹᚣ ᚹᛁᛚᛚᛖ ᚻᛖ ᛋᚹᚪ ᚷᛖᛞᚩᚾ·:

:ᚠᚩᚱ ᚦᚪᛗ ᚦᚫᛏ ᚪᚾ ᛋᛈᚣᚱᛁᚷᛖᚾᛞ ᛋᛖ ᚦᛖ ᛚᛇᚸᛖᚦ ᚷᛖᚠᚱᛖᛗᛖᚦ ᚹᛠᚾ ᚪᚾ ᛇᚱᚦᚹᚱᛁᛏᛖᚱᚪ ᛒᚩᚳᚢᛗ· ᛠᚳ ᛋᚹᚪ ᚪᚾ ᛋᛈᚣᚱᛁᚷᛖᚾᛞ ᛋᛖ ᚦᛖ ᛞᚱᛁᚾᚳᛖᚦ·:

:ᚻᚢ ᛗᚫᚷ ᚦᚫᛏ ᛒᛇᚾ·: ᚪᛋᚳᚩᛞᛖ ᚦᚪ ᛋᛖ ᛚᚣᛏᛚᚪ ᚫᚦᛖᛚᛁᛝ·

:ᚠᚩᚱ ᚦᚪᛗ ᚦᛖ ᛞᚱᛁᚾᚳᛖᚱᚪᛋ ᚷᛖᛋᛇᚦ ᚦᚪ ᚦᛁᛝ ᛏᚹᛁᚠᛠᛚᛞᛚᛁᚳᛖ· ᚹᚩᛚᛞᛖ ᛇᚱᚦᚹᚱᛁᛏᛖᚱᛖ ᚪᚹᚱᛁᛏᚪᚾ ᛒᛖ ᛏᚹᚪᛗ ᛒᛇᚱᚸᚢᛗ ᚦᚫᚱ ᚦᚫᚱ ᛁᛋ ᚪᚾ ᛒᛇᚱᚸ ᚪᚾᚪ·:

:ᚷᛖᚳᚾᚪᚹᛖ ᛁᚳ ᚪᚾᚾᛖ ᛗᚪᚾᚾ: ᛋᚪᚷᛞᛖ ᚦᚪ ᛋᛖ ᛚᚣᛏᛚᚪ ᚫᚦᛖᛚᛁᛝ :ᚩᚾᛞ ᛋᛖ ᚹᚫᚱᛖ ᚣᚠᛖᛚ ᛋᛈᚣᚱᛁᚷᛖᚾᛞ·:

:ᛗᚫᚷ ᚻᛁᛏ ᛒᛇᚾ ᛋᚹᚪ· ᚪᚳ ᚦᚪᚾᚾᛖ ᚦᚪ ᛋᛁᚪᛞᚢ ᚦᚪᛋ ᛋᛈᚣᚱᛁᚷᛖᚾᛞᛖᛋ ᚦᚣᚾᚳᚪᚦ ᚸᚩᛞᛖ ᚦᚪᚾᚾᛖ ᛗᚪᚾ ᚪᚠᚪᚾᛞᛁᚪᚦ ᚻᛁᛋ ᚩᚾᚠᚢᚾᛞᛖᚾᚾᛖᛋᛋᛖ·:

:ᚹᛁᛚᛚᛖ ᛗᚪᚾ ᚸᚪᚾ ᛋᛖᚳᚪᚾ ᚻᛁᛋ ᚩᚾᚠᚢᚾᛞᛖᚾᚾᛖᛋᛋᛖ·:

:ᚾᚪᛋ ᚾᚪ ᛋᚹᚪ· ᚹᚫᚱᛖ ᚻᛁᛏ ᛏᚩ ᛞᛖᚠᛁᚷ ᚦᛁᛝ· ᚪᚳ ᛗᚪᚾ ᚷᛁᛖᚱᚾᛖᚦ ᛏᚪᚳᚾᚢ ᚫᛏ ᚦᚪᛗ ᛋᛈᚣᚱᛁᚷᛖᚾᛞᛖ· ᚦᚪᚾᚾᛖ ᚻᛖ ᚩᚾᚠᚪᚾᛞ ᛗᛁᚳᛖᛚᚾᛖ ᛒᛇᚱᚸ ᚦᚪᚾᚾᛖ ᛗᚩᛏ ᚻᛖ ᚠᚩᚱᚦᛒᚱᛁᛝᚪᚾ ᚸᚱᛠᛏᛖ ᛋᛏᚪᚾᚪᛋ·:

ᚦᚪ ᚠᚫᚱᛁᛝᚪ ᚩᚾᛞᚪᛞᛖ ᛋᛖ ᛇᚱᚦᚹᚱᛁᛏᛖᚱᛖ·

:ᚾᚢ ᚦᚢ ᚦᚢ ᛠᚱᛏ ᚠᛇᚱᚱᚪᚾᚳᚢᛗᛖᚾ· ᛠᚱᛏ ᚦᚢ ᛋᛈᚣᚱᛁᚷᛖᚾᛞ· ᛋᚳᛠᛚᛏ ᚦᚢ ᚪᚹᚱᛁᛏᚪᚾ ᚦᛁᚾᚾᛖ ᛏᚢᛝᚪᛚ ᛗᛖ ᛒᛖᚠᚩᚱᚪᚾ·:

ᚩᚾᛞ ᛋᛖ ᛇᚱᚦᚹᚱᛁᛏᛖᚱᛖ ᚪᚾᛚᛠᚳ ᚻᛁᛋ ᛗᛁᚳᛚᛖ ᛒᚩᚳ ᚩᚾᛞ ᚷᛖᚷᛠᚱᚹᚪᛞᛖ ᚻᛁᛋ ᚹᚱᛁᛏᛋᛠᛉ· ᚠᛁᚱᛋᛏ ᛗᚪᚾ ᚪᚹᚱᛁᛏᛏ ᚦᚪ ᛏᚪᛚᚢ ᚦᚪᚱᚪ ᛋᛈᚣᚱᛁᚷᛖᚾᛞᚪ ᛗᛁᛞ ᛚᛠᛞᛖ· ᚹᛁᛚᛚᛖ ᛗᚪᚾ ᚪᚾᛒᛁᛞᚪᚾ ᚦᚪᚱᚪ ᛏᚪᚳᚾᚪ ᚦᚪᛋ ᛋᛈᚣᚱᛁᚷᛖᚾᛞᛖᛋ ᚫᚱ ᚦᚪᛗ ᚻᛁᛖ ᛒᛇᚦ ᚪᚹᚱᛁᛏᛖᚾ ᛗᛁᛞ ᚪᛏᚱᚢᛗᛖ·

:ᚾᚢ ᚦᚪᚾᚾᛖ·: ᚪᛋᚳᚩᛞᛖ ᛋᛖ ᛇᚱᚦᚹᚱᛁᛏᛖᚱᛖ·

:ᛚᚨ ᚾᛁᛋ ᚦᚠᚱ ᛞᛁᚳᛖᛚᛖ ᛋᛏᛛᚱᚳᛝ ᚠᚾ ᛞᛁᚾᚳᛞ ᛉᚱᚻᛖ: ᚳᛈᚠᚦ ᚦᚨ ᛋᛖ ᛚᛛᛏᛚᚨ ᚠᚦᛖᛚᛁᛝ :ᚣᚠᚱ ᚦᚠᛞ ᚦᚠᛏ ᚻᛖ ᛁᛋ ᛋᛈᛁᚦᛖ ᛚᛛᛏᛖᛚ· ᚻᚠᛒᛒᛖ ᛁᚳ ᚦᚱᛁᛖ ᛒᛇᚱᚷᚨ ᚦᛖ ᛞᚠᚷᚠᚾ ᛚᛁᛖᚷ ᚠᛋᛣᛁᛖᛈᚠᚾ· ᛏᛈᚨ ᚦᚠᚱᚨ ᛚᛁᛖᚷ ᚠᛋᛣᛁᛖᛈᛁᛖᚾᚻᚨ ᛒᛇᚱᚷᚨ ᛋᛁᚾᚻᚠᚾ ᚠᚾ ᛚᛁᚣᛖ ᚠᚾᚻ ᛋᛖ ᚦᚱᛁᚻᚻᚨ ᛁᛋ ᚠᚻᛈᚠᛋᚳᛖᚻ· ᚠᚳ ᛈᛖ ᚾᛖ ᛞᚠᚷᚠᚾ ᛈᛁᛏᚠᚾ·:

:ᛈᛖ ᚾᛖ ᛞᚠᚷᚠᚾ ᛈᛁᛏᚠᚾ: ᚳᛈᚠᚦ ᛋᛖ ᛇᚱᚦᛈᚱᛁᛏᛖᚱᛖ·

:ᚻᚠᛒᛒᛖ ᛁᚳ ᛉᚳ ᚠᚾᛖ ᛒᛚᚠᛋᛏᛞᚠᚾ·:

:ᚾᛖ ᚠᛈᚱᛁᛏᚠᚦ ᛈᛖ ᛒᛖ ᛒᛚᚠᛋᛏᛞᚳᛞ: ᛋᚠᚷᚻᛖ ᚦᚨ ᛋᛖ ᛇᚱᚦᛈᚱᛁᛏᛖᚱᛖ·

:ᚣᚠᚱ ᚻᛈᛁ ᚾᛖ ᚷᛖᚻᚻᛖᛋᛚ ᚦᚳ ᛋᛈᚨ· ᚻᛁᛖ ᛋᛁᚾᚻᚠᚾ ᚦᚨ ᚣᚠᚷᚱᛖᛋᛏᚠᚾ ᚦᛁᛝ·:

:ᛈᛖ ᚾᛖ ᚠᛈᚱᛁᛏᚠᚦ ᛒᛖ ᚦᚠᛞ ᚣᚠᚱ ᚦᚠᛞ ᚦᛖ ᚻᛁᛖ ᛋᛁᚾᚻᚠᚾ ᚻᛈᛁᛚᛈᛖᚾᚻᛖ·:

:ᚻᛈᚠᛏ ᛁᛋ ᚻᛈᛁᛚᛈᛖᚾᚻᛖ·:

:ᛒᛇᚦ ᚦᚨ ᛒᛖᚳ ᚦᚠᚱᚨ ᛇᚱᚦᛈᚱᛁᛏᛖᚱᚨ ᚦᚨ ᚻᛇᚱᛈᛁᛖᚱᚦᛖᛋᛏᚠᚾ ᛉᛚᛚᚱᚨ ᛒᚠᚳᚨ: ᛋᚠᚷᚻᛖ ᚦᚨ ᛋᛖ ᛇᚱᚦᛈᚱᛁᛏᛖᚱᛖ· :ᚻᛁᛖ ᚾᚠᚣᚱᛖ ᚾᛖ ᛉᛚᚻᛁᚠᚦ· ᚷᛖᛈᛇᚱᚦᛖᚦ ᚻᛁᛏ ᛋᛖᛚᚻᚻᛈᚠᚾᚾᛖ ᚦᚠᛏ ᚠᚾ ᛒᛇᚱᚷ ᛈᛁᛚᛚᛖ ᛒᛇᚾ ᚠᚾ ᚠᚾᚱᛖ ᚠᚦᚱᛖ ᛋᛏᚠᛈᛖ· ᚷᛖᛈᛇᚱᚦᛖᚦ ᚻᛁᛏ ᛋᛖᛚᚻᚻᛈᚠᚾᚾᛖ ᚦᚠᛏ ᛋᛇ ᛈᛁᚻᛋᚨ ᛈᛁᛚᛚᛖ ᚠᚷᛇᛏᚠᚾ ᚻᛁᚱᛖ ᛈᚠᛏᛖᚱ· ᚠᛈᚱᛁᛏᚠᚦ ᛈᛖ ᛒᛖ ᚦᚠᛞ ᛖᚳᚳᛞ ᚦᛁᛝᚳᛞ ᚠᚾᚨ·:

:ᚠᚳ ᛞᚠᚷᚠᚾ ᚦᚨ ᛚᛁᛖᚷ ᚠᛋᛣᛁᛖᛈᛖᚾᚻᛖ ᛒᛇᚱᚷᚠᛋ ᚦᛖ ᛈᚠᚱᚠᚾ ᚠᚻᛈᚠᛋᚳᛖᚻ ᛖᚣᛏ ᚠᚳᛈᛁᚳᛁᚠᚾ: ᛋᚠᚷᚻᛖ ᚦᚨ ᛋᛖ ᛚᛛᛏᛚᚨ ᚠᚦᛖᛚᛁᛝ· :ᚻᛈᚠᛏ ᚷᛖᛏᚠᚳᚾᚠᚦ ᚻᛈᛁᛚᛈᛖᚾᚻᛖ·:

:ᚻᛈᚠᚦᚱᛖ ᚦᚨ ᛚᛁᛖᚷ ᚠᛋᛣᛁᛖᛈᛖᚾᚻᛖ ᛒᛇᚱᚷᚠᛋ ᛋᛁᛖᚾ ᚠᚾ ᛚᛁᚣᛖ ᚠᚦᛖᚱ ᛈᚠᚱᚠᚾ ᚠᚻᛈᚠᛋᚳᛖᚻ ᚷᛖᛏᚠᚳᚾᚠᚦ ᛋᛈᚨ ᛋᚠᛞᛖ: ᛋᚠᚷᚻᛖ ᚦᚨ ᛋᛖ ᛇᚱᚦᛈᚱᛁᛏᛖᚱᛖ· :ᛁᛋ ᚳᚱᛖ ᚳᚠᚱᚳ ᛒᛖ ᚦᚠᛞ ᛒᛇᚱᚷᛖ ᚠᚾᚨ· ᚠᚾᚻ ᚻᛖ ᚾᛖ ᛈᛁᛚᛚᛖ ᛈᚠᚾᚻᚱᛁᚠᚾ·:

:ᚠᚳ ᚻᛈᚠᛏ ᚷᛖᛏᚠᚳᚾᚠᚦ ᚻᛈᛁᛚᛈᛖᚾᚻᛖ: ᛖᚣᛏᚷᛁᚠᚻᛖ ᛋᛖ ᛚᛛᛏᛚᚨ ᚠᚦᛖᛚᛁᛝ ᛋᛖ ᚦᛖ ᚾᚠᚣᚱᛖ ᚠᚾ ᚻᛁᛋ ᛚᛁᚣᛖ ᛈᚠᛚᚻᛖ ᚣᚠᚱᛋᚠᚳᚠᚾ ᚠᚾᚾᛖ ᚣᚱᛖᚷᚾ ᚦᚠᚾᛖ ᚦᛖ ᚻᛖ ᚷᛖᚠᛋᚳᚠᚻᛖ·

:ᚻᛁᛏ ᛁᛋ ᚦᚠᛏ ᚻᛁᛏ ᛋᚳᛉᛚ ᛋᚠᚾᚨ ᛋᛈᛁᚾᚻᚠᚾ·:

:ᚠᚾᚻ ᛋᚳᛉᛚ ᛞᛁᚾᛖ ᛒᛚᚠᛋᛏᛞᚨ ᛋᚠᚾᚨ ᛋᛈᛁᚾᚻᚠᚾ·:

:ᛈᛁᛋᛚᛁᚳᛖ·:

:ᛁᛋ ᛞᛁᚾᛖ ᛒᛚᚠᛋᛏᛞᚨ ᚻᛈᛁᛚᛈᛖᚾᚻᛖ: ᚳᛈᚠᚦ ᛋᛖ ᛚᛛᛏᛚᚨ ᚠᚦᛖᛚᛁᛝ ᚦᚨ ᛏᚨ ᚻᛁᛞ ᛋᛖᛚᚣᚳᛞ :ᚠᚾᚻ ᚻᛇ ᚻᚠᚣᚦ ᚣᛇᛈᛖᚱ ᚦᚠᚱᚾᚨ ᚠᚾᚨ ᛏᚨ ᛈᛖᚱᛁᚠᚾᛖ ᚻᛁᛞ ᛋᛖᛚᚣᛖ ᛈᛁᚦ ᚦᚠᛞ ᛈᚠᚱᚠᛚᚻᛖ· ᚠᚾᚻ ᛚᚠᚣᚻᛖ ᛁᚳ ᚻᛁᛖ ᚠᚾᚨ ᚠᚾ ᛞᛁᚾᚳᛞ ᚻᚳᛋᛖ·:

ᚹᚠᛋ ᚻᛁᛚ ᚦᚠᛏ ᚴᛁᚱᛋᛏᛖ ᛏᚠᚲᛖᚾ ᚦᚠᚱᛖ ᚷᛖᚻᚱᛇᛈᛋᚢᛝᛖ· ᚠᚲ ᚻᚠᚴᚻᛖ ᚻᛖ ᛒᛁᛖᛚᚻᚨ ᛋᚠᚾᚨ ᛖᚴᛏ·

:ᚻᛈᛁᛞᛖᚱ ᚱᚠᚻᛖᛋᛚ ᚦᚢ ᛞᛖ ᚸᚠᛝᚠᚾ: ᚠᛋᚲᚠᚻᛖ ᚻᛖ ᚦᚨ·

:ᚸᚨ ᛏᚨ ᚦᚠᚾᛖ ᛏᚢᛝᚠᛚ ᛇᚱᚦᛖ ᚷᛖᚲᛈᛖᛞᛖᚾ: ᚠᚾᚻᛋᛈᚠᚱᚠᚻᛖ ᚦᚨ ᛋᛖ ᛇᚱᚦᛈᚱᛁᛏᛖᚱᛖ :ᚻᚠᚴᚦ ᚻᛖ ᚸᚠᚻᚾᛖ ᚻᛚᛁᛋᚠᚾ·:

ᚷᛖᛈᚠᛏ ᚦᚨ ᛋᛖ ᛚᚥᛏᛚᚨ ᚠᚦᛖᛚᛁᛝ ᚠᚾᚻ ᚦᚠᚻᛏᛖ ᛒᛖ ᚻᛁᛋ ᛒᛚᚠᛋᛏᛞᚠᚾ·

## ᚲᚠᛈᛁᛏᚠᛚ .XVI.

ᚹᛁᛏᚠᚻᛚᛁᚲᛖ ᛋᛖ ᛋᛇᚴᚠᚦᚨ ᛋᛏᛇᚱᚱᚨ ᚹᚠᛋ ᛋᛇ ᛇᚱᚦᛖ·

ᛁᛋ ᛋᛇ ᛇᚱᚦᛖ ᛞᚨ ᚦᚠᚾᚾᛖ ᚠᚾ ᚦᚠᚱᚨ ᛏᚢᛝᛚᚨ· ᛞᚠᚾ ᛞᚠᚷ ᚠᚱᛁᛞᚠᚾ ᚠᚾ ᚦᚠᚱᛖ ᛇᚱᚦᚠᚾ .CXI. ᚲᚥᚾᛁᛝᚨ ᚦᚠᚾᚾᛖ ᛞᚠᚾ ᚾᛖ ᚴᚠᚱᚷᛁᛖᛏᛖᚦ ᛚᚨ ᚦᚨ ᚲᚥᚾᛁᛝᚠᛋ ᚦᚠᚱᚨ ᛋᛈᛘᚱᛏᛖᚾᚨ ᛚᛇᛞᚨ XVII.M. ᛇᚱᚦᛈᚱᛁᛏᛖᚱᚠᛋ CM.M. ᚲᛘᛈᛞᚠᚾᚾᚨ .VII.M.M. ᚠᚾᛞ D.M. ᚻᚱᛁᚾᚲᛖᚱᚨ .CCC.M.M. ᚠᚴᛖᚱᚻᚥᚻᛁᚷᚱᚨ ᛞᚠᚾᚾᚨ ᚦᚠᛏ ᛁᛋ ᛏᚨ ᚲᛈᛖᚦᛖᚾᚾᛖ ᚻᚢᚱᚢ .II.M.M.M. ᚷᛖᚦᚢᛝᛖᚾᚱᚨ ᛞᚠᚾᚾᚨ·

ᛋᛈᚨ ᚦᚠᛏ ᚷᛖ ᛞᚠᚸᚠᚾ ᚢᚾᚻᛖᚱᛋᛏᚠᚾᛞᚠᚾ ᚦᚠᚾᛖ ᚥᛞᛒᚻᛈᚥᚱᚴᛏ ᚦᚠᚱᛖ ᛇᚱᚦᚠᚾ ᛞᚠᛏᛖ ᛁᚲ ᛇᛈ ᛏᛖᛚᛚᚠᚾ ᚦᚠᛏ ᚠᚱ ᚦᚠᛞ ᚦᛖ ᛋᛖ ᛚᛇᚻᛏᛋᛏᚱᛘᛞ ᚹᚠᚱᛖ ᚠᚾᚴᚢᚾᚻᛖᚾ ᚻᚠᚴᚻᛖ ᛞᚠᚾ ᚠᚾ ᚦᚠᛞ .VI. ᚦᛇᚻᛚᚠᚾᚻᚨ ᚦᚠᚱᛖ ᛇᚱᚦᚠᚾ ᚹᛇᚱᚠᚻ ᛚᛇᚻᛏᛒᚠᚱᛖᚾᚨ ᚠᚾᛞ ᚦᚨ ᚹᚠᚱᚠᚾ .CDLXII.M. ᚠᚾᛞ .DXI.·

ᚻᛈᚠᚾᚾᛖ ᛞᚠᚾ ᚴᛇᚱᚱᚠᚾ ᚠᚾᛚᚠᚲᚠᚻᛖ ᚦᚢᚻᛏᛖ ᚻᛁᛚ ᚹᛚᚠᚾᚲ ᚦᛁᛝ· ᚹᚠᚱᚠᚾ ᚦᚨ ᛈᛚᛖᚷᚠᚾ ᚦᚠᛋ ᚹᛖᚱᚠᚻᛖᛋ ᛋᛈᚨ ᚷᛖᚦᚢᛝᛖᚾ ᛋᛈᚥᛚᚲᛖ ᛋᛈᚨ ᚻᛁᛖ ᚹᚠᚱᚠᚾ ᚻᚠᛈᛈᛖᚱᚠᛋ ᚦᚨ ᚦᛖ ᛞᚠᚾ ᛞᚠᚷ ᚷᛖᛋᚲᛘᚹᛁᚠᚾ ᚠᚾ ᛈᛚᛖᚷᚻᚢᛋᚢᛞ·

ᚠᚱᛖᛋᛏ ᚲᚠᛞᚠᚾ ᚦᚨ ᛚᛇᚻᛏᛒᚠᚱᚠᚾ ᚦᚠᚱᚨ ᛚᛇᚻᛏᚴᚠᛏᚨ ᚦᛖ ᛋᛁᚾᛞᚠᚾ ᚠᚾ ᚦᚠᛞ ᚾᛁᛈᚠᚾ ᛚᚠᚾᚻᛖ ᚠᚾ ᛋᚨ ᚦᛖ ᚾᚢ ᛁᛋ ᚾᛖᛈ ᛋᛘᛚᚠᚾᛞ ᚷᛖᚲᛈᛖᛞᛖᚾ ᚠᚾᛞ ᚠᚾ ᚦᚠᛞ ᛋᚢᚦᚱᛖᚾᚠᚾ ᚦᛇᚻᛚᚠᚾᚻᛖ ᚦᛖ ᚷᛖ ᚾᚢ ᚠᚢᛋᛏᚱᚠᛚᛁᚨ ᚾᛖᛞᚾᚠᚦ· ᛋᚠᚾᚨ ᛋᛈᚨ ᚻᛁᛖ ᚠᚾᛚᛁᚻᛏᚠᚾ ᚻᛇᚱᚨ ᛚᛇᚻᛏᚴᚠᛏᚢ ᛋᛁᚸᚠᚾ ᚻᛁᛖ ᛏᚨ ᛋᛚᚠᛈᛖ· ᛖᚴᛏ ᚲᚠᛞᚠᚾ ᚦᚨ ᛚᛇᚻᛏᛒᚠᚱᚠᚾ ᚷᛖ ᚠᚴ ᚲᚻᛁᚾᚨ ᚷᛖ ᚠᚴ ᛋᛁᛒᛖᚱᛁᚨ ᛏᚨ ᚻᛇᚱᚨ ᛈᛚᛖᚷᚢᛞ· ᚠᚾᛞ ᚻᛁᛖ ᛘᚲ ᚠᛋᛈᚢᚾᚻᚠᚾ ᚦᚠᛞ ᚹᚠᚴᛖᚱᛋᚠᛚᚠᚱᛖ ᛒᛖᚻᛁᚾᚻᚠᚾ· ᚦᚠᚾᚾᛖ ᚲᚠᛞᚠᚾ ᚦᚨ ᛚᛇᚻᛏᛒᚠᚱᚠᚾ ᚦᛖ ᛒᚢᚠᚦ ᛞᛁᚻ ᛖᛋᛏᚢᛞ ᚠᚾᛞ ᛞᛁᚻ ᛁᚾᚻᛖᚢᛞ· ᚠᚾᛞ ᚦᚠᚾᚾᛖ ᚲᚠᛞᚠᚾ ᚦᚨ ᚦᛖ ᛚᛁᛒᛒᚠᚦ ᚠᚾ ᚠᚴᚴᚱᛁᚲᚠᛚᚠᚾᚻᛖ

ᚩᚾᛞ ᚩᚾ ᛖᚢᚱᚩᛈᛖ· ᚦᚩᚾᚾᛖ ᚳᚩᛗᚩᚾ ᚦᚪ ᚦᛖ ᛒᚢᚪᚦ ᚩᚾ ᛋᚢᚦᛞᚫᛚᛖ ᚦᚫᚱᛖ ᚾᛁᚹᚪᚾ ᚹᛇᚱᚩᛚᛞᛖ ᚩᚾᛞ ᚦᚩᚾᚾᛖ ᚦᚪ ᚠᚱᚩᛗ ᚾᚩᚱᚦᛞᚫᛚᛖ· ᚩᚾᛞ ᚾᚫᚠᚱᛖ ᚻᛁᛖ ᚷᛖᚻᚹᚫᛚᚩᛞᚩᚾ ᛒᛖ ᚦᚫᚱᛖ ᛖᚾᛞᛖᛒᚣᚱᛞᚾᛖᛋᛋᛖ· ᚹᚫᛋ ᚻᛁᛏ ᚠᚫᚷᛖᚱᛚᛁᚳ ᚦᛁᛝ ᛏᚩ ᛋᚳᛠᚹᛁᚪᚾᚾᛖ·

ᚪᚾᚪ ᛋᛖ ᛚᛇᚻᛏᛒᚩᚱᚪ ᚦᚫᛋ ᚪᚾᛖᛋ ᛚᛇᚻᛏᚠᚫᛏᛖᛋ ᚩᚾ ᚾᚩᚱᚦᛖᚾᛞᛖ ᚩᚾᛞ ᚻᛁᛋ ᚷᛖᚠᛖᚱᚪ ᚦᚫᛋ ᚪᚾᛖᛋ ᛚᛇᚻᛏᚠᚫᛏᛖᛋ ᚩᚾ ᛋᚢᚦᛖᚾᛞᛖ ᚪᛞᚱᚢᚸᚩᚾ ᚻᛇᚱᚪ ᛚᛁᚠ ᚩᚾ ᛁᛞᛖᛚᚾᛖᛋᛋᛖ ᚩᚾᛞ ᚩᚾ ᛋᛗᚣᛚᛏᚾᛖᛋᛋᛖ· ᚹᚩᚱᚻᛏᚩᚾ ᚻᛁᛖ ᛏᚢᚹᚪ ᚫᛚᚳ ᚷᛠᚱ·

## ᚳᚪᛈᛁᛏᚪᛚ .XVII.

ᚷᛁᚠ ᛗᚩᚾ ᚹᛁᛚᛚᛖ ᛒᛇᚾ ᛋᚾᚩᛏᚩᚱ ᚻᛁᛏ ᚷᛖᛚᛁᛗᛈᚦ ᚦᚫᛏ ᛗᚩᚾ ᛚᚣᛏᚻᚹᚩᚾ ᚩᚠᛖᚱᚻᛖᚦ ᚦᚫ ᚦᛁᛝ· ᚾᚫᛋ ᛁᚳ ᛒᛖ ᚠᚢᛚᛚᚪᚾ ᛏᚱᛇᚹᛖ ᚦᚪ ᚦᚪ ᛁᚳ ᚱᚫᚻᛏᛖ ᛇᚹ ᛒᛖ ᚦᚪᛗ ᛚᛇᚻᛏᛒᚩᚱᚢᛗ· ᛗᚫᚷ ᚻᛁᛏ ᚷᛖᛚᛁᛗᛈᚪᚾ ᚦᚫᛏ ᚦᚪ ᚦᚪ ᚦᛖ ᚢᚱᚾᛖ ᛋᛏᛇᚱᚱᚪᚾ ᚾᚣᛏᚪᚾ ᚾᛖ ᛗᚪᚸᚪᚾ ᚻᛁᚾᛖ ᚷᛖᚦᛖᚾᚳᚪᚾ ᚱᛁᚻᛏᛚᛁᚳᛖ ᚩᚾ ᚻᛇᚱᚪ ᚷᛖᛗᚣᚾᛞᚢᛗ· ᛒᚱᚢᚳᚪᚦ ᛗᛖᚾᚾ ᛋᚹᛁᚦᛖ ᛚᚣᛏᛖᛚ ᚦᚫᛋ ᚱᚢᛗᚪᚾ ᚦᚫᚱᛖ ᛇᚱᚦᚪᚾ· ᚷᛁᚠ ᚦᚪ .II.M.M.M. ᛇᚱᚦᛒᚢᛖᚾᛞᚱᚪ ᚦᛖ ᚾᚢ ᛋᛁᚾᛞᚩᚾ ᚩᚾ ᛇᚱᚦᚪᚾ ᛋᛏᚩᚾᛞᚩᚾ ᚢᛈᚱᛁᚻᛏᛖ ᚩᚾᛞ ᛚᚣᛏᚻᚹᚩᚾ ᚷᛖᚦᚱᚢᛝᛖᚾ ᛋᚹᚪ ᛋᚹᚪ ᚩᚾ ᚷᛖᚦᛁᛝᛖ ᚻᛁᛖ ᚹᚫᚱᛖᚾ ᛠᚦᛖ ᚷᛖᛋᚩᛗᚾᚩᛞᛖ ᚩᚾ ᚪᚾᚢᛗ ᚩᛈᛖᚾᛚᛁᚳᚢᛗ ᚱᚢᛗᚪᚾ ᚦᛖ ᛁᛋ .XX. ᛗᛁᛚᚪ ᚩᚾ ᛚᛖᛝᚦᛖ ᚩᚾᛞ .XX. ᛗᛁᛚᚪ ᚩᚾ ᛒᚱᚫᛞᛖ· ᛗᚫᚷ ᛗᚩᚾ ᚦᚫᛏ ᚸᚢᛗᚳᚣᚾᚾ ᚷᛖᚦᚱᛁᛝᚪᚾ ᚩᚾ ᚦᚪᛗ ᛚᚫᛋᛏᚪᚾ ᚦᚪᚱᚪ ᛁᛖᚷᛚᚪᚾᛞᚪ ᚦᚫᚱᛖ ᛋᛗᚣᛚᛏᚪᚾ ᛋᚫᚹᛖ·

ᛋᚩᚦᛚᛁᚳᛖ ᚦᚪ ᚪᚹᛠᛉᛖᚾᚪᚾ ᛗᛖᚾᚾ ᚾᚣᛚᛚᚪᚦ ᚦᚫᛏ ᚷᛖᛚᛁᛖᚠᚪᚾ ᚫᛏ ᛇᚹ· ᚦᛖᚾᚳᚪᚦ ᚦᚫᛏ ᚻᛁᛖ ᛒᚱᚢᚳᚪᚦ ᛗᛁᚳᛖᛚ ᚦᚫᛋ ᚱᚢᛗᚪᚾ· ᚦᛖᚾᚳᚪᚦ ᚦᚫᛏ ᚻᛁᛖ ᛒᛇᚦ ᚻᛠᚻ ᛋᚹᚪ ᛋᚹᚪ ᚪᛈᛖᚾᚪᚻᛚᚪᚠᛏᚱᛇᚹᚪᛋ· ᚱᚫᛞᚪᚦ ᚻᛁᛗ ᚦᚩᚾᚾᛖ ᚻᛁᛏ ᛏᚩ ᚱᛁᛗᚪᚾᚾᛖ· ᛚᚢᚠᛁᚪᚦ ᚻᛁᛖ ᚦᚪ ᚷᛖᛏᚪᛚᚢ ᚹᛁᛚᛚᛖ ᚻᛁᛏ ᚷᛖᛚᛁᚳᛁᚪᚾ ᚻᛁᛗ· ᚪᚳ ᚷᛖ ᚾᛖ ᛋᚳᚢᛚᚩᚾ ᚠᚩᚱᛚᚩᚱᛁᚪᚾ ᛇᚹᚱᚢᛗ ᛏᛁᛗᚪᚾ ᛗᛁᛞ ᚦᚪᛗ· ᚻᚫᚠᚦ ᚻᛁᛏ ᚾᚪᚾᛖ ᚾᚣᛏᚾᛖᛋᛋᛖ· ᚷᛖᛏᚱᚢᚹᛁᚪᚦ ᚷᛖ ᛗᛖ·

ᚦᚪ ᚦᚪ ᚻᛖ ᚹᚫᛋ ᚩᚾ ᛇᚱᚦᚪᚾ ᚹᚢᚾᛞᚱᚪᛞᛖ ᚦᚫ ᛋᛖ ᛚᚣᛏᛚᚪ ᚫᚦᛖᛚᛁᛝ ᚠᚩᚱ ᚦᚪᛗ ᚦᛖ ᚻᛖ ᚾᛖ ᛗᛁᚻᛏᛖ ᚾᚪᚾ ᚹᛁᚻᛏ ᚷᛖᛋᛇᚾ· ᚦᚪ ᚦᚪ ᚻᛖ ᚹᚫᛋ ᚠᚩᚱᚻᛏᛁᛖᚾᛞᛖ ᚦᚫᛏ ᚻᛖ ᚾᛖ ᚷᛖᚳᚢᚱᛖ ᚦᚩᚾᛖ ᚱᛁᚻᛏᚪᚾ ᛋᛏᛇᚱᚱᚪᚾ ᚩᚾᚸᚩᚾᚾ ᚦᚫ ᚩᚾ ᛋᚪᚾᛞᛖ ᛋᛏᚣᚱᛁᚪᚾ ᚻᚱᛁᛝ ᛋᛖ ᚦᛖ ᚹᚫᛋ ᚷᛖᚻᛁᚹᚩᛞ ᛋᚹᚪ ᛋᚹᚪ ᛗᚩᚾᚪ·

:ᚻᚠᛒᛒᛗ ᚦᚢ ᚷᚠᚻᛗ ᚠᚹᛗᚾᛏᛁᚻᛗ: ᛋᚠᚷᚻᛗ ᚦᚩ ᛋᛗ ᛚᚣᛏᛚᚩ ᚠᚦᛗᛚᛁᛝ ᚠᚾ ᚹᛗᚾᛗ·

:ᚻᚠᛒᛒᛗ ᚦᚢ ᚷᚠᚻᛗ ᚠᚹᛗᚾᛏᛁᚻᛗ: ᛋᚠᚷᚻᛗ ᚦᚩ ᛋᛇ ᚾᚠᚻᚱᛗ·

:ᚻᚹᚠᛏ ᛁᛋ ᛋᛗ ᛋᛏᛇᚱᚱᚩ ᚦᚠᚾᛗ ᚦᛗ ᛁᚢ ᚷᛗᚹᛇᛚᛚ ᚠᚾ·: ᚠᛉᚠᚻᛗ ᚦᚩ ᛋᛗ ᛚᚣᛏᛚᚩ ᚠᚦᛗᛚᛁᛝ·

:ᚦᚢ ᚷᛗᚹᛇᛚᛚᛗ ᚠᚾ ᚦᚩ ᛇᚱᚦᚠᚾ ᛉᚱᛏ ᚦᚢ ᚠᚾ ᚠᚹᚹᚱᛁᚢᚠᛚᛚᚠᚾᚻᛗ: ᚠᚾᚻᛋᚹᚩᚱᚠᚻᛗ ᚦᚩ ᛋᛇ ᚾᚠᚻᚱᛗ·

:ᛚᚩ· … ᚾᛁᛋ ᚾᚠᚾ ᚹᛁᚻᛏ ᚠᚾ ᛇᚱᚦᚠᚾ·:

:ᛁᛋ ᚻᛗᚱ ᛋᛇ ᚹᛗᛋᛏᛗᚾ· ᚾᛁᛋ ᚾᚠᚾ ᚹᛁᚻᛏ ᚠᚾ ᚦᚠᛞ ᚹᛗᛋᛏᛗᚾᚢᛞ· ᛁᛋ ᛋᛇ ᛇᚱᚦᛗ ᛞᛁᚢᛗᛚ: ᛋᚠᚷᚻᛗ ᛋᛇ ᚾᚠᚻᚱᛗ·

ᛋᚠᛏ ᚻᛁᛞ ᚦᚩ ᛋᛗ ᛚᚣᛏᛚᚩ ᚠᚦᛗᛚᛁᛝ ᚠᚾᚢᛞ ᛋᛏᚩᚾᛗ ᚠᚾᚢᛈᛈᚠᚾ ᚠᚾᚻ ᚠᚻᚠᚹ ᚻᛁᛋ ᛉᚷᚠᚾ ᚢᛈ ᛏᚩ ᚻᛇᚹᚠᚾᚢᛞ·

:ᛁᚢ ᚠᛋᚢᛁᚷᛗ ᛞᛗ ᛋᛗᛚᚹᚢᛞ: ᛋᚠᚷᚻᛗ ᚻᛗ :ᚻᚹᚠᚦᚱᛗ ᚦᚩ ᛋᛏᛇᚱᚱᚠᚾ ᛚᛁᚻᛏᚠᚦ ᛋᚹᚩ ᚦᚠᛏ ᛋᚢᛞᛗ ᚻᚠᚷᛗ ᚠᛚᚢ ᛞᚠᚾᚾᚩ ᛞᚠᚷ ᚷᛗᚹᛁᚾᚻᚠᚾ ᚻᛁᛋ ᛋᛏᛇᚱᚱᚠᚾ· ᛚᚠᚢᚩ ᚠᚾ ᛞᛁᚾᚢᛞ ᛋᛏᛇᚱᚱᚠᚾ· ᛋᛏᚩᚾᚻᛗᚦ ᚻᛗ ᚱᛁᚻᛏᛗ ᛒᚢᚹᚠᚾ ᚢᛋ … ᚠᚢ ᛁᛋ ᚻᛗ ᛋᚹᛁᚦᛗ ᚹᛇᚱᚱ·:

:ᚻᛗ ᛁᛋ ᚹᚠᚷᛗᚱ: ᛋᚠᚷᚻᛗ ᛋᛇ ᚾᚠᚻᚱᛗ· :ᚻᚹᚠᛏ ᚹᛁᛚᛏ ᚦᚢ ᚻᛗᚱ ᚷᛗᚻᚠᚾ·:

:ᚻᚠᛒᛒᛗ ᛁᚢ ᛉᚱᚹᚠᚦᚾᛗᛋᛋᛗ ᛒᛗ ᚠᚾᚱᛗ ᛒᛚᚠᛋᛏᛞᚩ: ᛋᚠᚷᚻᛗ ᚦᚩ ᛋᛗ ᛚᚣᛏᛚᚩ ᚠᚦᛗᛚᛁᛝ·

:ᛚᚩ·: ᛋᚠᚷᚻᛗ ᚦᚩ ᛋᛇ ᚾᚠᚻᚱᛗ·

ᚠᚢ ᛋᚹᛁᚷᚠᚻᚠᚾ ᚦᚩ ᛒᛗᚷᛗᚾ·

:ᚻᚹᚠᚱ ᛋᛁᚾᚻᚠᚾ ᚦᚩ ᛞᛗᚾᚾ·: ᛏᚩᚠᛏᚣᚻᛏᛗ ᚦᚩ ᛋᛗ ᛚᚣᛏᛚᚩ ᚠᚦᛗᛚᛁᛝ ᚠᚹᛏᛗᚱ ᛚᚩᛝᚱᛗ ᚻᚹᛁᛚᛗ· :ᛁᛋ ᚦᛁᛋ ᛚᛁᚹ ᚠᚾ ᚹᛗᛋᛏᛗᚾᛗ ᛉᛏᛚᛞᚠᛋᛏ ᛋᚹᚩ ᛋᚹᚩ ᚠᚾᚢᛗᚱᛚᛁᚹ·:

:ᛞᚠᚷ ᛞᚠᚾ ᛒᛇᚾ ᚠᚾᚻᚠᚷᚩ ᛒᛗᛏᚹᚢᛉ ᛞᚠᚾᚾᚢᛞ: ᛋᚠᚷᚻᛗ ᚦᚩ ᛋᛇ ᚾᚠᚻᚱᛗ·

ᛚᚩᚢᚠᚻᛗ ᚦᚩ ᛋᛗ ᛚᚣᛏᛚᚩ ᚠᚦᛗᛚᛁᛝ ᛚᚩᛝᛗ ᚠᚾ ᚻᛁᚱᛗ·

:ᛉᚱᛏ ᚦᚢ ᛞᚣᚱᚷᛗ ᚻᛇᚱ: ᛋᚠᚷᚻᛗ ᚻᛗ ᚠᚹᛏᛗᚱ ᛚᚩᛝᚱᛗ ᚻᚹᛁᛚᛗ :ᚦᚢ ᛉᚱᛏ ᚦᚣᚾᚾᛗ ᛋᚹᚩ ᛋᚹᚩ ᚹᛁᛝᛗᚱ·:

:ᚠᚢ ᛇᛞ ᛁᚢ ᛋᛏᚱᛗᛝᚱᚩ ᚦᚠᚾᚾᛗ ᚠᚾᛗᛋ ᚢᚣᚾᛁᛝᛗᛋ ᚹᛁᛝᛗᚱ: ᛋᚠᚷᚻᛗ ᛋᛇ ᚾᚠᚻᚱᛗ·

ᛞᚠᛋᛏᛗ ᚻᛗ ᚦᚩ ᚻᛚᛁᛗᚻᚻᚠᚾ ᛋᛗ ᛚᚣᛏᛚᚩ ᚠᚦᛗᛚᛁᛝ·

:ᚾᛉᚱᛏ ᚦᚢ ᛋᚹᛁᚦᛗ ᛞᛁᚻᛏᛁᚷ … ᚾᚠᚹᛋᛏ ᚦᚢ ᚾᚠᚾᛗ ᚹᛗᛏ … ᚦᚢ ᚾᛗ ᛞᛁᚻᛏ ᚾᚩ ᛋᛁᚦᛁᚠᚾ·:

⁝ᛘᚱᛏ ᚠᛚ ᛞᛚᚱᚷᛗ ᛞᛇᚱ⁚ ᛋᚠᚷᛞᛗ ᚻᛗ ᚠᚣᛏᛗᚱ ᛚᚠᛟᚱᛗ ᚻᚹᛁᛚᛗ
⁝ᚦᛚ ᛘᚱᛏ ᚦᛚᚾᚾᛗ ᛋᚹᚠ ᛋᚹᚠ ᚴᛁᛟᛗᚱ⁘

:ᛗᚫᚷ ᛁᚳ ᚦᛖ ᚪᛚᚫᛞᚪᚾ ᚠᛁᛖᚱᚱ ᚦᚩᚾᚾᛖ ᚫᚾᛁᚷ ᛋᚳᛁᛈᚪ: ᛋᚫᛝᛞᛖ ᚦᚪ ᛋᛇ ᚾᚫᛞᚱᛖ·

ᛋᛚᚪᛝ ᚦᚪ ᚩᚾᛒᚢᛏᚪᚾ ᚦᚫᛋ ᛚᚣᛏᛚᚪᚾ ᚫᚦᛖᛚᛁᛝᛖᛋ ᚪᚾᚳᛚᛇᚹᛖ ᛋᚹᚪ ᛋᚹᚪ ᚷᚣᛚᛞᛖᚾ ᛠᚱᛗᛒᛠᚷ·

:ᚦᚩᚾᛖ ᚦᛖ ᛁᚳ ᚻᚱᛁᚾᛖ ᚻᛁᚾᛖ ᚪᚷᛁᛖᚠᛖ ᛁᚳ ᚦᚫᚱᛖ ᛇᚱᚦᚪᚾ ᚩᚠ ᚦᚫᚱᛖ ᚦᛖ ᚻᛖ ᚳᚩᛗ: ᛏᚩᚪᛏᚣᚻᛏᛖ ᚻᛇ ᚦᚪ· :ᚪᚳ ᛠᚱᛏ ᚦᚢ ᚳᛚᚫᚾᛖ ᚦᚢ ᚦᛖ ᚳᚩᛗᛖ ᚩᚠ ᛋᛏᛇᚱᚱᚪᚾ··:

ᚪᚷᛠᚠ ᚻᛖ ᚾᚪᚾ ᚪᚾᛞᚹᚣᚱᛞᛖ ᛋᛖ ᛚᚣᛏᛚᚪ ᚫᚦᛖᛚᛁᛝ·

:ᛒᛖᛋᚩᚱᛝᛁᛖ ᛁᚳ ᚦᛖ ᚪᚾ ᚦᛁᛋᛋᛖ ᛇᚱᚦᚪᚾ ᚪᛋᚳᚪᛈᛖᚾ ᚩᚠ ᚻᛠᚱᛞᚢᛗ ᛋᛏᚪᚾᛖ ᚦᚢ ᚦᛖ ᛠᚱᛏ ᚦᚢᛋ ᚢᚾᛏᚱᚢᛗ· ᛗᚫᚷ ᛁᚳ ᚦᛖ ᚷᛖᚻᛖᛚᛈᚪᚾ ᛋᚢᛗᛖ ᛞᚫᚷᛖ ᚦᚩᚾᚾᛖ ᚦᚢ ᛚᚩᛝᚪᛋᛏ ᛏᚩ ᛋᚹᛁᚦᛖ ᚦᛁᚾᛖᛋ ᛋᛏᛇᚱᚱᚪᚾ· ᛗᚫᚷ ᛁᚳ··

:ᛚᚪ ᛁᚳ ᚦᚫᛏ ᚠᚢᛚᛚᛁᚳᛖ ᚢᚾᛞᛖᚱᚷᛠᛏ: ᛋᚫᚷᛞᛖ ᛋᛖ ᛚᚣᛏᛚᚪ ᚫᚦᛖᛚᛁᛝ :ᚪᚳ ᚠᚩᚱ ᚻᚹᚣ ᛋᛈᛖᚳᛋᛏ ᚦᚢ ᚪ ᚩᚾ ᚱᚫᛞᛖᛚᛋᛖ··

:ᛗᚫᚷ ᛁᚳ ᚻᛁᛖ ᛠᛚᛚᛖ ᚪᚳᚱᚫᚠᛏᚪᚾ: ᛋᚫᚷᛞᛖ ᚦᚪ ᛋᛇ ᚾᚫᛞᚱᛖ·

ᛋᚹᛁᛝᚩᛞᚩᚾ ᚦᚪ ᛒᛖᚷᛖᚾ·

## ᚳᚪᛈᛁᛏᚩᛚ .XVIII.

ᚦᚢᚱᚻᚠᛖᚱᛞᛖ ᛋᛖ ᛚᚣᛖᛚ ᚫᚦᛖᛚᛁᛝ ᚦᚪ ᚹᛖᛋᛏᛖᚾᛖ ᚪᚾᛞ ᛗᛖᛏᛏᛖ ᚪᚾᛖ ᛒᛚᚩᛋᛏᛗᚪᚾ ᚪᚾᚪ ᛋᛇ ᚻᚫᚠᛞᛖ ᚦᚱᛁᛖ ᛚᛠᚠᚪ ᚪᚾᛞ ᚹᚫᛋ ᛋᚹᛁᚦᛖ ᛗᚫᛏᛖ ᛒᛚᚩᛋᛏᛗᚪ·

:ᚹᛖᛋ ᚦᚢ ᚻᚪᛚ: ᛋᚫᛝᛞᛖ ᚦᚪ ᛋᛖ ᛚᚣᛏᛚᚪ ᚫᚦᛖᛚᛁᛝ·

:ᚹᛖᛋ ᚦᚢ ᚻᚪᛚ: ᚳᚹᚫᚦ ᚦᚪ ᛋᛇ ᛒᛚᚩᛋᛏᛗᚪ·

:ᚻᚹᚫᚱ ᛋᛁᚾᛞᚩᚾ ᛗᛖᚾ··: ᛋᛖ ᛚᚣᛏᛚᚪ ᚫᚦᛖᛚᛁᛝ ᚪᛋᚳᚩᛞᛖ ᚦᚪ ᚷᛖᛏᚣᛝᛖᛚᛁᚳᛖ·

ᚷᛖᛋᛠᚻ ᛋᛇ ᛒᛚᚩᛋᛏᛗᚪ ᚻᚱᚫᚠ ᚳᚪᛗᛖᛚᚪ ᚩᚾ ᚪᚾᚢᛗ ᛞᚫᚷᛖ·

:ᚦᚪ ᛗᛖᚾ· ᚦᚪᚱ ᛋᛁᚾᛞᚩᚾ ᚪᚷᚦᛖᚱ .VI. ᚩᚦᚦᛖ .VII. ᛋᚹᚪ ᚻᛁᛏ ᚦᚣᚾᚳᛖᚦ ᛗᛖ· ᚷᛖᛋᛠᚻ ᛁᚳ ᚦᚪ ᛒᛖ ᚷᛠᚱᚢᛗ· ᚪᚳ ᚾᚫᚠᚱᛖ ᛗᚪᚾ ᚹᚪᛏ ᚻᚹᚫᚱ ᛗᚪᚾ ᛗᚫᚷ ᚻᛁᛖ ᚠᛁᚾᛞᚪᚾ· ᛋᛁᚾᛞᚪᚾ ᚻᛁᛖ ᚪᛞᚱᛁᚠᛖᚾᛖ ᛒᛖ ᚦᚪᛗ ᚹᛁᚾᛞᛖ· ᚻᚪᛒᛒᚪᚦ ᚻᛁᛖ ᚾᚪᚾᚾᛖ ᚹᚣᚱᛏᚱᚢᛗᚪᚾ ᚪᚾᛞ ᚦᚫᛏ ᛞᛖᚱᛁᚪᚦ ᚻᛁᛗ ᛗᛁᚳᚳᛚᚢᛗ··:

:ᚹᛁᛚᛚᛖ ᚦᚢ ᚷᛖᛋᚢᚾᛞ ᛒᛇᚾ: ᛋᚫᚷᛞᛖ ᛋᛖ ᛚᚣᛏᛚᚪ ᚫᚦᛖᛚᛁᛝ ᚦᚪ·

:ᚹᛁᛚᛚᛖ ᚦᚢ ᚷᛖᛋᚢᚾᛞ ᛒᛇᚾ: ᚳᚹᚫᚦ ᚦᚪ ᛋᛇ ᛒᛚᚩᛋᛏᛗᚪ·

# ᚳᚠᛈᛁᛏᚠᛚ .XIX.

ᚷᛖᛋᛏᚠᚺ ᛋᛖ ᛚᛞᛏᛚᚠ ᚠᚦᛖᛚᛁᛝ ᚠᚾ ᚠᚾᚳᛗ ᚺᛉᛗ ᛒᛇᚱᛝᛖ· ᚾᛖ ᚳᚳᚦᛖ ᚺᛖ ᛗᚠ ᚦᚠᚾᚾᛖ ᚦᚠ ᚦᚱᛁᛖ ᛒᛇᚱᛝᚠ ᚦᚠ ᚦᛖ ᚹᚠᚱᛖᚾ ᚡᛞᚱ ᚠᛋᛈᛁᚹᛖᚾᚺᛖ ᚠᚾᚺ ᚱᚠᚺᛏᚠᚾ ᛏᚠ ᚺᛁᛋ ᚳᚾᛇᚹᚳᛗ ᚠᚾᚠ· ᚹᚠᛋ ᛋᛖ ᛒᛇᚱᛝ ᚦᚠᛋ ᚡᛞᚱ ᚹᚠᛋ ᚠᚳᚹᛁᚾᛖᚾ ᚺᛁᛋ ᚡᚠᛏᛋᚳᚠᛗᚠᛚ· :ᛗᚠᚷ ᛁᚳ: ᚳᚹᚠᚦ ᚺᛖ ᛏᚠ ᚺᛁᛗ ᛋᛖᛚᚡᚳᛗ :ᚡᚱᚠᛗ ᚠᚾᚳᛗ ᛋᚹᚠ ᚺᛉᛗ ᛒᛇᚱᛝᛖ ᚷᛖᛋᛇᚾ ᛉᛚᛚᛖ ᚦᚠ ᛇᚱᚦᛖ ᚠᚾᚺ ᛉᛚᛚᛖ ᚦᚠ ᛗᛖᚾ ᛒᛖ ᚠᚾᚳᛗ ᛉᛝᚠᚾ ᛒᛉᚱᚺᛏᛗᛗ ···: ᚠᚳ ᚷᛖᛋᛉᚺ ᚺᛖ ᚠᚾᚠ ᚦᚠ ᚾᚠᛗᛚᚠ ᛋᚳᛉᚱᛈᚱᚠ ᚳᛚᛁᚡᚠ·

:ᚹᛖᛋ ᚦᚳ ᚺᚠᛚ: ᚳᚹᚠᚦ ᚺᛖ ᚦᚠ ᛚᛇᚺᛏᛚᛚᛁᚳᛖ·

:ᚹᛖᛋ ᚦᚳ ᚺᚠᛚ ··· ᚹᛖᛋ ᚦᚳ ᚺᚠᛚ ··· ᚹᛖᛋ ᚦᚳ ᚺᚠᛚ: ᚠᚾᚺᛋᚹᚠᚱᚠᚺᛖ ᚦᚠ ᛋᛇ ᚹᚳᚺᚳᛗᚠᚱ·

:ᚺᚹᚠ ᛗᛁᚺᛏ ᚦᚳ ᛒᛇᚾ·: ᚠᛋᚳᚠᚺᛖ ᚦᚠ ᛋᛖ ᛚᛞᛏᛚᚠ ᚠᚦᛖᛚᛁᛝ·

:ᚺᚹᚠ ᛗᛁᚺᛏ ᚦᚳ ᛒᛇᚾ ··· ᚺᚹᚠ ᛗᛁᚺᛏ ᚦᚳ ᛒᛇᚾ ··· ᚺᚹᚠ ᛗᛁᚺᛏ ᚦᚳ ᛒᛇᚾ ····: ᚠᚾᚺᛋᚹᚠᚱᚠᚺᛖ ᚦᚠ ᛋᛇ ᚹᚳᚺᚳᛗᚠᚱ·

:ᛋᛁᚾᚺᚠᚾ ᛗᛁᚾ ᚡᚱᛁᛖᚾᚺ ᛁᚳ ᛇᛗ ᚠᚾᚠ: ᚳᚹᚠᚦ ᚺᛖ·

:ᛁᚳ ᛇᛞ ᚠᚾᚠ ··· ᛁᚳ ᛇᛞ ᚠᚾᚠ ··· ᛁᚳ ᛇᛞ ᚠᚾᚠ ···: ᚠᚾᚻᛋᚹᚠᚱᚠᚻᛖ ᚦᚠ ᛋᛇ ᚹᚢᚻᚢᛞᚠᚱ·

:ᛁᛋ ᚦᛖᛋ ᛋᛏᛇᚱᚱᚠ ᚹᚢᚾᚻᚠᚱᛚᛁᚳᛖ·: ᚦᚠᚻᛏᛖ ᚻᛖ ᚦᚠ· :ᛁᛋ ᚻᛁᛏ ᚣᚢᛚᛚ ᚻᚱᚢᚷᛖ ᛒᚱᚠᚱᚻᚠ ᚣᚢᛚᛚ ᚠᚾᚻ ᚣᚢᛚᛚ ᛋᛏᛚᛏ· ᚠᚾᚻ ᚦᚠ ᛞᛖᚾ ᚾᚠᛒᛒᚠᚦ ᚱᚠᚻᛖᛚᛋᛖ ᚷᛖᚾᚠᚻ· ᚠᚣᛏᛖᚱᚳᚹᛖᚦᚠᚦ ᚻᛁᛖ ᛋᚹᚠ ᚻᚹᚠᛏ ᛋᚹᚠ ᛞᚠᚾ ᚻᛁᛞ ᛋᚠᚷᛖ ··· ᚻᚠᚣᚻᛖ ᛁᚳ ᛒᛚᚠᛋᛏᛞᚠᚾ ᚠᛏ ᚻᚠᛞ ᛉᛚᚾᛖᚷ ᚳᚹᚠᚦ ᚻᛇ ᚠᚱᛖᛋᛏ·:

## ᚳᚠᛈᛁᛏᚠᛚ .XX.

ᚠᚣᛏᛖᚱ ᚦᚠᛞ ᚦᛖ ᛋᛖ ᛚᚢᛏᛚᚠ ᚠᚦᛖᛚᛁᛝ ᚹᚠᚾᚻᚱᚠᚻᛖ ᛒᛖ ᛋᚠᚾᚻᛖ ᛒᛖ ᚳᛚᛁᚣᚢᛞ ᚠᚾᚻ ᚠᚾ ᛋᚾᚠᚹᛖ ᛚᚠᛝᚱᛖ ᚻᚹᛁᛚᛖ ᚻᛁᛏ ᚷᛖᛚᚠᛞᛈ ᚠᛏ ᚦᚠᛞ ᛗᚾᚻᛖ ᚦᚠᛏ ᚻᛖ ᚷᛖᛋᛉᚻ ᚠᚾᛖ ᛋᛏᚱᚠᛏᛖ· ᚠᚾᚻ ᛉᛚᛚᛖ ᛋᛏᚱᚠᛏᚠ ᛚᚠᚻᚠᚦ ᛏᚠ ᛞᚠᚾᚾᚢᛞ·

:ᚹᛖᛋ ᚦᚢ ᚻᚠᛚ: ᛋᚠᚷᚻᛖ ᚻᛖ·

ᚹᚠᛋ ᚻᛁᛏ ᚠᚾ ᚷᛉᚱᚻ ᛞᛁᚻ ᛒᛚᚠᚹᛖᚾᚻᚢᛞ ᚱᚠᛋᚢᛞ·

:ᚹᛖᛋ ᚦᚢ ᚻᚠᛚ: ᚳᚹᚠᚻᚠᚾ ᚦᚠ ᚱᚠᛋᚠᚾ·

ᛋᚳᛉᚹᚠᚻᛖ ᛋᛖ ᛚᚢᛏᛚᚠ ᚠᚦᛖᛚᛁᛝ ᚦᚠ ᚱᚠᛋᚠᚾ· ᛉᛚᛚᛖ ᚻᛁᛖ ᚹᚠᚱᚠᚾ ᚷᛖᛚᛁᚳᛖ ᚻᛁᛋ ᛒᛚᚠᛋᛏᛞᚠᚾ·

:ᚻᚹᚠᛏ ᛞᚠᚷᚠᚾ ᚷᛖ ᛒᛇᚾ·: ᚠᛋᚳᚠᚻᛖ ᚻᛖ ᚠᛏ ᚻᛁᛞ ᛞᛁᚳᛖᛚ ᚠᚣᚹᚢᚾᚻᚱᚠᚻᛖ·

:ᛋᛁᚾᛞᚠᚾ ᚹᛖ ᚱᚠᛋᚠᚾ: ᛋᚠᚷᚻᚠᚾ ᚦᚠ ᚱᚠᛋᚠᚾ·

:ᛚᚠ·: ᛋᚠᚷᚻᛖ ᚦᚠ ᛋᛖ ᛚᚢᛏᛚᚠ ᚠᚦᛖᛚᛁᛝ·

ᚹᚠᛋ ᚻᛖ ᛋᚹᛁᚦᛖ ᚢᚾᚱᚠᛏ ᚦᚠ· ᛉᛉᛚᚻᛖ ᚻᛁᛞ ᚻᛁᛋ ᚱᚠᛋᚠ ᚦᚠᛏ ᚾᛖ ᚹᚠᚱᛖ ᚾᚠᚾᛖ ᚠᚦᚱᛖ ᚻᛁᚱᛖ ᚷᛖᛚᛁᚳᛖ ᚠᚾ ᛇᚱᚦᚠᚾ· ᚠᚾᚻ ᛚᚠ· ᚹᚠᚱᚠᚾ ᚦᚠ .V.M. ᚷᛖᛚᛁᚳᚱᚠ ᛉᛚᛚᛖ ᚻᛁᚱᛖ ᚷᛖᛚᛁᚳᛖ ᚠᚾ ᚠᚾᚢᛞ ᚷᛉᚱᚻᛖ·

:ᚹᚠᚱᛖ ᚻᛇ ᛋᚹᛁᚦᛖ ᚷᚱᚠᛞ ᚦᚠᚾᛖ ᚻᛇ ᚷᛖᛋᚠᚹᛖ ᚦᚠᛏ: ᚳᚹᚠᚦ ᚻᛖ ᚦᚠ ᛒᛖ ᚻᛁᛞ ᛋᛖᛚᚣᚢᛞ :ᚹᚠᛚᚻᛖ ᚻᛇ ᛞᛁᚳᚳᛚᚢᛞ ᚳᚠᚻᚻᛖᛏᛏᚠᚾ ᚠᚾᚻ ᚣᚠᚱᚠᚾ ᛋᚹᚠ ᛋᚹᚠ ᚻᛇ ᛋᚳᛖᚠᛚᚻᛖ ᛋᛏᛇᚱᚣᚠᚾ ᛏᚠ ᚦᚠᚾᛖ ᚦᚠᛏ ᛞᚠᚾ ᚾᛖ ᚻᛚᚠᚻᛖ ᛒᛖ ᚻᛁᚱᛖ· ᚠᚾᚻ ᛋᚠᚦᛚᛁᚳᛖ ᛞᚠᛋᛏᛖ ᛁᚳ ᛞᚠᚾ ᛋᚹᚢᛚᚳᛖ ᛋᚹᚠ ᛁᚳ ᚳᚠᚱᚠᚻᛖ ᚻᛁᛖ ᛋᚹᚠ ᚦᚠᛏ ᚻᛇ ᚾᛖ ᚷᛖᚣᚠᚱᛖ ᛞᛖ ᛏᚠ ᛞᛁᚳᛖᛚᚱᛖ ᛋᚳᚠᛞᛖ·:

ᚳᚹᚠᚦ ᚻᛖ ᚦᚠ ᛏᚠ ᚻᛁᛞ ᛋᛖᛚᚣᚢᛞ· :ᚹᛖᚾᚻᛖ ᛁᚳ ᚦᚠᛏ ᛁᚳ ᚹᚠᚱᛖ ᚹᛖᛚᛁᚷ ᛒᛖ ᚠᚾᚱᛖ ᛋᛖᛚᚻᛚᛁᚳᚱᛖ ᛒᛚᚠᛋᛏᛞᚠᚾ ᚠᚾᚻ ᚻᚠᛒᛒᛖ ᛁᚳ ᚷᛖᛞᚠᚾᛖ ᚱᚠᛋᚠᚾ ᚠᚾᚠ· ᚻᛇ ᚠᚾᚻ ᛞᛁᚾᛖ ᚦᚠ ᚦᚱᚢ ᚣᚢᚱ ᚠᛋᛈᛁᚹᛖᚾᚻᛖ ᛒᛇᚱᚷᚠ ᚦᚠ ᛋᛖ ᚷᛖᚱᚠᚳᚠᚦ

ᛁᛋ ᚦᛖᛋ ᛋᛏᛇᚱᚱᚨ ᚠᚢᛚᛚ ᛞᚱᚣᚷᛖ ᛒᚱᚨᚱᛞᚨ ᚠᚢᛚᛚ ᚨᚾᛞ ᚠᚢᛚᛚ ᛋᛠᛚᛏ·

ᛏᚠ ᛞᛁᚾᚢᛞ ᚳᚾᛇᚹᚢᛞ ᚠᚾᛞ ᛞᛁᛞ ᚦᚠᛞ ᚠᚾᚢᛞ ᚻᛇᚱᚠ ᚦᚠᛋ ᚴᛠᚱ ᚹᛗᚾᚢᛝᚠ ᛋᛁᛗ ᚠᚳᚹᛁᚾᛗᚾ ᚠ ᚠᚾ ᛗᚳᚾᛁᛋᛋᛗ ᚻᛁᛗ ᚾᚠᛋ ᚾᚠ ᚻᛗᛚᛈᚠᚦ ᛏᚠ ᚦᚠᛞ ᚦᚠᛏ ᛁᚳ ᛇᛞ ᛋᚹᛁᚦᛗ ᛞᛁᚳᛗᛚ ᚠᚦᛗᛚᛁᛝ ···: ᚠᚹᛡᚱᛈ ᚦᚠ ᚻᛁᚾᛗ ᛋᛗᛚᚴᚾᛗ ᚠᚾ ᛝᚱᚠᛋᛗ ᚠᚾᛞ ᚠᚾᛝᚠᚾᚾ ᛝᚱᛗᛏᚠᚾ·

## ᚳᚠᛈᛁᛏᚠᛚ .XXI.

ᚦᚠᚱᚱᛁᚻᛏᛗ ᚠᛏᛁᛗᚹᚻᛗ ᛋᛗ ᚴᚠᛉ·

:ᚻᚠᛒᛒᛗ ᚦᚢ ᛝᚠᚻᚾᛗ ᚻᚠᛝ: ᛋᚠᚷᚻᛗ ᛋᛗ ᚴᚠᛉ·

:ᚻᚠᛒᛒᛗ ᚦᚢ ᛝᚠᚻᚾᛗ ᚻᚠᛝ: ᚠᚾᛞᛋᚹᚠᚱᚠᚻᛗ ᚦᚠ ᛋᛗ ᛚᛠᛏᛚᚠ ᚠᚦᛗᛚᛁᛝ ᚷᛗᛏᛠᛝᛗ ᚦᚠ ᚦᚠ ᚻᛗ ᚠᚾᚹᛗᚾᚻᛗ ᚻᛁᚾᛗ ᛋᛠᛚᚴᚾᛗ ᚠᚾᛞ ᚾᚠᚻᛏ ᚾᛗ ᚷᛗᛋᛡᚻ·

:ᛚᚠ ᚻᛗᚱ: ᚳᚹᚠᚦ ᚦᚠ ᛋᛇ ᛋᛏᛗᚴᚾ :ᛇᛞ ᛁᚳ ᚦᚠᚱᛗ ᚠᛈᚢᛚᚻᚱᚠᚾ ᛒᛗᚾᛇᚦᚠᚾ·:

:ᚻᚹᚠ ᛞᚠᚷᛗ ᚦᚢ ᛒᛇᚾ·: ᚳᚹᚠᚦ ᚦᚠ ᛋᛗ ᛚᛠᛏᛚᚠ ᚠᚦᛗᛚᛁᛝ· :ᛡᚱᛏ ᚦᚢ ᛋᚹᛁᚦᛗ ᚴᚠᚷᛗᚱ·:

:ᛁᚳ ᛇᛞ ᚴᚠᛉ: ᛋᚠᚷᚻᛗ ᚦᚠ ᛋᛗ ᚴᚠᛉ·

:ᚳᚢᛞ ᛞᛗ ᛏᚠ ᛋᚹᚠ ᚦᚠᛏ ᚹᛗ ᛞᚠᛝᚠᚾ ᚷᛗᛈᛚᛗᚷᚠᚾ: ᚳᚹᚠᚦ ᛋᛗ ᛚᛠᛏᛚᚠ ᚠᚦᛗᛚᛁᛝ ᚻᛁᛞ ᛏᚠ· :ᛇᛞ ᛁᚳ ᛋᚹᛁᚦᛗ ᚢᚾᚱᚠᛏ·:

᛬ᚾᛗ ᛞᚠᚷ ᛁᚳ ᚾᚠᚻᛏ ᛈᛚᛗᚷᚠᚾ ᛞᛁᚻ ᚦᛗ᛬ ᚳᚹᚠᚦ ᚦᚩ ᛋᛗ ᚴᚠᛉ· ᛬ᚾᛗ ᛘᛞ ᛁᚳ ᛏᚠᛞᚳᚠᚻᛗ ᚾᚢ ᚷᛁᛗᛏ·᛬

᛬ᛚᚩ ᛒᛁᚻᚻᛗ ᛁᚳ ᚦᛗ ᚦᛁᚾᚱᛗ ᚴᚠᚱᚷᛁᛗᚴᚾᛗᛋᛋᛗ·᛬ ᛋᚠᚷᚻᛗ ᚦᚩ ᛋᛗ ᛚᚣᛏᛚᚩ ᚠᚦᛗᛚᛁᛝ·

ᛏᚠᚠᛏᚣᚻᛏᛗ ᚻᛗ ᚦᚩ ᚠᚴᛏᛗᚱ ᛋᚢᛞᚱᛗ ᛋᛞᛘᚢᛝᛗ·

᛬ᛚᚩ ᚻᚹᚠᛏ ᛁᛋ ᛏᚠᛞᚳᛁᚠᚾ·᛬

᛬ᚾᛗ ᛘᚱᛏ ᚦᚢ ᚠᚴ ᚦᛁᛋᛋᚢᛞ ᛋᛏᛗᚻᛗ᛬ ᛋᚠᚷᚻᛗ ᛋᛗ ᚴᚠᛉ ᛬ᚻᚹᚠᛏ ᛘᚱᛏ ᚦᚢ ᛋᛗᚳᛗᚾᚻᛗ·᛬

᛬ᛋᛗᚳᛗ ᛁᚳ ᛞᛗᚾᚾ᛬ ᛋᚠᚷᚻᛗ ᚦᚩ ᛋᛗ ᛚᚣᛏᛚᚩ ᚠᚦᛗᛚᛁᛝ· ᛬ᚻᚹᚠᛏ ᛁᛋ ᛏᚠᛞᚳᛁᚠᚾ·᛬

ᛋᚠᛝᚻᛗ ᚦᚩ ᛋᛗ ᚴᚠᛉ· ᛬ᚻᚠᛒᛒᚠᚦ ᛞᛗᚾᚾ ᚹᚠᛈᛗᚾ ᚠᚾᚻ ᛋᚳᛗᚠᛏᚠᚦ ᚻᛁᛞ ᛞᛁᚻ· ᚻᛁᛏ ᛁᛋ ᛋᚹᛁᚦᛗ ᚻᛗᚴᛁᚷᛚᛁᚳ· ᚠᚾᚻ ᚴᛗᚻᚠᚦ ᚻᛁᛗ ᛘᚳ ᚻᛗᚾᚾᚴᚢᛝᛚᚠᛋ· ᚻᛁᛏ ᛁᛋ ᚻᛇᚱᚩ ᛞᚠᛋᛏᛗ ᚳᚠᚱᚢ· ᛋᛗᚳᛗᛋᛏ ᚦᚢ ᚻᛗᚾᚾᚴᚢᛝᛚᚠᛋ·᛬

᛬ᚾᚩ᛬ ᛋᚠᚷᚻᛗ ᛋᛗ ᛚᚣᛏᛚᚩ ᚠᚦᛗᛚᛁᛝ ᛬ᛋᛗᚳᛗ ᛁᚳ ᚴᚱᛁᛗᚾᚻ· ᚻᚹᚠᛏ ᛁᛋ ᛏᚠᛞᚳᛁᚠᚾ·᛬

᛬ᛏᚠᛞᚳᛁᚠᚾ ᛁᛋ ᚦᚠᛏ ᚦᛁᛝ ᚦᛗ ᛞᚠᚾ ᚴᚠᚱᚷᛘᛏ᛬ ᛋᚠᚷᚻᛗ ᛋᛗ ᚴᚠᛉ· ᛬ᚦᚠᛋ ᚠᚾᚻᚷᛁᛗᛏ ᛁᛋ ᚴᛘᛚᛚᚠᚾ ᚠᚾ ᚷᛗᚳᚣᚦᚦᛗ·᛬

᛬ᚴᛘᛚᛚᚠᚾ ᚠᚾ ᚷᛗᚳᚣᚦᚦᛗ·᛬

᛬ᚹᛁᛏᚠᚺᛚᛁᚣᛗ᛬ ᛋᚠᚷᚺᛗ ᛋᛗ ᚹᚠᛉ᛫ ᛬ᚾᛗ ᛉᚱᛏ ᚦᚣ ᚹᚠᚱ ᛞᛗ ᚷᛁᛗᛏ ᚾᚠᚺᛏ ᛗᛚᛚᛗᛋ ᛒᚣᛏᚠᚾ ᛋᚣᛞ ᛚᚣᛏᛗᛚ ᚣᚾᛁᚺᛏ ᛋᛗ ᚦᛗ ᛁᛋ ᚹᚣᛚᛚᛁᚣᛗ ᚷᛗᛚᛁᚣ .C.M. ᚠᚦᚱᚠ ᛚᚣᛏᛚᛗᚾᚠ ᚣᚾᛁᚺᛏᚠ᛫ ᚾᛗ ᛒᛗᚦᛉᚱᚹᛗ ᛁᚣ ᚦᛗ ᛋᚹᚠ ᛋᚹᚠ ᚦᚣ ᚾᛗ ᛒᛗᚦᛉᚱᚹᛗᛋᛏ ᛞᛗ᛫ ᛏᚠ ᚦᛗ ᛇᛞ ᛁᚣ ᚹᚠᛉ ᚠᚾᚠ ᛋᛗ ᚦᛗ ᛁᛋ ᚷᛗᛚᛁᚣ .C.M. ᚹᚠᛉᚠ᛫ ᚠᚣ ᚷᛁᚹ ᚦᚣ ᛞᛗ ᛈᛁᛚᛏ ᛏᚠᛞᚣᛁᚠᚾ ᚦᚠᚾᚾᛗ ᛈᛁᛏ ᚣᚾᚣᛁᛏ ᛒᛗᚦᛉᚱᚹᚠᚦ᛫ ᛒᛁᛋᛏ ᚦᚣ ᚹᚠᚱ ᛞᛗ ᚠᚾᛚᛁᚣ ᚠᚾ ᛇᚱᚦᚠᚾ᛫ ᛒᛇ ᛁᚣ ᚹᚠᚱ ᚦᛗ ᚠᚾᛚᛁᚣ ᚠᚾ ᛇᚱᚦᚠᚾ᛫᛬

᛬ᚾᚣ ᛁᚣ ᚠᚾᚷᛁᚾᚾᛗ ᛏᚠ ᚣᚾᚺᛗᚱᛋᛏᚠᚾᚺᚠᚾᚾᛗ᛬ ᛋᚠᚷᚺᛗ ᚦᚠ ᛋᛗ ᛚᚣᛏᛚᚠ ᚠᚦᛗᛚᛝ᛫ ᛬ᛁᛋ ᚺᛗᚱ ᛒᛚᚠᛋᛏᛞᚠ … ᚠᚾᚺ ᛋᛇ ᛞᛗ ᛏᚠᛞᚣᚠᚺᛗ ᛏᚱᚣᚹᛗ ᛁᚣ᛬

᛬ᚦᚠᛏ ᛞᚠᚷ ᛒᛇᚾ᛬ ᛋᚠᚷᚺᛗ ᛋᛗ ᚹᚠᛉ᛫ ᛬ᛞᚠᚷ ᛞᚠᚾ ᚹᛁᚾᛞᚠᚾ ᛉᛚᛚᛗ ᚦᚠᚱᚠ ᚦᛁᛝᚠ ᚠᚾ ᛇᚱᚦᚠᚾ ᚦᛗ ᛞᚠᚷᚠᚾ ᛒᛇᚾ᛫᛬

᛬ᚠᚣ ᚾᛁᛋ ᚺᛁᛏ ᚺᛗᚱ ᚠᚾ ᛇᚱᚦᚠᚾ᛬ ᛋᚠᚷᚺᛗ ᛋᛗ ᛚᚣᛏᛚᚠ ᚠᚦᛗᛚᛝ ᚦᚠ᛫

ᚦᚣᚺᛏᛗ ᚺᛁᛏ ᛋᚹᚠ ᛋᚹᚠ ᛋᛗ ᚹᚠᛉ ᛈᚠᚱᛗ ᛞᛁᚣᛗᛚ ᚠᛋᛏᚣᚱᛗᚺ᛫

᛬ᚠᚾ ᚠᚾᚣᛞ ᚠᚦᚱᚣᛞ ᛋᛏᛇᚱᚱᚠᚾ᛫᛬

᛬ᚷᛗᛋᛗ᛫᛬

᛬ᛋᛁᚾᛞᚠᚾ ᚺᚣᚾᛏᚠᚾ ᚠᚾ ᚦᚠᛞ ᛋᛏᛇᚱᚱᚠᚾ᛫᛬

᛬ᚾᚠ᛫᛬

᛬ᛚᚠ ᛁᛋ ᚺᛁᛏ ᚺᛉᛚᛁᚣ ᚦᛁᛝ᛫ ᚠᚾᚺ ᛋᛁᚾᛞᚠᚾ ᚺᛗᚾᚾᚹᚣᚷᛚᚠᛋ ᚠᚾ ᚦᚠᛞ ᛋᛏᛇᚱᚱᚠᚾ᛫᛬

᛬ᚾᚠ᛫᛬

᛬ᚾᛁᛋ ᚾᚠᚾ ᚦᛁᛝ ᚹᚣᛚᛚᚹᚱᛗᛞᛗᚺ᛫᛬ ᛋᚠᚷᚺᛗ ᛋᛗ ᚹᚠᛉ ᚠᚾ ᛋᛁᚣᚣᛗᛏᚣᛝᛗ᛫

ᚠᚣ ᛋᛗ ᚹᚠᛉ ᚣᚠᛞ ᛗᚹᛏ ᛏᚠ ᚺᛁᛋ ᚦᚠᚺᛏᛗ᛫

᛬ᛁᛋ ᛞᛁᚾ ᛚᛁᚹ ᛚᚠᛝᛋᚣᛞᛚᛁᚣ᛫ ᚺᚣᚾᛏᛁᚷᛗ ᛁᚣ ᚺᛗᚾᚾᚹᚣᚷᛚᚠᛋ ᚠᚾᚺ ᛞᛗᚾᚾ ᚺᚣᚾᛏᛁᚷᚠᚦ ᛞᛗ᛫ ᛋᛁᚾᛞᚠᚾ ᛉᛚᛚᛗ ᚺᛗᚾᚾᚹᚣᚷᛚᚠᛋ ᚷᛗᛚᛁᚣᛗ ᚠᚾᚺ ᛋᛁᚾᛞᚠᚾ ᛉᛚᛚᛗ ᛞᛗᚾᚾ ᚷᛗᛚᛁᚣᛗ᛫ ᛋᚹᚠ ᛁᚣ ᚺᚠᛒᛒᛗ ᛋᚹᚠ ᛋᚹᚠ ᛚᚠᛝᛋᚣᛞᛚᛁᚣ ᛚᛁᚹ᛫ ᚠᚣ ᚷᛁᚹ ᚦᚣ ᛞᛗ ᛈᛁᛚᛏ ᛏᚠᛞᚣᛁᚠᚾ ᚦᚠᚾᚾᛗ ᛒᛁᚦ ᛞᛁᚾ ᛚᛁᚹ ᚦᚠᚱᛗ ᛋᚣᚾᚾᚠᚾ ᚹᚣᛚᛚ᛫ ᛞᚠᚷ ᛁᚣ ᚷᛗᚣᚾᚠᛈᚠᚾ ᚦᚠᚾᛗ ᛋᛈᛗᚷ ᚦᛁᛗᛋ ᛋᛏᚠᛈᛗᛋ ᛋᛗ ᚦᛗ ᛁᛋ ᚣᚾᚷᛗᛚᛁᚣ ᛉᛚᛚᚣᛞ ᚠᚦᚱᚣᛞ ᛋᛏᚠᛈᚣᛞ᛫ ᚦᚠ ᚠᚦᚱᛗ ᛋᛏᚠᛈᚠᛋ ᚷᛗᚺᚠᚦ ᛞᛗ ᚹᛚᛇᚾ ᚣᚾᚺᛗᚱ ᚦᚠᚾᛗ ᛝᚱᚣᚾᚺ᛫ ᚦᛁ ᛋᛏᚠᛈ ᛈᛁᛚᛚᛗ ᛞᛗ ᚷᛗᛏᛇᚾ ᚠᚹ ᛞᛁᚾᚣᛞ ᚺᚣᛋᛗ ᛋᚹᚠ ᛋᚹᚠ ᛋᛈᛗᚷᚣᚱᚠᚹᛏ᛫ ᚠᚾᚺ ᛚᚠ ᚦᚠᚾᚾᛗ᛫ ᛞᛁᚺᛏ ᚦᚣ ᚷᛗᛋᛇᚾ ᚦᛁᚺᛗᚱ ᚦᚠ ᚠᚣᚱᚠᛋ ᚦᚠᛋ ᚺᚱᚠᛏᛗᛋ᛫ ᚾᛗ ᛗᛏᛗ ᛁᚣ ᛚᚠᚹᛗᛋ᛫ ᛁᛋ ᛞᛗ ᛋᛗ ᚺᚱᚠᛏᛗ ᛒᚣᛏᚠᚾ ᚾᚣᛏᛏᛗ᛫ ᚾᛗ ᚷᛗᛞᚣᚾᚠᚦ ᛞᛗ ᚾᚠᚾᛗᛋ ᚦᛁᛝᛗᛋ ᚦᚠ ᚠᚣᚱᚠᛋ ᚦᚠᛋ ᚺᚱᚠᛏᛗᛋ᛫ ᚠᚾᚺ ᛁᛋ ᚺᛁᛏ ᛋᛈᛁᚦᛗ ᚺᚱᛇᚱᛁᚷ᛫ ᚠᚣ ᚺᚠᚹᛋᛏ ᚦᚣ ᚹᛉᛉ ᛋᚹᚠ ᛝᚣᛚᚺᛗᚾ ᛋᚹᚠ ᛋᚹᚠ ᚺᚱᚠᛏᛗ᛫ ᛚᚠ ᚺᛁᛏ ᛒᛁᚦ ᛈᚣᚾᚺᚠᚱᚹᚣᛚ ᚦᚠᚾᚾᛗ ᚦᚣ ᛞᛗ ᚷᛗᛏᚠᛞᚣᚠᚺᛗᛋᛏ᛫ ᚦᚠᛏ ᛝᚠᛚᚺ

ᚦᚠᛋ ᚻᚹᚠᛏᛖᛋ ᚹᛁᛚᛚᛖ ᛞᛖ ᚷᛖᛞᚢᚾᚠᚾ ᚦᛁᚾᛖᛋ· ᚠᚾᛞ ᚹᛁᛚᛚᛖ ᛁᚳ ᛚᛇᚱᚾᛁᚠᚾ ᛏᚠ ᛚᚢᚴᛁᚠᚾᚾᛖ ᚦᚠᚾᛖ ᛋᚹᛖᚷ ᚦᚠᛋ ᚹᛁᚾᛞᛖᛋ ᚠᚾ ᚻᚹᚠᛏᛖ·:

ᛋᚹᛁᛝᚠᛞᛖ ᚦᚠ ᛋᛖ ᚴᚠᛉ ᚠᚾᛞ ᛚᚠᚳᚠᛞᛖ ᚠᚾ ᚦᚠᚾᛖ ᛚᚣᛏᛚᚠᚾ ᚠᚦᛖᛚᛁᛟ ᛚᚠᛟᚱᛖ ᚻᚹᛁᛚᛖ·

:ᛏᚠᛞᚳᛁᚷᛖ ᛞᛖ ᛁᚳ ᚦᛖ ᛒᛁᛞᛞᛖ·: ᛋᚠᚷᛞᛖ ᚻᛖ·

:ᚹᚠᛚᛞᛖ ᛁᚳ ᚻᛁᛏ ᚷᛖᚻᚠᚾ ᛒᛚᛁᚦᛖᛚᛁᚳᛖ: ᚠᚾᛞᛋᚹᚠᚱᚠᛞᛖ ᚦᚠ ᛋᛖ ᛚᚣᛏᛚᚠ ᚠᚦᛖᛚᛁᛟ :ᚠᚳ ᛁᚳ ᚾᚠᛒᛒᛖ ᛏᛁᛞᚠᚾ ᚷᛖᚾᚠᚻ· ᛞᚠᛏ ᛁᚳ ᚴᛁᚾᛞᛖᚾ ᚴᚱᛁᛖᚾᛞ ᚠᚾᛞ ᚷᛖᚳᚾᚠᚹᚠᚾ ᛞᚠᚾᛁᚷ ᚦᛁᛟ·:

:ᛞᚠᚾ ᛞᚠᚷ ᚠᚾᚳᚾᚠᚹᚠᚾ ᚦᚠ ᚦᛁᛟ ᚠᚾᚠ ᚦᚠ ᚦᛖ ᛞᚠᚾ ᛏᚠᛞᚳᚠᚦ: ᛋᚠᚷᛞᛖ ᛋᛖ ᚴᚠᛉ· :ᚾᚠᛒᛒᚠᚦ ᛞᛖᚾᚾ ᚷᛖᚾᚠᚻ ᚦᚠᚱᛖ ᛏᛁᛞᛖ ᛋᚹᚠ ᚦᚠᛏ ᚻᛁᛖ ᛞᚠᛝᚠᚾ ᚷᛖᚳᚾᚠᚹᚠᚾ ᚻᚹᚠᛏᚹᚢᛝᚢ· ᛒᚣᚳᛝᚠᚦ ᛠᛚᛚᛖ ᚦᛁᛟ ᚴᚢᛚᚴᚱᛖᛞᛞᛖᛞᛖ ᚠᚾ ᚳᛠᛈᛋᛏᚠᚹᚢᛞ· ᚠᚾᛞ ᛋᛁᚦᚦᚠᚾ ᚾᛖ ᛋᛁᚾᛞᚠᚾ ᚳᛠᛈᛋᛏᚠᚹᚠ ᚦᚠᚱ ᛞᚠᚾ ᛞᚠᚷ ᚷᛖᛒᚣᚳᛝᚠᚾ ᚴᚱᛁᛖᚾᛞ ᚾᚠᛒᛒᚠᚦ ᛞᛖᚾᚾ ᚾᚠᚾᛖ ᚴᚱᛁᛖᚾᛞ ᚾᚠ ᛚᛖᛟ· ᚷᛁᚴ ᚦᚢ ᚹᛁᛚᛏ ᚻᚠᛒᛒᚠᚾ ᚴᚱᛇᚾᛞ ᚷᛖᛏᚠᛞᚳᛁᛖ ᚦᚢ ᛞᛖ·:

:ᚻᚹᚠᛏ ᛁᛋ ᛞᛖ ᛏᚠ ᛞᚠᚾᚾᛖ·: ᚠᛋᚳᚠᛞᛖ ᚦᚠ ᛋᛖ ᛚᚣᛏᛚᚠ ᚠᚦᛖᛚᛁᛟ·

:ᛒᛖᚻᚠᚴᚠᚦ ᚦᛖ ᚻᚠᛒᛒᚠᚾ ᚷᛖᚦᚣᛚᛞ ᛋᚹᛁᚦᛖ ᛞᛁᚳᛖᛚ: ᚠᚾᛞᛋᚹᚠᚱᚠᛞᛖ ᛋᛖ ᚴᚠᛉ· :ᛞᚠᛋᛏ ᚦᚢ ᛋᛁᛚᛏᚠᚾ ᚠᚾ ᛝᚱᚠᛋᛖ ᚾᚠᚻᛏ ᚴᛇᚱᚱ ᛞᛖ ᚴᚱᚠᛞ· ᛁᚳ ᚹᛁᛚᛚᛖ ᚦᛖ ᛚᚠᚳᛁᚠᚾ ᚠᚾ ᚠᚴ ᛞᛁᚾᚢᛞ ᚠᛟᚾᛖᚱᛖ ᛋᚹᚠ ᛋᚹᚠ ᚠᚾ ᛋᛏᛠᛚᚳᚢᛟᛖ ᚠᚾᛞ ᚦᚢ ᚾᛖ ᛋᚠᚷᛋᛏ ᚾᚠᚻᛏ· ᛁᛋ ᛋᛇ ᛏᚢᛟᛖ ᛋᛖ ᚹᛁᛖᛚᛚ ᛠᛚᚱᚠ ᚢᚾᚷᛖᚦᚹᚠᚱᚾᛖᛋᛋᚠ· ᚠᚳ ᚠᛚᚳᛖ ᚻᚠᚷᛖ ᚦᚢ ᛞᛁᚻᛏ ᚷᛖᛋᛁᛚᛏᚠᚾ ᚠᚾ ᚹᛁᚻᛏ ᛞᛖ ᚾᛠᚱ·:

ᚦᚣ ᚠᚦᚱᛖ ᛞᚠᚱᚷᛖᚾᚾᛖ ᛋᛖ ᛚᚣᛏᛚᚠ ᚠᚦᛖᛚᛁᛟ ᚳᚠᛞ ᛖᚴᛏ·

:ᚻᛁᛏ ᚹᚠᚱᛖ ᛒᛖᛏᚱᛖ ᚦᚠᛏ ᚦᚢ ᚳᚢᛞᛖ ᛖᚴᛏ ᚠᚾ ᚦᚠᚱᛖ ᛁᛚᚳᚠᚾ ᛏᛁᛞᛖ: ᛋᚠᚷᛞᛖ ᛋᛖ ᚴᚠᛉ· :ᚷᛁᚴ ᚦᚢ ᚳᚢᛞᛖ ᚠᚾ ᚦᚠᚱᛖ ᛏᛇᚦᚠᚾ ᛏᛁᛞᛖ ᛞᛁᚻᛏᛖ ᛁᚳ ᚠᚾᚷᛁᚾᚾᚠᚾ ᚦᚠᚱᛖ ᚴᚠᚷᚾᚢᛟᛖ ᚠᚾ ᚦᚠᚱᛖ ᚾᛁᛝᚠᚦᚠᚾ ᛏᛁᛞᛖ· ᚠᚾᛞ ᛒᛁᚦ ᛞᛁᚾᛖ ᚴᚠᚷᚾᚢᛟᛖ ᛒᛖ ᚦᚠᛞ ᛋᚹᛁᚦᚠᚱ ᛒᛖ ᚦᚠᛞ ᛁᚳ ᛞᚠᚱᚠ ᛏᛁᛞᚠᚾ ᚻᚠᛒᛒᛖ· ᚹᛁᛚᛚᛖ ᛁᚳ ᚠᚾᚷᛁᚾᚾᚠᚾ ᚦᚠᚱᛖ ᚢᚾᚱᚠᛏᚾᛖᛋᛋᛖ ᚠᚾᛞ ᚦᚠᚱᛖ ᚢᚾᛋᛏᛁᛚᚾᛖᛋᛋᛖ ᚠᚾ ᚦᚠᚱᛖ ᛏᛇᚦᚠᚾ ᛏᛁᛞᛖ ᛋᚳᛠᛚ ᛁᚳ ᚹᛁᛏᚠᚾ ᚻᚢ ᛞᛇᚱ ᛒᛁᚦ ᚦᚠ ᛒᛚᛁᛋᛋᛖ· ᚠᚳ ᚦᚠᚾᚾᛖ ᚦᚢ ᚳᚢᛞᛖ ᛏᚠ ᚠᚾᚱᛖ ᚢᚾᚳᚢᚦᚱᛖ ᛋᛏᚢᚾᛞᛖ ᚾᛖ ᛞᚠᚷ ᛁᚳ ᚾᚠ ᚾᛖ ᚹᛁᛏᚠᚾ ᚻᚹᚠᚾᚾᛖ ᛞᛁᚾᛖ ᚻᛇᚱᛏᛖ ᛋᚳᛠᛚ ᛒᛇᚾ ᚠᚾᛞᚹᛠᚱᛞ … ᚻᛁᛏ ᚷᛖᛞᚠᚴᛖᚾᚠᚦ ᚴᚠᛋᛏᚱᚠ ᛋᛁᛞᚠ·:

:ᚻᚹᚠᛏ ᛁᛋ ᚴᚠᛋᛏ ᛋᛁᛞᚢ·: ᚳᚹᚠᚦ ᛋᛖ ᛚᚣᛏᛚᚠ ᚠᚦᛖᛚᛁᛟ·

:ᛁᛋ ᚻᛁᛏ ᛠᚳ ᚦᛁᛟ ᚦᚠᛏ ᛞᛖᚾᚾ ᚴᚠᚱᚷᛠᛏᚠᚾ: ᛋᚠᚷᛞᛖ ᛋᛖ ᚴᚠᛉ· :ᛁᛋ ᚻᛁᛏ ᚦᚠᛏ ᚦᚠᛏ ᛞᚠᚷ ᛒᛖᛋᚳᛠᛞᚠᚾ ᚻᚠᚷ ᚴᚱᚠᛞ ᚻᚠᚷᛖ ᛏᛁᛞᛖ ᚴᚱᚠᛞ ᛏᛁᛞᚢᛞ· ᛋᚹᚠ

ᚦᚨᚱ ᛁᛋ ᚨᚾ ᛋᛁᛞᚢ ᛗᛁᛞ ᛗᛁᚾᚢᛗ ᚻᚢᚾᛏᚢᛗ᛫ ᚻᚨᛈᛈᛁᚨᚦ ᚻᛁᛖ ᚨᚾ ᚦᚨᚾᛖ ᚦᚢᚾᚱᛖᛋ ᛞᚨᚷ ᛗᛁᛞ ᚦᚠ ᚴᚨᛗᚾᚨᚾ ᚦᚨᛋ ᚦᚨᚱᛈᛖᛋ᛫ ᚨᚾᛞ ᚦᚢᛋ ᛁᛋ ᚦᚨᛋ ᚦᚢᚾᚱᛖᛋ ᛞᚨᚷ ᛋᛖ ᚹᚢᚾᛞᚨᚱᚴᚢᛚ ᛞᚨᚷ᛫ ᚹᚨᚾᛞᚱᛁᚷᛖ ᛁᛕ ᚨᚦ ᚦᚨᚾᛖ ᚹᛁᚾᚷᛣᚱᚻ᛫ ᚦᚨᚾᚾᛖ ᚦᚠ ᚻᚢᚾᛏᚨᚾ ᚹᚨᛚᛞᚨᚾ ᚻᚨᛈᛈᛁᚨᚾ ᛒᛖ ᚨᚾᚱᛖ ᚢᚾᛕᚢᚦᚱᛖ ᛏᛁᛞᛖ ᚹᚨᚱᚨᚾ ᛣᛚᛚᛖ ᛞᚨᛝᚨᛋ ᚷᛖᛚᛁᛕᛖ ᚨᚾᛞ ᛁᛕ ᚾᛖ ᛗᛁᚻᛏᛖ ᚻᚨᛒᛒᚨᚾ ᚴᚱᛇ ᛏᛁᛞᛖ᛫᛬

ᛋᚹᚠ ᛋᛖ ᛚᚣᛏᛚᚠ ᚨᚦᛖᛚᛁᛝ ᛏᚨᛗᛕᚨᛞᛖ ᚦᚨᚾᛖ ᚴᚨᛉ᛫ ᚨᚾᛞ ᚦᚠ ᚦᚠ ᚾᛣᛚᚨᚻᛏᛖ ᚦᚠ ᛏᛁᛞᛖ ᚦᚨᚱᛖ ᚷᛖᛏᚹᚨᛗᛁᛝᛖ᛫

᛬ᚹᚨᛚᚨᚹᚠ᛬ ᛕᚹᚨᚦ ᛋᛖ ᚴᚨᛉ ᛬ᛗᚨᛏ ᛁᛕ ᚹᛖᛈᚨᚾ᛫᛬

᛬ᛁᛋ ᚻᛁᛚ ᚦᛁᚾ ᛝᚣᛚᛏ᛬ ᛕᚹᚨᚦ ᚦᚠ ᛋᛖ ᛚᚣᛏᛚᚠ ᚨᚦᛖᛚᛁᛝ ᛬ᛁᛕ ᚷᛖᚹᚣᛋᛕᛖ ᚦᛖ ᚾᚨᚾᛖᛋ ᚣᚴᛚᛖᛋ ᚨᛕ ᚦᚢ ᚹᚨᛚᛞᛖᛋᛚ ᚦᚨᛏ ᛁᛕ ᚦᛖ ᛏᚨᛗᛕᛁᚷᛖ᛫᛬

᛬ᛗᛁᛞ ᚷᛖᚹᛁᛋᛋᛖ᛬ ᛕᚹᚨᚦ ᛋᛖ ᚴᚨᛉ᛫

᛬ᚨᛕ ᚾᚢ ᚦᚢ ᚹᛁᛚᛏ ᚹᛖᛈᚨᚾ᛫᛬ ᛋᚨᚷᛞᛖ ᛋᛖ ᛚᚣᛏᛚᚠ ᚨᚦᛖᛚᛁᛝ᛫

᛬ᛗᛁᛞ ᚷᛖᚹᛁᛋᛋᛖ᛬ ᛋᚨᚷᛞᛖ ᛋᛖ ᚴᚨᛉ᛫

᛬ᛋᚹᚠ ᚦᚢ ᚾᛖ ᚷᛖᚹᛁᚾᚾᛋᛚ ᚾᚨᚻᛏ᛫᛬

᛬ᚷᛖᚹᛁᚾᚾᛖ ᛁᛕ ᚻᚹᚨᛏᛖᛋ ᛒᛚᛇ᛬ ᛕᚹᚨᚦ ᛋᛖ ᚴᚨᛉ᛫

ᚨᚾᛞ ᚻᛖ ᚦᚠ ᛏᚨᚨᛏᚣᚻᛏᛖ᛫

᛬ᛝᚠ ᚨᚾᛞ ᛚᚨᛕᚠ ᛖᚴᛏ ᚨᚾ ᚦᚠ ᚱᚨᛋᚨᚾ᛫ ᚨᚾᛞ ᚦᚢ ᛋᛕᛣᛚᛏ ᚢᚾᛞᛖᚱᛋᛏᚨᚾᛞᚨᚾ ᚦᚨᛏ ᚦᛁᚾᛖ ᚱᚨᛋᚠ ᚨᚾᛖ ᛁᛋ ᚨᚾ ᚹᚨᚱᚨᛚᛞᛖ᛫ ᚨᚾᛞ ᚦᚢ ᚹᛁᛚᛏ ᛕᚢᛗᚨᚾ ᛖᚴᛏ ᚨᚾᛞ ᛋᛖᛕᛝᚨᚾ ᛗᛖ ᛒᛇ ᚷᛖᛋᚢᚾᛞᛖ ᚨᚾᛞ ᛁᛕ ᚹᛁᛚᛚᛖ ᚦᛖ ᚨᚷᛁᛖᚴᚨᚾ ᚻᛁᛖᛝᚨᛚᚾᛖᛋᛋᛖ᛫᛬

ᛇᛞᛖ ᚦᚠ ᛋᛖ ᛚᚣᛏᛚᚠ ᚨᚦᛖᛚᛁᛝ ᛏᚠ ᛚᚨᛕᛁᚨᚾᚾᛖ ᛖᚴᛏ ᚨᚾ ᚦᚠ ᚱᚨᛋᚨᚾ᛫

᛬ᚷᛖ ᚾᛖ ᛋᛁᚾᛞᚨᚾ ᚾᚠ ᚷᛖᛚᛁᛕᛖ ᛗᛁᚾᚱᛖ ᚱᚨᛋᚨᚾ ᛋᛁᚾᛞᚨᚾ ᚷᛖ ᚾᚨᚻᛏ ᚾᚢ ᚷᛁᛖᛚ᛬ ᛋᚨᛝᛞᛖ ᚻᛖ

⁝ᚷᛁᚠ ᚦᚢ ᛚᚢᛞᛖ ᚨᚾ ᚦᚨᚱᛖ ᛏᛇᚦᚨᚾ ᛏᛁᚺᛖ ᛞᛁᚺᛏᛖ ᛁᚢ ᚨᚾᚷᛁᚾᚾᚨᚾ ᚦᚨᚱᛖ
ᚠᚨᚷᚾᚢᛝᛖ ᚨᚾ ᚦᚨᚱᛖ ᚾᛁᛞᚨᚦᚨᚾ ᛏᛁᚺᛖ⁖

ᚻᛁᛗ ᛏᚩ· :ᚾᛁᛋ ᚾᚪᚾ ᚷᛖᚹᚢᚾᛖᛚᛁᚳ ᛗᛁᛞ ᛇᚹ ᚪᚾᛞ ᚷᛖ ᚾᛖ ᛋᛁᚾᛞᚩᚾ ᚷᛖᚹᚢᚾᛖᛚᛁᚳ ᛗᛁᛞ ᚾᚪᚾᚢᛗ ᛗᛖᚾᚾ· ᚷᛖ ᛋᛁᚾᛞᚪᚾ ᛋᚹᚪ ᛋᚹᚪ ᚹᚪᛋ ᛗᛁᚾ ᚠᚪᛉ· ᚾᚪᛋ ᚻᛖ ᛗᚪᚱᚪ ᚦᚪᚾᚾᛖ ᚠᚪᛉ ᚪᚾᛞ ᚹᚪᛋ ᚻᛖ ᚷᛖᛚᛁᚳ .C.M. ᚩᚦᚱᚪ· ᚪᚳ ᛁᚳ ᚷᛖᚻᚣᚻᛖ ᚻᛁᚾᛖ ᛏᚩ ᛗᛁᚾᚢᛗ ᚠᚱᛁᛖᚾᛞ ᚪᚾᛞ ᛁᛋ ᚻᛖ ᚾᚢ ᚪᚾᛚᛁᚳ ᚪᚾ ᚹᚩᚱᚩᛚᛞᛖ·:

ᚪᚾᛞ ᚹᚩᚱᚪᚾ ᚦᚪ ᚱᚪᛋᚪᚾ ᛋᚹᛁᚦᛖ ᚪᚠᛋᚳᛉᛞᚪᚾᛞᛖ·

:ᛋᛁᚾᛞᚪᚾ ᚷᛖ ᚠᚪᚷᛖᚱ ᚪᚳ ᛋᛁᚾᛞᚪᚾ ᚷᛖ ᚫᛗᛖᛏᛏᛁᚷ: ᛏᚩᚪᛏᚣᚻᛏᛖ ᚻᛖ ᚦᚪ ᚷᛁᛗᛏ· :ᚾᛖ ᛗᚪᚷ ᛗᚪᚾ ᛋᛏᛇᚱᚠᚪᚾ ᚠᚩᚱ ᛇᚹᚱᚢᛗ ᚦᛁᛝᚢᛗ· ᛗᛁᛞ ᚷᛖᚹᛁᛋᛋᛖᛗ ᛋᚢᛗ ᚹᛖᚷᚠᚩᚱᛖᚾᛞᛖ ᛗᚪᚾᚾ ᛗᚪᚷᛖ ᚦᛖᚾᚳᚪᚾ ᚦᚪᛏ ᛗᛁᚾᛖ ᚱᚪᛋᚪ ᛋᛁᛖ ᛇᚹ ᚷᛖᛚᛁᚳᛖ· ᚪᚳ ᛒᛖ ᚻᛁᚱᛖ ᛋᛖᛚᚠᚱᛖ ᚻᛇ ᛁᛋ ᛗᚪᚱᚪ ᚦᚪᚾᚾᛖ ᛉᛚᛚᛖ ᚷᛖ ᚠᚩᚱ ᚦᚪᛗ ᚦᛖ ᛁᚳ ᚹᚪᛏᛖᚱᚪᚾᛞᛖ ᚻᛁᛗ· ᚪᚾᛞ ᚠᚩᚱ ᚦᚪᛗ ᚦᛖ ᚻᛁᛏ ᛁᛋ ᚻᛇ ᛋᛇ ᚦᛖ ᛁᚳ ᛋᛖᛏᛏᛖ ᚦᚪᛗ ᛝᛚᚪᛋᛖ ᛒᛖᚾᛇᚦᚪᚾ· ᚪᚾᛞ ᚠᚩᚱ ᚦᚪᛗ ᚦᛖ ᚻᛁᛏ ᛁᛋ ᚻᛇ ᛋᛇ ᚦᛖ ᛁᚳ ᛒᛖᚹᛉᚱᛞᚪᚾᛞᛖ ᛗᛁᛞ ᚦᚪᛗ ᛋᚳᛁᛖᛚᛞᛖ· ᚪᚾᛞ ᚠᚩᚱ ᚦᚪᛗ ᚦᛖ ᚻᛁᛏ ᛁᛋ ᚻᛇ ᚦᚪᚱᛖ ᚦᛖ ᛁᚳ ᚻᛇᚱᚪ ᚣᛞᛖᛚᚪᛋ ᚪᚳᚹᛉᛚᛞᛖ ᛉᛚᛚᛖ ᛒᚢᛏᚪᚾ ᛏᚹᚪᛗ ᚩᚦᚦᛖ ᚦᚱᛁᛗ ᚦᚪ ᚦᛖ ᛁᚳ ᚾᛖ ᚪᚳᚹᛉᛚᛞᛖ ᚠᚩᚱ ᚦᚪᛗ ᛒᚢᛏᛖᚱᚠᛚᛇᛝᚢᛗ· ᚪᚾᛞ ᚠᚩᚱ ᚦᚪᛗ ᚦᛖ ᚻᛁᛏ ᛁᛋ ᚻᛇ ᛋᛇ ᚦᛖ ᛁᚳ ᚷᛖᚻᛁᛖᚱᛞᛖ ᚩᚦᚦᛖ ᛗᚪᚾᚪᚾ ᚩᚦᚦᛖ ᚻᚱᛖᛗᚪᚾ ᚩᚦᚦᛖ ᚻᚹᛁᛚᚢᛗ ᛋᚹᛁᛝᛁᚪᚾ· ᚠᚩᚱ ᚦᚪᛗ ᚦᛖ ᚻᛁᛏ ᛁᛋ ᛗᛁᚾᛖ ᚱᚪᛋᚪ·:

ᚪᚾᛞ ᚳᚩᛗ ᚻᛖ ᛖᚠᛏ ᛏᚩ ᚦᚪᛗ ᚠᚪᛉᛖ·

:ᛒᛇ ᚦᚢ ᚷᛖᛋᚢᚾᛞ: ᚳᚹᚪᚦ ᚻᛖ·

:ᛒᛇ ᚦᚢ ᚷᛖᛋᚢᚾᛞ: ᚳᚹᚪᚦ ᛋᛖ ᚠᚪᛉ· :ᛚᚩ ᛗᛁᚾ ᛞᛁᛖᛝᚪᛚᚾᛖᛋ· ᚻᛇ ᛁᛋ ᛋᚹᛁᚦᛖ ᚪᚾᚠᛉᛚᛞ· ᛋᛇ ᚻᛇᚱᛏᛖ ᚪᚾᚪ ᛗᚪᚷ ᚷᛖᛋᛇᚾ ᚹᛖᛚ· ᚾᛖ ᛗᚪᛝᚪᚾ ᚦᚪ ᛉᛝᚪᚾ ᚾᚪ ᚷᛖᛋᛇᚾ ᚦᚪᛏ ᚦᚪᛏ ᛁᛋ ᚻᛉᛚᛁᚳ·:

:ᚾᛖ ᛗᚪᛝᚪᚾ ᚦᚪ ᛉᛝᚪᚾ ᚾᚪ ᚷᛖᛋᛇᚾ ᚦᚪᛏ ᚦᚪᛏ ᛁᛋ ᚻᛉᛚᛁᚳ: ᚳᚹᚪᚦ ᛋᛖ ᛚᚣᛏᛚᚪ ᚫᚦᛖᛚᛁᛝ ᚪᚾᚷᛉᚾ ᛏᚩ ᚦᚪᚾ ᚦᚪᛏ ᚻᛖ ᚻᛁᛏ ᚻᚫᚠᛞᛖ ᚠᚫᛋᛏᛖ ᛁᚾ ᚷᛖᛗᚣᚾᛞᛖ·

:ᚦᚪ ᛏᛁᛞᚪᚾ ᚦᚪ ᚦᛖ ᚦᚢ ᚠᚩᚱᛚᚢᚱᛖ ᚠᚩᚱ ᚦᛁᚾᚱᛖ ᚱᚪᛋᚪᚾ ᚷᛖᚻᛖᚦ ᚦᚪᛏ ᚦᛁᚾᛖ ᚱᚪᛋᚪᚾ ᛁᛋ ᛋᚹᛁᚦᛖ ᚻᛉᛚᛁᚳ·:

:ᚦᚪ ᛏᛁᛞᚪᚾ ᚦᚪ ᚦᛖ ᛁᚳ ᚠᚩᚱᛚᛉᛋ ᚠᚩᚱ ᛗᛁᚾᚱᛖ ᚱᚪᛋᚪᚾ ···: ᚳᚹᚪᚦ ᛋᛖ ᛚᚣᛏᛚᚪ ᚫᚦᛖᛚᛁᛝ ᛏᚩ ᚦᚪᚾ ᚦᚪᛏ ᚻᛖ ᚻᛁᛏ ᚻᚫᚠᛞᛖ ᚠᚫᛋᛏᛖ ᛁᚾ ᚷᛖᛗᚣᚾᛞᛖ·

:ᚠᚩᚱᚷᛉᛏᚪᚾ ᛗᛖᚾᚾ ᚦᛁᛋᛋᛖᛋ ᛋᚪᚦᛖᛋ: ᛋᚪᚷᛞᛖ ᚦᚪ ᛋᛖ ᚠᚪᛉ· :ᚪᚳ ᚦᚢ ᚾᛖ ᚦᛉᚱᚠᛏ ᚻᛁᛋ ᚠᚩᚱᚷᛁᛖᛏᚪᚾ· ᛉᚱᛏ ᚦᚢ ᛋᚳᚣᛚᛞᛁᚷ ᚦᚪᛋ ᚦᛖ ᚦᚢ ᛗᚪᚳᚩᛞᛖᛋᛏ ᚦᛖ ᚷᛖᚹᚢᚾᛖᛚᛁᚳ· ᛉᚱᛏ ᚦᚢ ᛋᚳᚣᛚᛞᛁᚷ ᚦᛁᚾᚱᛖ ᚱᚪᛋᚪ·:

:ᛇᛗ ᛁᚳ ᛋᚳᚣᛚᛞᛁᚷ ᛗᛁᚾᚱᛖ ᚱᚪᛋᚪᚾ: ᚳᚹᚪᚦ ᚦᚪ ᛋᛖ ᛚᚣᛏᛚᚪ ᚫᚦᛖᛚᛁᛝ ᛖᚠᛏ ᛏᚩ ᚦᚪᚾ ᚦᚪᛏ ᚻᛖ ᚻᛁᛏ ᚻᚫᚠᛞᛖ ᚠᚫᛋᛏᛖ ᛁᚾ ᚷᛖᛗᚣᚾᛞᛖ·

ᚪᚹᛉᚱᛈ ᚦᚪ ᚻᛁᚾᛖ ᛋᛖᛚᚠᚾᛖ ᚪᚾ ᚷᚱᚪᛋᛖ ᚪᚾᛞ ᚪᚾᚷᚪᚾᚾ ᚷᚱᛖᛏᚪᚾ᛫

# ᚳᚠᛈᛁᛏᚠᛚ .XXII.

:ᚹᛖᛋ ᚦᚢ ᚻᚠᛚ: ᛋᚠᚷᚺᛖ ᛋᛖ ᛚᛓᛏᛚᚫ ᚠᚦᛖᛚᛁᛝ·

:ᚹᛖᛋ ᚦᚢ ᚻᚠᛚ: ᚳᚹᚠᚦ ᛋᛖ ᚹᛁᛋᚫ ᚦᚠᚱᚫ ᛈᚠᚦᚠ·

:ᚻᚹᚠᛏ ᚺᛖᛋᛏ ᚦᚢ ᚻᛖᚱ·: ᚠᛋᚳᚠᚺᛖ ᛋᛖ ᛚᛓᛏᛚᚫ ᚠᚦᛖᛚᛁᛝ·

:ᚷᛖᚱᛁᚺᛏᛚᚠᚳᛖ ᛁᚳ ᚦᚫ ᚹᛖᚷᚴᚠᚱᛖᚾᚺᚠᚾ ᛒᛖ ᚦᚢᛋᛖᚾᚺᚢᛞ: ᛋᚠᚷᚺᛖ ᛋᛖ ᚹᛁᛋᚫ ᚦᚠᚱᚫ ᛈᚠᚦᚠ· :ᚠᚾᛋᛖᚾᚺᛖ ᛁᚳ ᚦᚫ ᚴᚠᚱᛖᛚᚺᚠᛋ ᚦᚫ ᚦᛖ ᚻᛁᛖ ᚠᛚᚠᚺᚠᚦ ᚾᚳ ᚠᚾ ᛋᛏᛇᚱᛒᚠᚱᚺ ᚾᚳ ᚠᚾ ᛒᚠᚳᛒᚠᚱᚺ·:

ᚦᚫ ᚠᛒᛁᚴᚠᚺᛖ ᚦᚠᛏ ᚻᚢᛋ ᚦᚠᛋ ᚹᛁᛋᚠᚾ ᚦᚠᚱᚫ ᛈᚠᚦᚫ ᚴᚠᚱ ᛋᚹᛁᚦᛖ ᛋᚹᛁᚴᛏᚢᛞ ᚴᚠᚱᛖᛚᚺᛖ ᚠᚴᛓᛚᛚᛖᚺ ᛚᛇᚻᛏᚢᛞ ᚠᚾᚺ ᚺᛓᚾᛁᛖᚾᚺᛖ ᛋᚹᚫ ᛋᚹᚫ ᚦᚢᚾᚠᚱ·

:ᛋᚠᚦᛚᛁᚳᛖ ᚻᛁᛖ ᛋᛁᚾᚺᚠᚾ ᚠᚾ ᚠᚴᛋᛏᛖ: ᚳᚹᚠᚦ ᛋᛖ ᛚᛓᛏᛚᚫ ᚠᚦᛖᛚᛁᛝ· :ᚻᚹᛁᚺᛖᚱ ᚹᛁᛚᛚᚠᚦ ᚻᛁᛖ·:

:ᛁᛋ ᛋᛖ ᛋᛏᛇᚱᛞᚠᚾᚾ ᛋᛖᛚᚴ ᚦᚠᛋ ᚴᚠᚱᛖᛚᚺᛖᛋ ᚢᚾᚳᚢᚦ ᚦᚠᚱᛖ ᛋᛏᛁᚻᛏᚢᛝᛖ: ᚳᚹᚠᚦ ᚦᚫ ᛋᛖ ᚹᛁᛋᚫ ᚦᚠᚱᚫ ᛈᚠᚦᚠ·

ᚠᚾᚺ ᚠᚦᛖᚱ ᛋᚳᛁᚾᛖᚾᚺᚫ ᚴᚠᚱᛖᛚᚺ ᚺᛓᚾᚠᚺᛖ ᚦᚫ ᛒᛖ ᚦᚠᛞ ᚹᛖᚷᛖ ᚠᚾ ᚠᚦᚱᛖ ᛋᛏᛁᚻᛏᚢᛝᛖ·

:ᛚᚫ ᚳᚢᛞᚠᚦ ᚻᛁᛖ ᛖᚴᛏ ᚠᚾᚷᛉᚾ·: ᚠᛋᚳᚠᚺᛖ ᛋᛖ ᛚᛓᛏᛚᚫ ᚠᚦᛖᛚᛁᛝ·

:ᚦᚫ ᛋᛁᚾᚺᚠᚾ ᚠᚦᚱᛖ ᚢᚾᚷᛖᛚᛁᚳ ᚦᚠᛞ ᚠᚦᚱᚢᛞ: ᛋᚠᚷᚺᛖ ᚦᚫ ᛋᛖ ᚹᛁᛋᚫ ᚦᚠᚱᚫ ᛈᚠᚦᚠ· :ᚻᛁᛏ ᛁᛋ ᚠᚾ ᚹᚱᛁᛘᛚᛖ·:

:ᚾᛖ ᚹᚠᚱᚠᚾ ᚻᛁᛖ ᛉᚦᚻᛓᛚᚺᛖ ᚦᚠᚱ ᚦᚠᚱ ᚻᛁᛖ ᚹᚠᚱᚠᚾ·:

:ᚾᚠᚴᚱᛖ ᚾᛁᛋ ᛞᚠᚾ ᛉᚦᚻᛓᛚᚺᛖ ᚦᚠᚱ ᚦᚠᚱ ᛞᚠᚾ ᛞᚠᚷ ᛒᛇᚾ: ᛋᚠᚷᚺᛖ ᚦᚫ ᛋᛖ ᚹᛁᛋᚫ ᚦᚠᚱᚫ ᛈᚠᚦᚠ·

ᚠᚾᚺ ᚺᛓᚾᚠᚺᛖ ᚦᚫ ᚠᚾ ᚹᛖᚷᛖ ᛋᛖ ᚦᚢᚾᚠᚱ ᚦᚠᛋ ᚦᚱᛁᚺᚺᚠᚾ ᛋᚹᛁᚴᛏᚠᚾ ᛋᚳᛁᚾᛖᚾᚺᚠᚾ ᚴᚠᚱᛖᛚᚺᛖᛋ·

:ᛚᛖᚳᛝᚠᚦ ᚻᛁᛖ ᚠᚾ ᛚᚠᛋᛏ ᚦᚠᛞ ᚴᚠᚱᛞᚢᛞ ᛋᛁᚦᛁᛖᚾᚺᚢᛞ·: ᚠᛋᚳᚠᚺᛖ ᚦᚫ ᛋᛖ ᛚᛓᛏᛚᚫ ᚠᚦᛖᛚᛁᛝ·

:ᚾᛖ ᛚᛖᚳᛝᚠᚦ ᚻᛁᛖ ᚠᚾ ᛚᚠᛋᛏ ᚾᚠᚾᚢᛞ ᚦᛁᛝᛖ: ᚳᚹᚠᚦ ᚦᚫ ᛋᛖ ᚹᛁᛋᚫ ᚦᚠᚱᚫ ᛈᚠᚦᚠ· :ᛋᛁᚾᚺᚠᚾ ᚻᛁᛖ ᚠᚦᛖᚱ ᚠᚾ ᛋᛚᚠᛈᛖ ᚦᚠᚱᛒᛁᚾᚾᚠᚾ ᚠᚦᚦᛖ ᚻᛁᛖ ᛝᚠᚾᛁᚠᚦ· ᚠᚾᚫ ᚦᚫ ᚳᛁᛚᛞ ᛏᚱᛁᛝᚠᚦ ᚻᛇᚱᚫ ᚾᚠᛋᚠᚾ ᚠᚾ ᚦᚠᛏ ᛝᛚᚠᛋ ᚦᚠᚱᚫ ᛉᛝᚦᛓᚱᛚᚫ·:

:ᚠᚾᚫ ᚦᚫ ᚳᛁᛚᚺᚱᚢ ᚹᛁᛏᚠᚦ ᚻᚹᛁᚺᛖᚱ ᚻᛁᛖ ᚹᛁᛚᛚᚠᚦ: ᛋᚠᚷᚺᛖ ᚦᚫ ᛋᛖ ᛚᛓᛏᛚᚫ ᚠᚦᛖᛚᛁᛝ· :ᚻᛁᛖ ᛋᛖᛚᛚᚠᚦ ᚻᛇᚱᚫ ᛏᛁᛞᚠᚾ ᚠᚾ ᛈᛚᛖᛝᚠᛚ ᚦᛁᛝ ᚠᚴ ᚳᛚᚠᚦᛖ ᚠᚾᚺ ᛁᛋ ᚻᛁᛏ ᚻᛁᛞ ᛋᚹᛁᚦᛖ ᚹᛇᚱᚦ ᚠᚾᚺ ᚹᛁᛚᛚᚠᚦ ᚻᛁᛖ ᚹᛖᛈᚠᚾ ᚷᛁᚴ ᛞᚠᚾ ᚻᛁᛞ ᚻᛁᛏ ᛒᛖᚾᛁᛞᚦ·:

:ᚻᛁᛖ ᛋᛁᚾᚺᚠᚾ ᛒᛚᛁᚦᛖ: ᛋᚠᚷᚺᛖ ᚦᚫ ᛋᛖ ᚹᛁᛋᚫ ᚦᚠᚱᚫ ᛈᚠᚦᚠ·

# ᚳᚪᛈᛁᛏᚩᛚ .XXIII.

:ᚹᛖᛋ ᚦᚢ ᚻᚪᛚ: ᚳᚹᚪᚦ ᛋᛖ ᛚᚣᛏᛚᚩ ᚪᚦᛖᛚᛁᛝ·

:ᚹᛖᛋ ᚦᚢ ᚻᚪᛚ: ᛋᚪᚷᛞᛖ ᛋᛖ ᚳᛉᛈᛗᚪᚾ·

ᚻᚪᚠᛞᛖ ᚻᛖ ᛏᚩ ᚳᛁᛖᛈᛁᛝᛖ ᚠᚢᛚᛚ ᛋᛏᚱᚪᛝᛖ ᛈᚪᛋᛚᚪᛋ ᚦᚩ ᚦᛖ ᛗᛁᚻᛏᚩᚾ ᚪᚳᚹᛖᚾᚳᚪᚾ ᚪᛚᚳᚾᛖ ᚦᚢᚱᛋᛏ· ᛗᚪᚾ ᚾᛁᛗᚦ ᚪᚾᚾᛖ ᚪᚾ ᚪᚾᚱᛖ ᚹᚢᚳᛖ ᚪᚾᛞ ᛗᚪᚾ ᚾᚣᛚᛚᛖ ᛞᚱᛁᚾᚳᚪᚾ ᚾᚩ ᛚᛖᛝ·

:ᛏᚩ ᚻᚹᚣ ᚳᛉᛈᚪᛋᛏ ᚦᚢ ᚦᚪᛋ ᚦᛁᛝ·: ᚳᚹᚪᚦ ᛋᛖ ᛚᚣᛏᛚᚩ ᚪᚦᛖᛚᛁᛝ·

:ᚠᚩᚱ ᚦᚪᛗ ᚦᚪᛏ ᚻᛁᛏ ᛗᚪᚷ ᚳᛖᛈᚪᚾ ᛗᛁᚳᛖᛚ ᛏᛁᛗᚪᚾ: ᚳᚹᚪᚦ ᛋᛖ ᚳᛉᛈᛗᚪᚾ· :ᚹᛁᛋᛖ ᛗᛖᚾ ᚪᚳᚱᚪᚠᛏᚪᚾ ᚦᚪᛏ ᛗᚪᚾ ᛗᚪᚷ ᚳᛖᛈᚪᚾ .LIII. ᛋᛏᚢᚾᛞᚩ ᛒᛁᚾᚾᚪᚾ ᚪᚾᚱᛖ ᚹᚢᚳᛖ·:

:ᚻᚹᚪᛏ ᛗᚪᚷᛖ ᛗᚪᚾ ᛞᚩᚾ ᛗᛁᛞ ᚦᚪᛗ .LIII. ᛋᛏᚢᚾᛞᚩ·:

:ᚦᚢ ᛗᛁᚻᛏ ᚷᛖᛞᚩᚾ ᛗᛁᛞ ᚦᚪᛗ ᛋᚹᚩ ᚻᚹᚪᛏ ᛋᚹᚩ ᚦᚢ ᚹᛁᛚᛚᛖ·:

:ᚷᛁᚠ ᛁᚳ ᛗᛁᚻᛏᛖ ᚳᛖᛈᚪᚾ .LIII. ᛋᛏᚢᚾᛞᚩ: ᛋᚪᚷᛞᛖ ᚦᚩ ᛋᛖ ᛚᚣᛏᛚᚩ ᚪᚦᛖᛚᛁᛝ :ᛁᚳ ᚹᚪᛚᛞᛖ ᛋᛖᚳᚪᚾ ᚪᚾᛖ ᚹᛁᛖᛚᛚᚪᚾ ᚠᚢᛚᛚ ᛚᚪᛏᛚᛁᚳᛖ·:

# ᚳᚠᛈᛁᛏᚠᛚ .XXIV.

ᚹᚠᛋ ᚻᛁᛚ ᚠᚾ ᚦᚠᛞ ᛠᚻᛏᚠᚦᚠᚾ ᛞᚠᚷᛖ ᛋᛁᚦᚦᚠᚾ ᛞᛖ ᚹᛠᚱᚦ ᚦᚠᛏ ᚢᚾᚷᛖᛚᛁᛞᛈ ᚠᚾ ᚦᚠᚱᛖ ᚹᛖᛋᛏᛖᚾᛖ ᚠᚾᛞ ᛁᚳ ᚷᛖᚻᛁᛖᚱᛞᛖ ᚦᚠᛏ ᛋᛏᚠᚱ ᚦᚠᛋ ᚳᛠᛈᛞᚠᚾᚾᛖᛋ ᚦᚠᚱᚠ ᛈᚠᛋᛚᚠᛋ ᚦᚠ ᚦᚠ ᛁᚳ ᛞᚱᚠᚾᚳ ᚦᚠᚾᛖ ᛖᚾᛞᛖᛞᛖᛋᛏᚠᚾ ᛞᚱᚠᛈᚠᚾ ᛞᛁᚾᛖᛋ ᚹᚠᛏᚱᛖᛋ·

:ᚹᚠᛚᚠ: ᚳᚹᚠᚦ ᛁᚳ ᛏᚠ ᚦᚠᛞ ᛚᚣᛏᛚᚠᚾ ᚠᚦᛖᛚᛁᛝᛖ :ᚦᛁᚾᛖ ᚷᛖᛞᚣᚾᛖᛟᚢᛝᚠ ᛋᛁᚾᛞᚠᚾ ᛋᚹᛁᚦᛖ ᚴᚠᚷᛖᚱ ᚠᚳ ᚾᛖ ᚷᛖᚳᚱᚠᚴᛏᛟᚠᛞᛖ ᛁᚳ ᛞᛁᚾᚾᛖ ᛚᚣᚴᛏᚴᛚᚠᛟᚠᚾ ᚾᚠ ᚷᛁᛖᛚ ᚠᚾᛞ ᚾᚠᛒᛒᛖ ᛁᚳ ᚾᚠᚻᛏ ᛏᚠ ᛞᚱᛁᚾᚳᚠᚾ ᚠᚾᛞ ᛁᚳ ᚹᚠᛚᛞᛖ ᛒᛇᚾ ᛒᛚᛁᚦᛖ ᚦᚠᚾᚾᛖ ᛁᚳ ᛋᛖᛚᚴᚠ ᛞᛁᚻᛏᛖ ᛝᚠᚾ ᛖᚴᛖᚾᛚᛁᚳᛖ ᛏᚠ ᚠᚾᚢᛞ ᛈᚣᛚᛏᛖ·:

:ᛞᛁᚾ ᚴᚱᛇᚾᛞ ᛋᛖ ᚴᚠᛉ: ᛋᚠᚷᛞᛖ ᚻᛖ·

:ᛚᚠ ᚦᚢ ᛞᛁᚾ ᛚᚣᛏᛚᚠ ᚳᚾᛁᚻᛏ ᚾᛁᛋ ᚻᛁᛚ ᚾᚠ ᛚᛖᛟ ᛒᛖ ᚦᚠᛞ ᚴᚠᛉᛖ·:

:ᚴᚠᚱ ᚻᚹᚣ·:

:ᛋᛁᚦᚦᚠᚾ ᛞᚠᚾ ᛋᚳᛠᛚ ᛋᛏᛇᚱᚴᚠᚾ ᚦᚣᚱᛋᛏᛖᛋ·:

ᚾᛖ ᚳᚢᚦᛖ ᚻᛖ ᚢᚾᛞᛖᚱᛋᛏᚠᚾᛞᚠᚾ ᛞᛁᚾᛖ ᚴᚠᚱᛞᚱᛁᚴᚾᛖᛋᛋᛖ ᚠᚾᛞ ᚠᚾᛞᛋᚹᚠᚱᚠᛞᛖ ᚦᚠ·

:ᛁᛋ ᚻᛁᛚ ᛝᚠᛞ ᚻᚹᚠᚾᚾᛖ ᛞᚠᚾ ᚻᚠᚴᛞᛖ ᛋᚢᛞᚾᛖ ᚴᚱᛇᚾᛞ ᚦᛠᚻ ᛋᚹᚠ ᛞᚠᚾ ᛋᛏᛇᚱᚴᛖ· ᛁᚳ ᛇᛞ ᛒᛚᛁᚦᛖ ᚦᚠᛏ ᛁᚳ ᚻᚠᚴᛞᛖ ᚦᚠᚾᛖ ᚴᚠᛉ ᛞᛖ ᛏᚠ ᚴᚱᛁᛖᚾᛞ·:

:ᚾᛖ ᛞᚠᚷ ᚻᛖ ᛞᛖᛏᚠᚾ ᚴᚢᛚᛚᛁᚳᛖ ᚦᚠ ᚴᚱᛖᚳᛖᚾᚾᛖᛋᛋᛖ: ᚳᚹᚠᚦ ᛁᚳ ᛏᚠ ᛞᛖ ᛋᛖᛚᚴᚢᛞ· :ᚾᚠᚴᚦ ᚻᛖ ᚾᚠᚴᚱᛖ ᚻᚢᛝᚠᚱ ᚾᛖ ᚦᚢᚱᛋᛏ· ᛚᚣᛏᚻᚹᚠᚾ ᚦᚠᚱᛖ ᛋᚢᚾᚾᚠᚾ ᛁᛋ ᚻᛁᛞ ᚷᛖᚾᚠᚻ·:

ᚠᚳ ᚻᛖ ᛚᚠᚳᚠᚾᛖ ᛞᛖ ᚠᚾ ᚠᚾᛞ ᚠᚷᛠᚴ ᚠᚾᛞᛋᚹᚠᚱᛖ ᛏᚠ ᛞᛁᚾᚢᛞ ᚦᚠᚻᛏᛖ·

:ᚦᚣᚱᛋᛏᛖᚦ ᛠᚳ ᛞᛖ ··· ᛝᚠᚾ ᚹᛖ ᛋᛖᚳᚠᚾ ᛈᚣᛏᛏ·:

ᛋᚳᛠᚹᚠᚾᛖ ᛁᚳ ᛒᚠᚱᛖ ᛋᚹᚣᛚᚳᛖ ᛋᚹᚠ ᛁᚳ ᚾᚠᚴᚾᛖ ᚾᚠᚾᚾᛖ ᛏᚠᚻᚠᛈᚠᚾ ᚾᚠᚴᚦ ᛞᚠᚾ ᚾᚠᚾᛁᚷᛖ ᚾᚣᛏᛏᚢᛝᛖ ᚷᛁᚴ ᛞᚠᚾ ᚠᚾ ᚹᛖᚾᛖ ᚹᛁᛚᛚᛖ ᛋᛖᚳᚠᚾ ᛈᚣᛏᛏ ᚠᚾ ᚢᚾᚠᚱᛁᛞᛖᚾᛞᛚᛁᚳᚱᛖ ᚹᛖᛋᛏᛖᚾᛖ· ᛇᚾᚠᚾ ᚹᛁᛏ ᛋᚹᚠ ᚦᛠᚻ·

ᚦᚠ ᚦᚠ ᚹᛖ ᚹᚠᚾᛞᚱᚠᚾᚠᚾ ᛋᚢᚹᛁᛖᚾᛞᛖ ᚴᚠᚱ ᛞᚠᚾᛁᛝᚢᛞ ᛏᛁᚾᚢᛞ ᚳᚠᛞ ᛋᛇ ᚾᛁᚻᛏ ᚠᚾᛞ ᚦᚠ ᛋᛏᛇᚱᚱᚠᚾ ᚠᚾᛝᚢᚾᚾᚠᚾ ᛋᚳᛁᚾᚠᚾ· ᛋᛠᚻ ᛁᚳ ᚻᛁᛖ ᛋᚹᚠ ᛋᚹᚠ ᚠᚾ ᚷᛖᛋᛁᚻᚦᛖ ᛋᛁᚦᚦᚠᚾ ᛁᚳ ᛚᚣᛏᚻᚹᚠᚾ ᚴᛖᚴᛖᚱᚠᚾᛖ ᚴᚠᚱ ᚦᚢᚱᛋᛏᛖ· ᛏᚢᛞᛒᚠᚾᚠᚾ ᚦᚠ ᚹᚠᚱᚾ ᚦᚠᛋ ᛚᚣᛏᛚᚠᚾ ᚠᚦᛖᛚᛁᛝᛖᛋ ᚠᚾ ᛞᛁᚾᚱᛖ ᚷᛖᛞᚣᚾᛞᛖ·

:ᛠᚳ ᚦᚢ ᛠᚱᛏ ᚦᚣᚱᛋᛏᛖᚾᛞᛖ·: ᚠᛋᚳᚠᚾᛖ ᛁᚳ ᚻᛁᚾᛖ·

ᚾᛖ ᚠᚷᛠᚴ ᚻᛖ ᛞᛖ ᚾᚠᚾᛖ ᚠᚾᛞᛋᚹᚠᚱᛖ ᚠᚳ ᚳᚹᚠᚦ ᚻᛖ ᚠᚾᚠ·

:ᛞᚠᚷ ᚹᚠᛏᛖᚱ ᚷᛖᚻᛖᛚᛈᚠᚾ ᛠᚳ ᚦᚠᚱᛖ ᚻᛇᚱᛏᚠᚾ·:

ᚾᛖ ᚳᚲᚦᛖ ᛁᚳ ᚲᚾᚺᛖᚱᛋᛏᚠᚾᚺᚠᚾ ᚻᛁᛋ ᚹᚠᚱᚺ ᚠᚾᚺ ᛋᚹᛁᚷᚠᚺᛖ ᛁᚳ … ᚹᛁᛋᛏᛖ ᛁᚳ ᚹᛖᛚ ᚦᚠᛏ ᚻᛁᛏ ᚾᛖ ᚷᛖᚺᚠᚴᛖᚾᚠᚺᛖ ᛏᚠ ᚠᛋᚳᛁᚠᚾᚾᛖ ᚻᛁᚾᛖ.

ᚹᛉᚱᚦ ᚻᛖ ᛞᛖᚦᛖ ᚠᚾᚺ ᛋᚠᛏ ᚻᛁᚾᛖ ᛋᛖᛚᚴᚾᛖ. ᛋᚠᛏ ᛁᚳ ᛞᛖ ᛋᛖᛚᚴᚾᛖ ᚹᛁᚦ ᚻᛁᚾᛖ. ᚠᚾᚺ ᚠᚴᛏᛖᚱ ᛚᚠᛝᚱᛖ ᛋᚹᛁᚷᚲᛝᛖ ᛏᚠᚠᛏᛣᚺᛏᛖ ᚻᛖ ᚦᚠ.

:ᛋᛁᚾᚺᚠᚾ ᚦᚠ ᛋᛏᛇᚱᚱᚠᚾ ᚴᚠᚷᛖᚱ ᚴᚠᚱ ᚦᚠᛞ ᚦᛖ ᚻᛁᛖ ᚷᛖᛞᛣᚾᚺᚷᛁᚠᚦ ᚠᚾᚱᛖ ᛒᛚᚠᛋᛏᛞᚠᚾ ᚦᚠ ᚦᛖ ᛞᚠᚾ ᚾᛖ ᛞᚠᚷ ᚾᚠ ᚷᛖᛋᛇᚾ.:

ᚠᚾᚺᛋᚹᚠᚱᚠᚺᛖ ᛁᚳ ᚦᚠ. :ᛏᚠ ᚷᛖᚹᛁᛋᛋᛖ: ᚠᚾᚺ ᛚᚠᚳᚠᚺᛖ ᛁᚳ ᛋᚲᚹᛁᛖᚾᚺᛖ ᚠᚾ ᚦᚠ ᚴᛣᛚᚺᚠᛋ ᚦᚠᛋ ᛋᚠᚾᚺᛖᛋ ᚦᚠᛏ ᛋᛖ ᛞᚠᚾᚠ ᚹᚠᛋ ᛋᚲᛁᛖᚾᚺᛖ ᚠᚾ.

:ᛁᛋ ᛋᛇ ᚹᛖᛋᛏᛖᚾ ᚴᚠᚷᛖᚱ: ᛏᚠᚠᛏᛣᚺᛏᛖ ᚻᛖ ᚦᚠ.

ᚠᚾᚺ ᛋᚠᚦ ᚻᛁᛏ ᛁᛋ. ᚠ ᛚᚲᚴᚠᚺᛖ ᛁᚳ ᚦᚠ ᚹᛖᛋᛏᛖᚾᛖ. ᛞᚠᚷ ᛞᚠᚾ ᚷᛖᛋᛁᛏᛏᚠᚾ ᚠᚾ ᚠᚾᚲᛞ ᛋᚠᚾᚺᛒᛇᚱᚷᛖ ᚠᚾᚺ ᛞᚠᚾ ᚾᛖ ᚷᛖᛋᛁᛖᚺᚦ ᚾᚠᚹᛁᚺᛏ. ᛞᚠᚷ ᛞᚠᚾ ᛉᚳ ᚾᚠᚺᛏ ᚾᛖ ᚷᛖᚺᛁᛖᚱᚠᚾ. ᚠᚾᚺ ᛉᛚᛚᛖ ᚦᚠ ᚻᚹᛁᛚᛖ ᚻᚹᚠᛏᚹᚲᚷᚲ ᛁᛋ ᛋᚲᛁᛖᚾᚺᛖ ᚠᚾ ᚦᚠᚱᛖ ᛋᛏᛁᛚᛚᚾᛖᛋᛋᛖ.

:ᛁᛋ ᛋᛇ ᚹᛖᛋᛏᛖᚾ ᚴᚠᚷᛖᚱ ᚴᚠᚱ ᚦᚠᛞ ᚦᛖ ᚻᛇ ᚻᚠᚴᚦ ᛋᚲᛞᚾᛖ ᛣᛏᛏ ᚻᚹᚠᚱᚻᚹᛖᚷᚠ: ᛋᚠᚷᚺᛖ ᛋᛖ ᛚᛣᛏᛚᚠ ᚠᚦᛖᛚᛁᛝ.

ᚠᚾᚺ ᚹᚠᛋ ᛁᚳ ᛒᛚᛁᚦᛖᚺᛇᚱᛏ ᚦᚠᛏ ᛁᚳ ᚴᚠᚱᛁᛝᚠ ᛗᛁᚺᛏᛖ ᚲᚾᚺᛖᚱᛋᛏᚠᚾᚺᚠᚾ ᚦᚠᚾᛖ ᛗᛁᚷᛚᚠᚾ ᛋᚲᛁᛗᚠ ᚦᚠᛋ ᛋᚠᚾᚺᛖᛋ. ᚦᚠ ᚦᚠ ᛁᚳ ᚹᚠᛋ ᚷᛇᛝ ᚳᚾᛁᚺᛏ ᚹᚲᚾᚠᚺᛖ ᛁᚳ ᚠᚾ ᚠᚾᚲᛞ ᛉᛚᚺᚠᚾ ᚻᚲᛋᛖ ᛒᛖ ᚦᚠᛞ ᚳᚹᚠᚦ ᛋᚠᚷᚲ ᚦᚠᛏ ᚠᚾ ᛋᚳᛉᛏᛏ ᚹᚠᚱᛖ ᛒᛖᚺᛁᚷᛚᚠᚺ ᚦᚠᚱᛒᛁᚾᚾᚠᚾ. ᛋᚠᚦᛚᛁᚳᛖ ᚾᛖ ᛗᛁᚺᛏᛖ ᚾᚠᚾ ᛞᚠᚾᚾ ᚾᚠᚴᚱᛖ ᚦᚠᚾᛖ ᛋᚳᛉᛏᛏ ᚾᛖ ᚠᚾᚴᛁᚾᚺᚠᚾ ᚠᚾᚺ ᚹᛖᚾ ᛒᛁᚦ ᚦᚠᛏ ᚾᚠᚾ ᛞᚠᚾᚾ ᚻᛁᚾᛖ ᚾᚠᚴᚱᛖ ᚾᛖ ᚷᛖᛋᚠᚺᛏᛖ. ᚠᚳ ᛒᛖᚷᚠᛚ ᚻᛖ ᚦᚠᛏ ᚻᚲᛋ. ᚻᚠᚴᚺᛖ ᛗᛁᚾ ᚻᚲᛋ ᛗᛁᛖᚱᚾᛖ ᚻᛁᛋ ᚻᛇᚱᛏᚠᚾ ᚠᚾ ᚷᚱᚲᚾᚺᛖ.

:ᚷᛖᛋᛖ: ᚳᚹᚠᚦ ᛁᚳ ᛏᚠ ᚦᚠᛞ ᛚᛣᛏᛚᚠᚾ ᚠᚦᛖᛚᛁᛝᛖ :ᛋᚹᚠ ᛋᚹᚠ ᚻᛁᛏ ᛞᚠᚷᛖ ᛒᛇᚾ ᚦᚠᛏ ᚻᚲᛋ ᚠᚦᚦᛖ ᚦᚠ ᛋᛏᛇᚱᚱᚠᚾ ᚠᚦᚦᛖ ᛋᛇ ᚹᛖᛋᛏᛖᚾ ᚦᚠᛏ ᚦᚠᛏ ᚷᛖᚺᛖᚦ ᚻᛁᛖ ᚴᚠᚷᛖᚱ ᛞᚠᚾ ᚾᛖ ᛞᚠᚷ ᚾᚠᛋ ᚾᚠ ᚷᛖᛋᛇᚾ.:

:ᛁᚳ ᛇᛞ ᛒᛚᛁᚦᛖ: ᚳᚹᚠᚦ ᚻᛖ ᚦᚠ :ᚦᚠᛏ ᚦᚲ ᛉᚱᛏ ᚠᚾ ᚠᚾᚲᛞ ᛗᛁᚺ ᛗᛁᚾᚲᛞ ᚴᚠᛘᛖ.:

ᚦᚠ ᚦᚠ ᛋᛖ ᛚᛣᛏᛚᚠ ᚠᚦᛖᛚᛁᛝ ᚴᛇᛚᛚ ᚠᚾ ᛋᛚᚠᛣᛖ ᛒᛖᚴᛉᛚᚺᛖ ᛁᚳ ᚻᛁᚾᛖ ᚠᚾ ᛗᛁᚾᚲᛞ ᛉᚱᛗᚲᛞ ᚠᚾᚺ ᚠᚾᚷᚠᚾᚾ ᚴᚠᚱᚦ ᚷᚠᛝᚠᚾ. ᚹᚠᛋ ᛁᚳ ᚠᛋᛏᛣᚱᛖᚺ. ᚦᚲᚺᛏᛖ ᛞᛖ ᛋᚹᚠ ᛋᚹᚠ ᛁᚳ ᛒᚠᚱᛖ ᚠᚾᚾᛖ ᛞᛉᚱᚲᚾᛖ ᛞᚠᚦᚲᛞ. ᚦᚲᚺᛏᛖ ᛞᛖ ᛉᚳ ᚦᚠᛏ ᚾᚠᚾ ᚦᛁᚾᚳ ᚹᚠᚱᛖ ᚠᚾ ᛇᚱᚦᚠᚾ ᚦᚠᛏ ᛗᛁᚺᛏᛖ ᛒᛇᚾ ᛞᛉᚱᚲᚱᚠ. ᛚᚠᚳᚠᚺᛖ ᛁᚳ ᚠᚾ ᚦᚠᚾᛖ ᛒᛚᚠᚳᚾᛖ ᚻᚾᛁᚴᚠᛚ ᚠᚾ ᛚᛇᚺᛏᛖ ᚦᚠᛋ ᛞᚠᚾᚠᚾ ᚠᚾ ᚦᚠ ᛉᚷᚠᚾ ᚦᚠ ᚦᛖ ᚹᚠᚱᚠᚾ ᛒᛖᛚᚠᚳᛖᚾ ᚠᚾ ᚦᚠᚾᛖ ᛚᚠᚳᚳᛖ ᛋᛖ ᚦᛖ ᛒᛁᚴᚠᚺᛖ ᚠᚾ ᚹᛁᚾᚺᛖ

ᚠᚾᛞ ᚳᚹᚠᚦ ᛁᚳ ᚦᚨ ᛏᚨ ᛞᛖ ᛋᛖᛚᚴᚢᛞ· :ᚦᚠᛏ ᚦᚠᛏ ᛁᚳ ᛞᚠᚷ ᚷᛖᛋᛇᚾ ᚾᛁᛋ ᚻᛁᛏ ᛒᚢᛏᚠᚾ ᚹᚱᛁᚷᛖᛚᛋ ᚠᚾᚨ· ᛞᚠᚾ ᚾᛖ ᛞᚠᚷ ᚾᚨ ᚷᛖᛋᛇᚾ ᚦᚠᛏ ᚦᚠᛏ ᛁᛋ ᚹᛇᚱᚦᛚᛁᚳᚠᛋᛏ·:

ᛋᛁᚦᚦᚠᚾ ᚻᛁᛋ ᛋᛞᚠᚱᚠᛋ ᚹᚠᚱᚠᚾ ᚾᚠᚻᛏ ᚴᚢᛚᛚᛁᚳᛖ ᚷᛖᚠᛈᛖᚾᚠᛞᛖ ᚦᚢᚻᛏᛖ ᚻᛁᛏ ᛋᚹᚨ ᛋᚹᚨ ᚻᛖ ᛋᛞᛉᚱᚳᚠᛞᛖ ᛒᛖ ᛋᚢᛞᚢᛞ ᛞᚠᛚᛖ ᚠᚾᛞ ᛋᚠᚷᛞᛖ ᛁᚳ ᛞᛖ ᛏᚨ· :ᛇᛞ ᛁᚳ ᛋᚹᛁᚦᛖ ᚠᚾᚻᚱᛖᚱᛖᚻ ᛒᛖ ᚦᚠᛋ ᛈᚣᛏᛚᚠᚾ ᚠᚦᛖᛚᛁᛝᛖᛋ ᛏᚱᛇᚹᚦᛖ ᛏᚨ ᚠᚾᚱᛖ ᛒᛚᚠᛋᛏᛞᚠᚾ ᛒᛖ ᚦᚠᚱᛖ ᚠᚾᛚᛁᚳᚾᛖᛋᛋᛖ ᚠᚾᚱᛖ ᚱᚠᛋᚠᚾ ᛋᛇ ᚦᛖ ᛚᛁᚻᛏᛖᚦ ᚻᛁᚾᛖ ᛋᚹᚨ ᛋᚹᚨ ᚦᚠᛏ ᛚᛁᛖᚷ ᚠᚾᚱᛖ ᚳᚠᚾᛞᛚᛖ ᛋᚹᚨ ᚦᛉᚻ ᚻᛖ ᛒᛇ ᚠᚾ ᛋᛚᚠᛈᛖ ···: ᚠᚾᛞ ᚦᚢᚻᛏᛖ ᛞᛖ ᚦᚠᛏ ᚻᛖ ᚹᚠᚱᛖ ᛞᛉᚱᚢᚱᚨ ᚦᚠᚾᚾᛖ ᚠᚱ· ᚻᛁᛏ ᛒᛖᚻᚠᚴᚠᚦ ᚷᛇᚱᚾᛚᛁᚳᛖ ᛒᛇᚱᛝᚠᚾ ᚳᚠᚾᛞᛚᚨ· ᛞᚠᛝᚠᚾ ᚻᛁᛖ ᛒᛇᚾ ᚠᚳᚹᛖᚾᚻᛏᛖ ᛒᛖ ᚹᛁᚾᛞᛖᛋ ᛒᛚᚠᛋᛏᛖ·

ᚠᚾᛞ ᚦᚨ ᛁᚳ ᛇᚻᛖ ᚴᚠᚱᚦ ᚠᚾ ᚦᚠᚱᛖ ᚹᛁᛋᚠᚾ ᚠᚾᚴᚠᚾᛞ ᛁᚳ ᛈᚣᛏᛏ ᚠᚾ ᚠᚱᚾᛖ ᛞᛖᚱᛝᛖᚾ·

ᚻᛚᚠᚻ ᚻᛖ ᚦᚠ ᚷᛖᚻᚱᚠᚾ ᚦᚠᛋ ᚱᚠᛈᛖᛋ ᛈᛚᛖᚷᚠᛞᛖ ᛗᛁᛞ ᚦᚠᚱᛖ ᚹᛁᚾᚳᛖ·

# ᚳᚠᛈᛁᛏᚠᛚ .XXV.

:ᚦᚱᛁᛝᚠᚦ ᛞᛖᚾᚾ ᚠᚾ ᚦᚨ ᛋᚹᛁᛉᛏᚠᚾ ᛉᚠᚱᛖᛚᚻᚠᛋ: ᛋᚠᚷᚻᛖ ᛋᛖ ᛚᚣᛏᛏᚨ ᚠᚦᛖᛚᛁᛝ :ᚦᛘᚻ ᚦᛖ ᚻᛁᛖ ᚾᚣᛏᚠᚾ ᚾᚠᚻᛏ ᚻᚹᛁᚻᛖᚱ ᚻᛁᛖ ᚹᛁᛚᛚᚠᚦ· ᛋᛁᚾᚻᚠᚾ ᚻᛁᛖ ᚦᚠᚾᚾᛖ ᚠᛋᛏᚣᚱᚠᚻᛖ ᚠᚾᚻ ᛁᛖᚱᚾᚠᚦ ᚠᚾ ᚷᛖᚻᚹᚣᚱᛉᛏᛖ·:

ᚠᚾᚻ ᛏᚠᚠᛏᚣᚻᛏᛖ ᚻᛖ ᚦᚨ·

:ᚾᛖ ᚻᛘᚷ ᚻᛁᛏ ᛏᚨ ᚾᚠᚾᚢᛞ ᚦᛁᛝᛖ·:

ᛋᛖ ᛈᚣᛏᛏ ᚦᚠᚾᛖ ᚦᛖ ᚹᛖ ᚷᛖᚱᚠᚻᛏᚠᚾ ᚾᛖ ᚹᚠᛋ ᚷᛖᛚᛁᚳ ᚦᚠᛞ ᚦᛖ ᛋᛁᚾᚻᚠᚾ ᚠᚾ ᚦᚠᚱᛖ ᚹᛖᛋᛏᛖᚾᛖ ᚠᚾ ᚠᛉᛉᚱᛁᚳᚠᛚᚠᚾᚻᛖ· ᚦᚨ ᛈᚣᛏᛏᚠᛋ ᚦᚠᚱᛖ ᚹᛖᛋᛏᛖᚾᛖ ᚠᚾ ᚠᛉᛉᚱᛁᚳᚠᛚᚠᚾᚻᛖ ᛋᛁᚾᚻᚠᚾ ᚠᚾᛉᛘᛚᚻᛖ ᚻᚠᛚᚠᛋ ᚠᚻᚠᛚᛉᛖᚾ ᚠᚾ ᛋᚠᚾᚻᛖ· ᚦᛖᛋ ᛈᚣᛏᛏ ᚹᚠᛋ ᚷᛖᛚᛁᚳ ᚠᚾᚢᛞ ᛈᚣᛏᛏᛖ ᛋᛖ ᚦᛖ ᛞᚠᚾ ᚻᚠᛉᛈ ᚠᚾ ᚦᚠᚱᛈᚢᛞ· ᚠᚳ ᚾᚠᛋ ᚦᚠᚱ ᚾᚠᚾ ᚦᚠᚱᛈ ᚠᚾᚻ ᚦᚢᚻᛏᛖ ᛞᛖ ᚦᚠᛏ ᛞᛖ ᚹᚢᚱᚻᛖ ᛋᚹᛖᛉᚾ·

:ᛁᛋ ᚻᛁᛏ ᚹᚢᚾᚻᚠᚱᛚᛁᚳ: ᚳᚹᚠᚦ ᛁᚳ ᚦᚨ ᛏᚨ ᚦᚠᛞ ᛚᚣᛏᛚᚠᚾ ᚠᚦᛖᛚᛁᛝᛖ :ᚻᛖᚱ ᛋᛁᚾᚻᚠᚾ ᛘᛚᛚᛖ ᚦᛁᛝ· ᛋᛇ ᚹᛁᚾᚳᛖ ᛋᛖ ᚳᚣᛉᛚ ᚠᚾᚻ ᛋᛖ ᚱᚠᛈ·:

ᚻᛚᚠᚻ ᚻᛖ ᚦᚨ ᚷᛖᚻᚱᚠᚾ ᚦᚠᛋ ᚱᚠᛈᛖᛋ ᛈᛚᛖᚷᚠᚻᛖ ᛞᛁᚻ ᚦᚠᚱᛖ ᚹᛁᚾᚳᛖ·

ᚠᚾᚻ ᚳᛘᚱ ᚦᚨ ᚹᛁᚾᚳᛖ ᛋᚹᚨ ᛋᚹᚨ ᚹᛁᚾᚻᛉᚠᚾᚨ ᚠᛉᛏᛖᚱ ᚦᚠᛞ ᚦᛖ ᛋᛖ ᚹᛁᚾᚻ ᚹᚠᛋ ᛚᚠᚾᚷᛖ ᚠᚾ ᛋᛚᚠᛈᛖ·

:ᚷᛖᚻᚣᚱᛋᛏᚢ ᚦᚠᛏ ᚹᛖ ᚠᚹᛖᚳᚳᚠᚦ ᚦᚠᚾᛖ ᛈᚣᛏᛏ: ᛋᚠᚷᚻᛖ ᛋᛖ ᛚᚣᛏᛏᚨ ᚠᚦᛖᛚᛁᛝ :ᚠᚾᚻ ᚻᛖ ᛋᛁᛝᛖᚦ·:

ᚾᚠᛚᚻᛖ ᛁᚳ ᚦᚠᛏ ᚻᛖ ᚹᚢᚾᚾᛖ ᚻᛁᚾᛖ ᛋᛖᛚᛉᚾᛖ·

:ᚠᛚᛁᛖᛉ ᛞᛖ ᚦᚠᛏ ᛁᚳ ᚷᛖᚻᚨ ᚦᚠᛏ: ᚳᚹᚠᚦ ᛁᚳ ᚦᚨ ᚻᛁᛞ ᛏᚨ :ᛁᛋ ᚻᛁᛏ ᛏᚨ ᚻᛖᛉᛁᚷᛚᛁᚳ ᛉᚠᚱ ᚦᛖ·:

ᚠᚻᚠᛉ ᛁᚳ ᛚᚠᛏᛚᛁᚳᛖ ᚦᚠᚾᛖ ᚳᚣᛉᛚ ᛏᚨ ᚦᚠᛋ ᛈᚣᛏᛏᛖᛋ ᛒᚠᚱᚻᚱᛁᛞᚠᚾ· ᛋᛖᛏᛏᛖ ᛁᚳ ᚻᛁᚾᛖ ᛘᚳ ᚢᛈᚱᛁᚻᛏᛖ· ᚹᚠᚱᚠᚾ ᛞᛁᚾᛖ ᛘᚱᚠᚾ ᚷᛁᛖᛏ ᚷᛖᚻᛁᛖᚱᛖᚾᚻᛖ ᚦᚠᚾᛖ ᛋᚹᛖᚷ ᚦᚠᚱᛖ ᚹᛁᚾᚳᛖ ᚠᚾᚻ ᛋᛘᚻ ᛁᚳ ᚦᚨ ᛋᚢᚾᚾᚠᚾ ᚠᛒᛁᛉᛁᚠᚾ ᚠᚾ ᚦᚠᛏ ᚹᚠᛏᛖᚱ ᚦᚠᛏ ᚠᛒᛁᛉᚠᚻᛖ ᚷᛁᛖᛏ·

:ᚦᚣᚱᛋᛏᛖᚦ ᛞᛖ ᚦᚠᛋ ᚹᚠᛏᛖᚱᛖᛋ: ᚳᚹᚠᚦ ᚦᚨ ᛋᛖ ᛚᚣᛏᛚᚠ ᚠᚦᛖᛚᛁᛝ :ᛋᛖᛚᛚᛖ ᛞᛖ ᚻᚱᛁᚾᚳᚠᚾ·:

ᛞᛁᚻᛏᛖ ᛁᚳ ᚦᚨ ᚢᚾᚻᛖᚱᛋᛏᚠᚾᚻᚠᚾ ᚦᚠᛏ ᚦᚠᛏ ᚻᛖ ᚹᚠᛋ ᛋᛖᚳᛖᚾᚻᛖ·

ᚠᚻᚠᚴ ᛁᚳ ᚦᚠᚾᛖ ᚳᚣᚴᛚ ᛏᚩ ᚻᛁᛋ ᛋᛗᚠᚱᚢᛗ· ᛞᚱᚠᚾᚳ ᚦᚩ ᚠᚾᛞ ᚻᛁᛋ ᛉᚸᚠᚾ ᚹᚠᚱᚠᚾ ᚷᛖᛚᚠᚳᛖᚾᛖ· ᚹᚠᛋ ᚻᛁᛏ ᛋᚹᚩ ᛋᚹᚩ ᚻᛁᛏ ᚹᚠᚱᛖ ᚴᚱᛇᛚᛋᛏᛁᛞ· ᚹᚠᛋ ᚦᚠᛏ ᚹᚠᛏᛖᚱ ᛋᚠᚦᛚᛁᚳᛖ ᚠᚦᛖᚱ ᚦᛁᛝ ᚦᚠᚾᚾᛖ ᛞᚱᛁᚾᚳᚠᚾ ᚠᚾᚩ· ᚠᛋᛈᚱᚠᛝ ᚻᛁᛏ ᚴᚱᚠᛗ ᚦᚠᛗ ᛋᛁᚦᛖ ᚦᚠᛗ ᛋᛏᛇᚱᚱᚢᛗ ᛒᛖᚾᛇᚦᚠᚾ ᚴᚱᚠᛗ ᚦᚠᛗ ᛋᚹᛖᚷᛖ ᚦᚠᚱᛖ ᚹᛁᚾᚳᛖ ᚴᚱᚠᛗ ᛗᛁᚾᚱᚩ ᛉᚱᛗᚩ ᚷᛖᛋᚹᛁᚾᚳᛖ· ᚹᚠᛋ ᚻᛁᛏ ᚸᚠᛞ ᚦᚠᚱᛖ ᚻᛇᚱᛏᚠᚾ ᛋᚹᚩ ᛋᚹᚩ ᚷᛁᛖᚴᚢ· ᛋᚹᚩ ᛋᚹᚩ ᛋᛖ ᛋᚳᛁᛗᚩ ᛋᛖᛚᚴ ᚦᚠᚱᚩ ᚷᛁᛖᚴᛖᚾᚩ ᚦᚩ ᚦᛖ ᛁᚳ ᚠᚾᚴᛖᛝ ᚦᚩ ᚦᚩ ᛁᚳ ᚹᚠᛋ ᚳᚾᛁᚻᛏ ᚳᚠᛗ ᚠᚴ ᚦᚠᛗ ᚳᚠᚾᛞᛚᚢᛗ ᚦᚠᛋ ᚷᛇᛚᛒᛉᛗᛖᛋ ᚳᚠᛗ ᚠᚴ ᛋᚹᛖᚷᛖ ᚦᚠᚱᚩ ᚷᛇᛚᛋᚠᛝᚩ ᚠᚾ ᚳᚱᛁᚳᚠᚾ ᚠᚴ ᛗᚠᚾᚦᚹᚠᚱᚾᛖᛋᛋᛖ ᚦᚠᛋ ᛚᛉᚻᛏᚠᚱᛖᛋ·

:ᚦᚩ ᛗᛖᚾᚾ ᚠᚾ ᚦᛁᚾᚢᛗ ᛖᚦᛚᛖ: ᚳᚹᚠᚦ ᚦᚩ ᛋᛖ ᛚᚣᛏᛏᚩ ᚠᚦᛖᛚᛁᛝ :ᚷᛖᛏᚣᚻᛏᚠᚦ .V.M. ᚱᚠᛋᛖᚾᚩ ᚠᚾ ᚠᚾᚢᛗ ᛏᚢᚾᛖ … ᚠᚾᛞ ᚷᛁᛖᛏ ᚻᛁᛖ ᚦᚠᚱ ᚾᛖ ᛗᚠᚸᚠᚾ ᚾᚩ ᚴᛁᚾᛞᚠᚾ ᚦᚠᛏ ᚦᚠᛏ ᚻᛁᛖ ᚷᛖᛋᛖᚳᚠᚦ··

:ᚻᛁᛖ ᚾᛖ ᛗᚠᚸᚠᚾ ᚻᛁᛏ ᚠᚾᚴᛁᚾᛞᚠᚾ: ᚠᚾᛞᛋᚹᚠᚱᚠᛞᛖ ᛁᚳ ᚦᚩ·

:ᚠᚾᛞ ᚷᛁᛖᛏ ᛗᚠᚾ ᛗᚠᚷ ᚠᚾᚴᛁᚾᛞᚠᚾ ᚦᚠᛏ ᚦᚠᛏ ᚻᛁᛖ ᛋᛖᚳᚠᚦ ᚠᚾ ᚠᚾᚱᛖ ᚱᚠᛋᚠᚾ ᚠᚦᚦᛖ ᚠᚾ ᚻᚹᚠᛏᚹᚢᚸᚢ ᚹᚠᛏᛖᚱᛖᛋ··

:ᛋᚠᚦᛚᛁᚳᛖ: ᚠᚾᛞᛋᚹᚠᚱᚠᛞᛖ ᛁᚳ ᚦᚩ·

ᚠᚾᛞ ᛋᛖ ᛚᚣᛏᛏᚩ ᚠᚦᛖᛚᛁᛝ ᛏᚩᚠᛏᚣᚻᛏᛖ·

:ᚠᚳ ᚦᚩ ᛉᚸᚠᚾ ᛋᛁᚾᛞᚠᚾ ᛒᛚᛁᚾᛞᛖ· ᚻᛁᛏ ᛒᛖᚻᚠᚴᚠᚦ ᛋᛖᚳᚠᚾ ᛗᛁᛞ ᚦᚠᚱᛖ ᚻᛇᚱᛏᚠᚾ··

ᚻᚠᚴᛞᛖ ᛁᚳ ᛞᚱᛁᚾᚳᚠᚾ· ᛗᛁᚻᛏᛖ ᛁᚳ ᛉᚳ ᛖᚦᛁᚠᚾ ᚹᛖᛚ· ᚻᚠᚴᚦ ᛋᚠᚾᛞ ᛒᛚᛇ ᚻᚢᚾᛁᚷᛖᛋ ᚠᚾ ᚠᚱᚾᛖ ᛗᛖᚱᚷᛖᚾ· ᚹᚠᛋ ᛁᚳ ᛉᚳ ᛒᛚᛁᚦᛖ ᚦᚠᛋ ᛒᛚᛇᛋ ᚻᚢᚾᛁᚷᛖᛋ· ᚴᚠᚱ ᚻᚹᛁ ᛋᚳᛖᚠᛚᛞᛖ ᛁᚳ ᚻᚠᛒᛒᚠᚾ ᛋᚠᚱᚸᚩ·

:ᛗᚠᛋᛏ ᚦᚢ ᛒᛖᚻᛉᛚᛞᚠᚾ ᚦᛁᚾ ᛒᛖᚻᚠᛏ: ᛋᛖ ᛚᚣᛏᛏᚩ ᚠᚦᛖᛚᛁᛝ ᚳᚹᚠᚦ ᚦᚩ ᛗᛁᛚᛞᛖ ᚦᚩ ᚦᚩ ᚻᛖ ᛋᚠᛏ ᛖᚴᛏ ᛏᚩ ᛗᛁᚾᚱᛖ ᛋᛁᛞᛖ·

:ᚻᚹᛖᛚᚳ ᛒᛖᚻᚠᛏ··

:ᚦᚢ ᚹᚠᛋᛏ ᚷᛉᚱᛖ ᚠᚾᚾᛖ ᚳᚹᚠᚴᛚ ᚴᚠᚱ ᛗᛁᚾᚢᛗ ᛋᚳᛉᛈᛖ … ᛇᛗ ᛁᚳ ᚷᛖᛏᛁᛖᛗᛗᛖᛞ ᚴᚠᚱ ᚦᚠᚱᛖ ᛒᛚᚠᛋᛏᛗᚠᚾ··

ᚠᛏᛉᚻ ᛁᚳ ᛗᛁᚾᛖ ᚷᛖᚴᛖᚷᚠᛋ ᚠᚴ ᛗᛁᚾᚢᛗ ᛈᚠᚻᚻᚠᚾ· ᛋᚳᛉᚹᚠᛞᛖ ᚻᛁᛖ ᚦᚩ ᛋᛖ ᛚᚣᛏᛏᚩ ᚠᚦᛖᛚᛁᛝ ᚠᚾᛞ ᚳᚹᚠᚦ ᚻᛚᛁᛖᚻᚻᛖᚾᛞᛖ·

:ᚦᛁᚾᛖ ᚠᛈᛖᚾᚠᚻᛚᚠᚴᛏᚱᛇᚹᚩ ᛋᛁᚾᛞᚠᚾ ᛒᛖ ᛞᚠᛚᛖ ᚷᛖᛚᛁᚳᛖ ᚳᚠᚹᛚᚢᛗ··

:ᛚᚩ··

ᚹᚠᛋ ᛁᚳ ᛏᚠ ᛋᚠᚦᛗ ᛞᛁᚳᛗᛚ ᚳᚠᛚᛚᛗᚾᚹᛗᚱᚻᚦ ᛞᛁᚾᚱᚠ ᚠᛈᛗᚾᚠᚻᛚᚠᚹᛏᚱᛇᚹᚠ·
⁝ᚦᛁᚾ ᚹᚠᛉ … ᚻᛁᛋ ᛘᚱᚠᚾ … ᛋᛁᚾᛞᚠᚾ ᚻᛁᛗ ᛒᛗ ᛞᚠᛚᛗ ᚷᛗᛚᛁᚳᛗ ᚻᚠᚱᚾᚢᛞ … ᛋᛁᚾᛞᚠᚾ ᚻᛁᛗ ᛞᛁᚳᚳᛚᛗᛋ ᛏᚠ ᛚᚠᛝᛗ⁖

ᚠᚾᛞ ᚻᛚᚠᚻ ᚻᛗ ᚦᚠ ᛗᚹᛏ·
⁝ᚦᚢ ᛘᚱᛏ ᚹᚠᚻᛚᛁᚳ ᛚᚣᛏᛗᛚ ᚳᚾᛁᚻᛏ ᚾᛗ ᚳᚢᚦᛗ ᛁᚳ ᚾᚠᚻᛏ ᛗᛚᛚᛗᛋ ᚷᛗᚹᚠᚷᚠᚾ ᚦᚠᚾᚾᛗ ᛗᚾᛏᚾᚠᚻᚱᚠᚾ ᚦᚠ ᚦᛗ ᛋᛁᚾᛞᚠᚾ ᚠᚷᚦᛗᚱ ᚷᛗ ᚷᛗᛚᚠᚳᛗᚾᛗ ᚷᛗ ᚷᛗᚠᛈᛗᚾᚠᛞᛗ⁖
⁝ᛚᚠ· ᛒᛁᛋᛏ ᚦᚢ ᛋᛈᛗᚻᛁᚷ ᚠᚾ ᚦᚠᛞ⁝ ᚳᚹᚠᚦ ᚻᛗ ᚦᚠ ⁝ᛋᚠᚦᛚᛁᚳᛗ ᚦᚠ ᚳᛁᛚᚻᚱᚢ ᚹᛁᛏᚠᚾ ᛒᛗ ᚦᚠᛞ⁖
ᚷᛗᚹᚠᚷᚻᛗ ᛁᚳ ᚦᚠ ᚠᚾᚾᛗ ᚳᚠᚹᛚ ᚠᚾ ᛗᚹᛋᛏᛗ· ᚠᚾᛞ ᚹᚠᛋ ᛞᛁᚾᛗ ᚻᛇᚱᛏᛗ ᚠᛒᛁᚹᛁᛗᚾᚻᛗ ᚦᚠ ᚦᚠ ᛁᚳ ᚻᛁᚾᛗ ᛋᛉᛚᚻᛗ ᚦᚠᛞ ᛚᚣᛏᛚᚠᚾ ᚠᚦᛗᛚᛁᛝᛗ·
⁝ᚦᚢ ᚻᚠᚹᛋᛏ ᚷᛗᛞᚣᚾᚻᛗ ᚦᚠ ᚦᛗ ᛋᛁᚾᛞᚠᚾ ᛞᛗ ᚢᚾᚳᚢᚦ⁖
ᚠᚳ ᚾᛗ ᚠᚾᚻᛋᛈᚠᚱᚠᚻᛗ ᚻᛗ ᚾᚠ· ᛋᚠᚷᚻᛗ ᚻᛗ·
⁝ᚹᚠᛋᛏ ᚦᚢ ᛒᛗ ᛞᛁᚾᚢᛞ ᚻᛚᛁᛗᛈᛗ ᚠᚾ ᚦᚠ ᛇᚱᚦᚠᚾ … ᛒᛁᚦ ᚠᚷᚠᛝᛗᚾ ᚠᚾ ᚷᛉᚱ ᛏᚠᛞᚠᚱᚷᛗᚾ⁖

ᚠᚾᛞ ᚠᚹᛏᛗᚱ ᛋᚢᛞᚱᛗ ᛋᛈᛁᚷᚢᛝᛗ ᛏᚠᚠᛏᚣᚻᛏᛗ ᚻᛗ ᚦᚠ ᚷᛁᛗᛏ·
⁝ᚷᛗᚹᛇᛚᛚ ᛁᚳ ᛋᚠᚦᛚᛁᚳᛗ ᚠᚻᚢᚾᛗ ᚠᚾ ᚾᛘᛈᛗᛋᛏᛗ⁖
ᛒᛚᚣᛋᚳᛗᚻᛗ ᚻᛗ ᚦᚠ·
ᚻᚠᚹᚻᛗ ᛁᚳ ᛗᚹᛏ ᚹᚢᚾᚻᚠᚱᛚᛁᚳᛗ ᛋᚠᚱᚷᚠ ᚠᚾᛞ ᚾᚣᛋᛏᛗ ᛁᚳ ᚾᚠᚻᛏ ᚹᚠᚱ ᚻᚹᚣ· ᛋᚹᚠ ᚦᛉᚻ ᛞᚠᛋᛏᛗ ᛁᚳ ᚻᛁᚾᛗ ᚹᚱᛁᚷᚾᚠᚾ·
⁝ᚦᚠᚾᚾᛗ ᚾᛁᛋ ᚻᛁᛏ ᚾᚠᚾ ᚷᛗᛚᛁᛞᛈ ᚦᚠᛏ ᚦᚢ ᚠᚾ ᚦᚠᚾᛗ ᛞᛗᚱᚷᛗᚾ ᚦᚣ ᛁᚳ ᛞᛗᛏᛏᛗ ᚦᛗ .VIII. ᛞᚠᚷᚢᛞ ᚠᚱ ᚹᚠᚱᛗ ᚹᚠᚾᛞᚱᛁᛗᚾᛞᛗ ᛒᛗ ᚦᛗ ᛋᛗᛚᚹᚢᛞ .M. ᛞᛁᛚᚠ ᚹᚱᚠᛞ ᚦᚠᛞ ᚻᚠᛚᚢᛞ ᚦᚠᛞ ᚦᛗ ᛞᛗᚾᚾ ᛘᚱᚻᛁᚠᚦ ᚠᚾ· ᚳᚠᛞᛗ ᚦᚢ ᛗᚹᛏ ᛏᚠ ᚦᚠᚱᛗ ᛋᛏᛗᚻᛗ ᚠᚾ ᚦᚠᚱᛗ ᚦᛗ ᚦᚢ ᚷᛗᚹᛇᛚᛚᛗ⁖
ᛒᛚᚣᛋᚳᛗᚻᛗ ᚻᛗ ᚦᚠ ᛋᛈᛁᚦᚠᚱ ᛋᛗ ᛚᚣᛏᛚᚠ ᚠᚦᛗᛚᛁᛝ·
ᛏᚠᚠᛏᚣᚻᛏᛗ ᛁᚳ ᚦᚠ ᚹᚠᚱᚹᚠᚾᚻᛁᚷᛗᚾᚱᛗ ᛋᛏᛗᚹᚾᛗ·
⁝ᚹᚠᛋ ᚻᛁᛏ ᚹᛗᚾᚢᛝᚠ ᛋᛗ ᚻᚠᚷ ᚦᚠᛋ ᚷᛉᚱᛗᛋ ᚣᛞᛒᚱᚣᚾᛗᛋ⁖
ᛗᚹᛏ ᛒᛚᚣᛋᚳᛗᚻᛗ ᛋᛗ ᛚᚣᛏᛚᚠ ᚠᚦᛗᛚᛁᛝ· ᚻᛗ ᚾᚠᚹᚱᛗ ᚠᚷᛏᚹ ᚾᚠᚾ ᚠᚾᚻᛋᛈᚠᚱᛗ ᛏᚠ ᚾᚠᚾᚱᛗ ᚹᚱᛁᚷᚾᚢᛝᛗ ᚠᚳ ᚦᚠᚾᚾᛗ ᛞᚠᚾ ᛒᛚᚣᛋᚳᛗᚦ ᛋᚠᚦᛚᛁᚳᛗ ᚻᛁᛏ ᚷᛗᛏᚠᚳᚾᚠᚦ ᚷᛗᛋᛋᛗ·
⁝ᚹᚠᛚᚠ⁝ ᚳᚹᚠᚦ ᛁᚳ ⁝ᛇᛞ ᛁᚳ ᚠᚹᚣᚱᚻᛏ⁖

ᚠᚳ ᚻᛖ ᚠᚾᚻᛋᚹᚠᚱᚠᚻᛖ·

:ᛒᛖᚻᚠᚴᚠᚦ ᚦᛖ ᛏᚫ ᛋᚹᛁᚾᚳᚠᚾᚾᛖ· ᛞᚠᛋᛏ ᚦᚢ ᚠᚹᛖᚾᚻᚠᚾ ᛏᚫ ᚦᛁᚾᚾᛖ ᛚᚣᚴᛏᚴᛚᚠᛝᚠᚾ· ᚹᛁᛚᛚᛖ ᛁᚳ ᚻᛖᚱ ᚦᛁᚾ ᚠᚾᛒᛁᚻᚠᚾ· ᚳᚢᛞ ᛖᚴᛏ ᛏᚠᛞᚠᚱᛝᛖᚾ ᚦᚠᚾᚾᛖ ᚻᛁᛏ ᚠᚴᚾᚠᚦ·:

ᚠᚳ ᚾᚠᛋ ᛁᚳ ᚳᚠᛚ ᚦᚫ· ᚷᛖᛞᚢᚾᚻᛖ ᛁᚳ ᚦᚠᛋ ᚴᚠᛉᛖᛋ· ᚹᛖᚾ ᛁᛋ ᚦᚠᛏ ᛞᚠᚾ ᚹᛁᛚᛚᛖ ᚹᛖᛈᚠᚾ ᚻᚹᚠᚾᛚᛁᚳᛖ ᚦᚠᚾᚾᛖ ᛞᚠᚾ ᚹᛉᚱᚦ ᚷᛖᛏᚠᛞᚳᚠᚻ ᛋᛖᛚᚴᚹᛁᛚᛚᛖᛋ·

## ᚳᚠᛈᛁᛏᚫᛚ .XXVI.

ᚹᚠᛋ ᚦᚠᚱ ᚹᛁᚦ ᚦᚠᚾᛖ ᛈᚣᛏᛏ ᛋᚢᛞ ᛉᛚᚻᚫ ᚹᛉᛚᛚ ᚷᛖᚴᛖᚷᛖᚻ ᚠᚴ ᛋᛏᚠᚾᚢᛞ ᛋᛖ ᚦᛖ ᚠᚴᛉᛚᛚᛖᚾ ᚹᚠᛋ· ᚦᚫ ᚦᚫ ᛁᚳ ᚳᚠᛞ ᛖᚴᛏ ᚠᚾᚷᛉᚾ ᚴᚱᚠᛞ ᛞᛁᚾᚱᛖ ᛒᛁᛋᛝᛖ ᚠᚾ ᚠᚴᛖᚾᚾᛖ ᚦᚠᛋ ᚠᚴᛏᛖᚱᚴᚣᛚᛝᛖᚾᚻᚠᚾ ᚻᚠᚷᛖᛋ ᚷᛖᛋᛉᚻ ᛁᚳ ᚴᛇᚱᚱᚠᚾ ᚦᚠᚾᛖ ᛚᚣᛏᛚᚠᚾ ᚠᚦᛖᛚᛁᛝ ᚻᚠᛝᛁᛖᚾᚻᚢᛞ ᛋᚳᚠᚾᚳᚢᛞ ᛋᛁᛏᛏᚠᚾ ᚦᚠᛞ ᚹᛉᛚᛚᛖ ᚠᚾᚢᚴᚠᚾ· ᚷᛖᚻᚣᚱᚻᛖ ᛁᚳ ᚻᛁᚾᛖ ᛋᛈᚱᛖᚳᚠᚾ·

:ᚾᛖ ᛞᚠᚷ ᚦᚢ ᚾᚫ ᚷᛖᛞᚢᚾᚠᚾ·: ᛋᚠᚷᚻᛖ ᚻᛖ· :ᚾᛁᛋ ᚻᛁᛏ ᚻᛖᚱ ᚱᛁᚻᛏᛖ·:

ᚹᚠᛋ ᚻᛁᛞ ᚠᚾᚻᚹᚣᚱᚻᛖᚾᚻᛖ ᚢᚾᛏᚹᛇᛚᛁᚳᛖ ᚠᚦᚱᛖ ᛋᛏᛖᚴᚾᛖ ᛋᛁᚦᚦᚠᚾ ᚻᛖ ᚠᚾᚻᚹᚣᚱᚻᛖ ᛖᚴᛏ·

:ᚷᛖᛋᛖ· ᚷᛖᛋᛖ· ᛁᛋ ᚻᛁᛏ ᛋᛖ ᛞᚠᚷ ᚠᚳ ᚾᛁᛋ ᚻᛁᛏ ᛋᛇ ᛋᛏᚠᚹᛖ ᛋᛖᛚᚴᛖ·:

ᚹᚠᛋ ᛁᚳ ᚴᚠᚱᚦᛝᚠᚾᚷᛖᚾᚻᛖ ᛏᚫ ᚦᚠᛞ ᚹᛉᛚᛚᛖ· ᚾᛖ ᛞᛁᚻᛏᛖ ᛁᚳ ᚷᛖᛋᛇᚾ ᚾᚠᚾᚹᛁᚻᛏ ᚾᛖ ᚾᛖ ᚷᛖᚻᚣᚱᚠᚾ· ᚦᛉᚻ ᛋᚹᚫ ᛋᛖ ᛚᚣᛏᛚᚫ ᚠᚦᛖᛚᛁᛝ ᚠᚾᚻᚹᚣᚱᚻᛖ ᛖᚴᛏ ᚠᚾᚷᛉᚾ·

:ᛋᚠᚦᛚᛁᚳᛖ· ᚦᚢ ᛋᚳᛉᛚᛏ ᚷᛖᛋᛇᚾ ᚦᚠᛏ ᚠᚾᚷᛁᚾᚾ ᛞᛁᚾᛖᛋ ᛋᛈᚠᚱᛖᛋ ᚠᚾ ᛋᚠᚾᚻᛖ· ᛒᛖᚻᚠᚴᚠᚦ ᚦᛖ ᛏᚫ ᚠᛒᛁᚻᚠᚾᚾᛖ ᛞᛖ ᚦᚠᚱ· ᚹᛁᛚᛚᛖ ᛁᚳ ᛒᛇᚾ ᚦᚠᚱ ᛏᚫ ᚾᛁᚻᛏᛖ·:

ᚹᚠᛋ ᛁᚳ ᚴᛇᚹᛖᚱᛏᛁᚷ ᛖᛚᚾᚫ ᚴᚱᚠᛞ ᚦᚠᛞ ᚹᛉᛚᛚᛖ ᚠᚾᚻ ᚷᛁᛖᛏ ᚾᛖ ᚳᚢᚦᛖ ᛁᚳ ᚾᚠᚻᛏ ᚷᛖᛋᛇᚾ·

ᛏᚠᚠᛏᚣᚻᛏᛖ ᚦᚫ ᛋᛖ ᛚᚣᛏᛚᚫ ᚠᚦᛖᛚᛁᛝ ᚠᚴᛏᛖᚱ ᛋᚳᛖᚠᚱᛏᚱᛖ ᛋᚹᛁᛝᚢᛝᛖ·

:ᚻᚠᚴᛋᛏ ᚦᚢ ᛝᚠᚻ ᚠᛏᚠᚱ· ᛉᚱᛏ ᚦᚢ ᛋᛁᚳᚠᚱ ᚦᚠᛏ ᚦᚢ ᚾᚣᛚᛏ ᚦᚠᛏ ᛁᚳ ᛞᚠᛏ ᚷᛖᚦᚠᛚᛁᚠᚾ ᛚᚠᛝᛖ·:

ᚠᛏᛋᛏᚠᚻ ᛁᚲ ᚦᚨ ᚠᚾᚻ ᛞᛁᚾᛗ ᚺᛇᚱᛏᛗ ᚹᚠᛋ ᚠᚦᚤᚹᛗᚻ ᚠᚲ ᚾᛗ ᛞᛁᚺᛏᛗ ᛁᚲ ᚢᚾᚻᛗᚱᛋᛏᚠᚾᚻᚠᚾ ᚾᚠᚹᛁᚺᛏ ᚦᚠᚷᛁᛗᛏ·

:ᛤᚨ ᚦᚢ ᚾᚢ: ᛋᚠᚷᚻᛗ ᚺᛗ :ᛉᚠᚱ ᚦᚠᚾ ᚦᛗ ᛁᚲ ᚹᛁᛚᛚᛗ ᚺᛚᛘᛈᚠᚾ ᚠᛉᚻᚢᚾᛗ·:

ᚷᛗᚹᛗᚾᚻᛗ ᛁᚲ ᛞᛁᚾᛗ ᚷᛗᛋᛁᚺᚦᛗ ᛏᚠᚹᛘᚱᚻ ᚦᚠᛞ ᛉᛗᛏ ᚦᚠᛋ ᚹᛘᛚᛚᛗᛋ ᚠᚾᚻ ᚻᚤᚻᛗ ᚺᛚᛁᛗᛈ· ᚹᚠᛋ ᚦᚠᚱ ᛋᚢᛞᛗ ᚦᚠᚱᚨ ᚷᛇᛚᚠᚱᚨ ᚾᚠᚻᚱᚨ ᛏᚠᚹᛘᚱᚻ ᚦᚠᛞ ᛚᚤᛏᛚᚠᚾ ᚠᚦᛗᛚᛁᛝᛗ ᚠᛋᛏᚱᛗᚺᛏᛗ ᚦᚠᚱᚨ ᚦᛗ ᛞᚠᛤᚠᚾ ᚠᚲᚹᛗᛚᛚᚠᚾ ᛇᚹ ᛒᛁᚾᚾᚠᚾ .XXX. ᛘᛤᚠᚾ ᛒᛇᚱᚺᛏᛞᚨ ··· ᛤᚱᚠᛈᚠᚻᛗ ᛁᚲ ᚠᚾ ᛞᛁᚾᚢᛞ ᛈᚠᚺᚺᚠᚾ ᛉᚠᚱ ᛞᛁᚾᚢᛞ ᛁᛋᛗᚾᛗ ᚦᚠᛋ ᛋᚲᚤᛏᛗᛋ ᚠᚾᚻ ᚠᚾᛤᚠᚾᚾ ᚦᚨ ᛁᛗᚱᚾᚠᚾ ᚠᚲ ᛞᛁᚻ ᚦᚠᛞ ᚻᚤᚾᛗ ᛋᛗ ᚦᛗ ᛁᚲ ᚦᚨ ᚹᚠᛋ ᛞᚠᚲᛁᛗᚾᚻᛗ ᛤᛚᚠᚻ ᛋᛇ ᚾᚠᚻᚱᛗ ᚦᚨ ᛋᚠᛉᛏᛗ ᚠᚾ ᚦᚠᛏ ᛋᚠᚾᚻ ᛋᚹᚨ ᛋᚹᚨ ᚠᚾᛗ ᛋᛏᚱᚠᛚ ᚹᚠᛏᚱᛗᛋ ᛋᛗ ᚦᛗ ᚠᚦᚤᚾᚾᚠᚦ ᚠᚾᚻ ᛒᚢᛏᚠᚾ ᛞᛁᚲᛗᛚᚱᛗ ᚠᛉᚠᛋᛏᛗ ᚠᛋᛚᛘᛈ ᚦᚠᛞ ᛋᛏᚠᚾᚢᛞ ᛒᛗᛏᚹᛇᚾᚠᚾ ᛞᛁᚻ ᛚᚤᛏᛗᛚᚱᛗ ᚺᚱᛁᛋᛏᚢᛝᛗ ᛋᚹᚨ ᛋᚹᚨ ᚲᚤᛞᚦ ᚠᛉ ᛁᛋᛗᚾᛗ·

ᚲᚠᛞ ᛁᚲ ᛏᚠ ᚦᚠᛞ ᚹᛘᛚᛚᛗ ᛋᚹᚨ ᚱᛁᚺᛏᛗ ᚦᚠᛏ ᛁᚲ ᚲᚢᚦᛗ ᚤᛞᛒᚲᛚᚤᛈᛈᚠᚾ ᚠᚾ ᛞᛁᚾᚢᛞ ᛘᚱᛞᚢᛞ ᛞᛁᚾᚾᛗ ᛚᚤᛏᛚᚠᚾ ᚠᚦᛗᛚᛁᛝ ᚦᚠᚾᛗ ᛚᚤᛏᛚᚠᚾ ᚲᚾᛁᚺᛏ ᚹᚠᛋ ᚺᛗ ᚺᚹᛁᛏ ᛋᚹᚨ ᛋᚹᚨ ᛋᚾᚠᚹ·

:ᛚᚨ ᚺᚹᚠᛏ ᚹᛁᛚᛚᛗ ᚦᛁᛋ ᛒᛇᚾ· ᛘᚱᛏ ᚦᚢ ᚾᚢ ᚲᚹᛗᚦᛗᚾᚻᛗ ᛞᛁᚻ ᚾᚠᚻᚱᚢᛞ·:

ᚺᚠᛉᚻᛗ ᛁᚲ ᚺᛁᛞ ᚠᚾᚢᛞᛗᚾ ᚺᛁᛋ ᚷᛇᛚᚢ ᚲᛚᚠᚦ ᚦᛗ ᚺᛗ ᚺᚠᛉᚻᛗ ᚺᛁᛋ ᛋᚹᚢᚱᚠᚾ ᚠᚾᛒᚢᛏᚠᚾ· ᛚᛘᚺᛏᛗ ᛁᚲ ᚺᛁᛋ ᚦᚢᚾᚹᚠᛝᚨ ᚠᚾᚻ ᛋᛘᛚᚻᛗ ᛁᚲ ᚺᛁᛞ ᚻᚱᛁᚾᚲᚠᚾ· ᚠᚾᚻ ᚾᛗ ᚻᚠᚱᛋᛏᛗ ᛁᚲ ᚾᚢ ᚺᛁᚾᛗ ᛒᛗᛉᚱᛁᚾᚠᚾ ᛚᛗᛝ· ᛚᚠᚲᚠᚻᛗ ᚺᛗ ᛞᛗ ᚠᚾ ᛇᚱᚾᚠᛋᛏᛚᛁᚲᛗᛗ ᚠᚾᚻ ᚲᛚᚤᛈᛏᛗ ᚺᛗ ᛞᛗ· ᚷᛗᛉᚱᛗᚻᚻᛗ ᛁᚲ ᚺᛁᛋ ᚺᛇᚱᛏᚠᚾ ᚲᛚᚠᚲᚲᛗᛏᛏᚠᚾ ᛋᚹᚨ ᛋᚹᚨ ᛋᛇ ᚺᛇᚱᛏᛗ ᚠᚾᛗᛋ ᛉᚠᚱᚦᛉᛗᚱᛗᚾᚻᚠᚾ ᛉᚢᛤᛚᛗᛋ ᚦᛗ ᚹᚠᛋ ᚠᛋᚲᚠᛏᛗᚾ ᛞᛁᚻ ᛉᛚᛁᚾᛏᛁᛋᛗᚾ· ᚲᚹᚠᚦ ᚺᛗ ᛞᛗ ᛏᚠ·

:ᛁᚲ ᛇᛞ ᛤᛚᚠᚻ ᛉᚠᚱᚦᚠᛞᚦᛗ ᚦᚢ ᛉᚢᚾᚻᛗ ᚦᚠᛏ ᚦᚠᛋ ᚦᛁᚾ ᚠᚲᚱᚠᛉᛏᛗᚱᛗ ᛒᛗᚦᚠᚱᛉᛏᛗ· ᛞᛁᚺᛏ ᚦᚢ ᚹᛗᚾᚻᚠᚾ ᚺᚠᛞ ᚠᚾᚷᛘᚾ·:

:ᚺᚹᚠᚾᚠᚾ ᛞᛁᚺᛏ ᚦᚢ ᚦᚠᛏ ᚹᛁᛏᚠᚾ·:

ᚹᚠᛚᚻᛗ ᛁᚲ ᚺᛁᛞ ᚠᚱᛗᚲᚲᚠᚾ ᚦᚨ ᚦᚠᛏ ᛁᚲ ᛋᛈᛗᚻᚻᛗ ᚠᚾ ᛞᛁᚾᚢᛞ ᚹᛇᚱᚲᛗ ᚦᛘᚺ ᚦᛗ ᛁᚲ ᚦᚠᛋ ᚾᚠᛉᚱᛗ ᚾᛗ ᚹᛗᚾᚻᛗ·

ᚾᛗ ᚠᚾᚻᛋᚹᚠᚱᚠᚻᛗ ᚺᛗ ᚾᚨ ᛞᛁᚾᚱᛗ ᚠᛋᚲᛗ ᚠᚲ ᛏᚠᚠᛏᚤᚺᛏᛗ ᚺᛗ ᚦᚨ·

:ᛚᚨ ᛁᚲ ᚹᛁᛚᛚᛗ ᚹᛗᚾᚻᚠᚾ ᚺᚠᛞ ᛏᚠ ᚻᚠᚷᛗ ᛋᚹᚨ ᛋᚹᚨ ᚦᚢ·:

ᚦᚠᚾᚾᛗ ᚺᛗᛉᛁᚷᛚᛁᚲᛗ·

:ᛁᛋ ᚺᛁᛏ ᛞᛁᚲᛚᚢᛞ ᛉᛁᚱᚱ ··· ᛁᛋ ᚺᛁᛏ ᛞᛁᚲᛚᚢᛞ ᛘᚱᛉᚠᚦᛚᛁᚲ·:

ᚠᚾᚷᛘᛏ ᛁᚲ ᚦᚠᛏ ᛞᛁᚲᛗᛚ ᚦᛁᛝ ᚹᚠᛋ ᚷᛗᛚᛁᛞᛈᛗᚾᚻᛗ ᚦᚨ· ᛒᛗᚲᛚᚤᛈᛏᛗ ᛁᚲ ᚺᛁᚾᛗ ᛉᚠᛋᛏᛗ ᚠᚾ ᛞᛁᚾᚢᛞ ᛘᚱᛞᚢᛞ ᛋᚹᚨ ᛋᚹᚨ ᛚᚤᛏᛗᛚ ᚲᛁᛚᚻ ᚠᚲ ᚾᚠᚺᛏ

:ᚷᚩ ᚦᚢ ᚾᚢ: ᛋᚫᚷᛞᛖ ᚻᛖ :ᚠᚩᚱ ᚦᚫᛏ ᚦᛖ ᛁᚳ ᚹᛁᛚᛚᛖ ᚻᛚᛠᛈᚫᚾ ᚩᚠᛞᚢᚾᛖ·:

ᚦᚫᚾ ᛚᚪᛋ ᚦᚢᚻᛏᛖ ᛗᛖ ᛋᚹᚣᛚᚳᛖ ᚻᛖ ᚹᚪᛋ ᚠᛠᛚᛚᛖᚾᛞᛖ ᚢᛈᛚᚪᛝᛖ ᚪᚾ ᚪᚾᚾᛖ ᛒᚫᛏᛗ ᚪᚾᛞ ᚦᚪᛏ ᛁᚳ ᚾᛖ ᚳᚢᚦᛖ ᚻᛁᚾᛖ ᚪᛏᚻᛠᛚᛞᚪᚾ·

ᚹᚪᛋ ᚻᛁᛋ ᛚᛖᚳ ᚻᛖᚠᛁᚷ ᚪᚾᛞ ᚪᚦᛖᚾᛁᛖᚾᛞᛖ ᛋᚹᛁᚦᛖ ᚠᛇᚱᚱ·

:ᚻᚪᛒᛒᛖ ᛁᚳ ᚦᛁᚾ ᛋᚳᛠᛈ· ᚪᚾᛞ ᚻᚪᛒᛒᛖ ᛁᚳ ᛠᚳ ᚦᚪᛋ ᛋᚳᛠᛈᛖᛋ ᚳᛁᛋᛏᛖ· ᚪᚾᛞ ᛋᚹᚩ ᛁᚳ ᚻᚪᛒᛒᛖ ᚦᚫᚾᛖ ᚳᚪᚠᛚ·:

ᛋᛗᛠᚱᚳᚪᛞᛖ ᚻᛖ ᚦᚩ ᚻᛖᚠᛁᚷᛗᚪᛞᛖ·

ᚪᚾᛒᚪᛞ ᛁᚳ ᛚᚪᛝᚱᛖ ᛏᛁᛞᛖ· ᚷᛖᚠᚱᛖᛞᛞᛖ ᛁᚳ ᚦᚪᛏ ᚻᛖ ᚷᛖᚹᛠᚱᛗᚪᛞᛖ ᛋᛏᚣᚳᚳᛖᛗᚪᛚᚢᛗ·

:ᛚᚣᛏᛖᛚ ᚳᚾᛁᚻᛏ ᚦᚢ ᚹᚪᚱᛖ ᚪᚠᚣᚱᚻᛏ·:

ᛋᚪᚦᛚᛁᚳᛖ ᚹᚪᛋ ᚻᛖ ᚪᚠᚣᚱᚻᛏ· ᚪᚳ ᚻᛖ ᚹᚪᛋ ᛋᛗᛠᚱᚳᛁᛖᚾᛞᛖ ᛋᚪᚠᛏᛖ·

:ᚹᛁᛚᛚᛖ ᛁᚳ ᛒᛇᚾ ᛒᛖ ᛗᛁᚳᛚᚢᛗ ᛋᚹᛁᚦᚩᚱ ᚪᚠᚣᚱᚻᛏ ᛏᚩ ᚾᛁᚻᛏᛖ·:

ᛖᚠᛏ ᚪᚳᚪᛚᚪᛞᛖ ᛁᚳ ᚦᚩ ᚦᚩ ᛁᚳ ᚪᚾᚷᛠᛏ ᚦᚪᛏ ᚹᚣᚱᛞ· ᚾᚪᚠᚱᛖ ᛖᚠᛏ ᚷᛖᚻᛁᛖᚱᚪᚾ ᚦᚪᚾᛖ ᚻᛚᛠᚻᛏᚩᚱ ᚪᚾᚷᛠᛏ ᛁᚳ ᚦᚩ ᚦᚪᛏ ᛁᚳ ᚾᛖ ᛗᛁᚻᛏᛖ ᚪᛒᛖᚱᚪᚾ ᚦᚪᛏ ᚷᛖᚦᚪᚻᛏ· ᚦᚢᚻᛏᛖ ᛗᛖ ᚻᛁᛏ ᛋᚹᚩ ᛋᚹᚩ ᛈᚣᛏᛏ ᚪᚾ ᚹᛖᛋᛏᛖᚾᛖ·

:ᛚᚣᛏᛖᛚ ᚳᚾᛁᚻᛏ ᚷᛁᛖᛏ ᚹᛁᛚᛚᛖ ᛁᚳ ᚻᛁᛖᚱᚪᚾ ᚦᛁᚾᚾᛖ ᚻᛚᛠᚻᛏᚩᚱ·:

ᚪᚳ ᛋᚪᛞᛖ ᚻᛖ ᛗᛖ ᛏᚩ·

:ᚹᛁᛚᛚᛖ ᚻᛁᛏ ᛒᛇᚾ ᚠᚢᛚᛚ ᚷᛠᚱ ᛏᚩ ᚾᛁᚻᛏᛖ· ᚹᛁᛚᛚᛖ ᛗᛁᚾ ᛋᛏᛇᚱᚱᚩ ᛒᛇᚾ ᛒᚢᚠᚪᚾ ᚦᚪᚱᛖ ᛋᛏᚩᚹᛖ ᚦᚪᚱ ᚦᚪᚱ ᛁᚳ ᛚᛖᚾᛞᛖ ᚦᚣ ᚪᚱᚱᚪᚾ ᚷᛠᚱᛖ·:

:ᛚᚣᛏᛖᛚ ᚳᚾᛁᚻᛏ ᛁᛋ ᚦᚪᛏ ᛋᛏᚪᚱ ᚦᚪᚱᛖ ᚾᚪᛞᚱᚪᚾ ᚦᚪᚱᛖ ᛗᛖᛏᛁᛝᛖ ᚪᚾᛞ ᚦᚪᛋ ᛋᛏᛇᚱᚱᚪᚾ ᛋᚹᚩ ᛋᚹᚩ ᚣᚠᛖᛚᛖ ᚷᛖᛋᛁᚻᛏ·:

ᚪᚳ ᚾᛖ ᚪᚾᛞᛋᚹᚪᚱᚪᛞᛖ ᚻᛖ ᚾᚩ ᛗᛁᚾᚱᛖ ᚠᚱᛖᚷᚾᛖ· ᚳᚹᚪᚦ ᚻᛖ ᚦᚪ·

:ᚾᛖ ᛗᚪᚷ ᛗᚪᚾ ᚷᛖᛋᛇᚾ ᚦᚪᛏ ᚦᚪᛏ ᛁᛋ ᚻᛠᛚᛁᚳ·:

:ᚹᛁᛏᚩᛞᛚᛁᚳᛖ·:

:ᛁᛋ ᚻᛁᛏ ᛋᚹᚩ ᛋᚹᚩ ᛗᛁᛞ ᛒᛚᚩᛋᛏᛗᚪᚾ· ᚷᛁᚠ ᚦᚢ ᛚᚢᚠᚪᛋᛏ ᛋᚢᛗᛖ ᛒᛚᚩᛋᛏᛗᚪᚾ ᛋᛇ ᚦᛖ ᚹᚢᚾᚪᚦ ᚪᚾ ᛋᛏᛇᚱᚱᚪᚾ ᚦᚪᚾᚾᛖ ᚻᛁᛏ ᚦᚣᚾᚳᛖᚦ ᚦᛖ ᛋᚹᚪᛏᛖ ᛏᚩ ᛚᚪᚳᛁᚪᚾᚾᛖ ᚢᛈ ᛏᚩ ᚻᛇᚠᚪᚾᚢᛗ· ᛠᛚᛚᛖ ᛋᛏᛇᚱᚱᚪᚾ ᛋᛁᚾᛞᚪᚾ ᛒᛚᚩᛋᛏᛗᚪᚾ ᚠᚢᛚᛚᛖ·:

:ᚹᛁᛏᚩᛞᛚᛁᚳᛖ·:

:ᛁᛋ ᚻᛁᛏ ᛋᚹᚩ ᛋᚹᚩ ᛗᛁᛞ ᚦᚪᛗ ᚹᚪᛏᛖᚱᛖ· ᚦᚪᛏ ᚹᚪᛏᛖᚱ ᚦᚪᛏ ᚦᚢ ᛋᛠᛚᛞᛖ ᛗᛖ ᛞᚱᛁᚾᚳᚪᚾ ᚦᚢᚻᛏᛖ ᛗᛖ ᛋᚹᚩ ᛋᚹᛖᚷᚳᚱᚪᚠᛏ ᚠᚩᚱ ᚦᚪᚱᛖ ᚹᛁᚾᚳᛖ ᚪᚾᛞ ᚦᚪᛗ ᚱᚪᛈᛖ ··· ᛠᚱᛏ ᚦᚢ ᚦᚪᛋ ᚷᛖᛗᚣᚾᛞᛁᚷ ··· ᚹᚪᛋ ᚻᛁᛏ ᚸᚩᛞ·:

:ᚹᛁᛏᚠᚻᛚᛁᚳᛖ·:

:ᚦᚳ ᚹᛁᛚᛏ ᚷᛖᛋᚳᛉᚹᛁᚠᚾ ᚦᚫ ᛋᛏᛇᚱᚱᚠᚾ ᚾᚻᛏᛖᛋ· ᛁᛋ ᛞᛁᚾ ᚻᚠᛞ ᛏᚫ ᚦᚠᛋ ᛚᚳᛏᛖᛚ ᚦᚠᛏ ᛁᚳ ᚾᛖ ᛞᚠᚷ ᛏᚠᚳᚠᚾ ᚦᛖ ᚻᛁᛋ ᛋᛏᚠᚹᛖ· ᛁᛋ ᚻᛁᛏ ᛒᛖᛏ ᛋᚹᚫ· ᛞᛁᚾ ᛋᛏᛇᚱᚱᚫ ᚹᛁᛚᛚᛖ ᛒᛇᚾ ᚴᚠᚱ ᚦᛖ ᚠᚾ ᚦᚠᚱᚫ ᛋᛏᛇᚱᚱᚫ· ᚦᚠᚾᚾᛖ ᚹᛁᛚᛏ ᚦᚳ ᛒᛚᛁᚦᛖ ᚷᛖᛋᚳᛉᚹᛁᚠᚾ ᛉᛚᛚᛖ ᛋᛏᛇᚱᚱᚠᚾ ··· ᚻᛁᛖ ᛉᛚᛚᛖ ᚹᛁᛚᛚᚠᚦ ᛒᛇᚾ ᚦᛁᚾ ᚴᚱᛁᛖᚾᚻ· ᚠᚾᚻ ᚦᚠᚾᚾᛖ ᚹᛁᛚᛚᛖ ᛁᚳ ᚦᛖ ᛋᛖᛚᛚᚠᚾ ᛋᚳᛞᛖ ᚷᛁᛖᚴᛖ·:

ᚻᛚᚠᚻ ᚻᛖ ᚦᚠᚷᛁᛖᛏ·

:ᚹᚠᛏᚠᚹᚫ· ᛚᚳᛏᛖᛚ ᚳᚾᛁᚻᛏ ᛚᚳᛏᛖᛚ ᚳᚾᛁᚻᛏ· ᛚᛁᚳᚠᚦ ᛞᛖ ᚹᛖᛚ ᚦᛖᛋ ᚻᛚᛉᚻᛏᚠᚱ·:

:ᚹᛁᛚᛚᛖ ᚦᛖᛋ ᛒᛇᚾ ᛞᛁᚾᛖ ᚷᛁᛖᚴᚳ ··· ᚹᛁᛚᛚᛖ ᚻᛁᛏ ᛒᛇᚾ ᛋᚹᚫ ᛋᚹᚫ ᛞᛁᚻ ᚦᚠᛞ ᚹᚠᛏᛖᚱᛖ·:

:ᚻᚹᚠᛏ ᚹᛁᛚᛏ ᚦᚳ ᛋᛖᚳᛤᛉᚾ·:

:ᛞᛖᚾ ᚻᚠᛒᛒᚠᚦ ᛋᛏᛇᚱᚱᚠᚾ ᚠᚳ ᚾᛖ ᛋᛁᚾᚻᚠᚾ ᚻᛁᛖ ᚻᚠᚾᚻ ᛋᚹᚫ ᚷᛖᛚᛁᚳᛖ· ᚦᚠᛞ ᚦᛖ ᛋᛁᚦᛁᚠᚦ ᛋᛁᚾᚻᚠᚾ ᚦᚫ ᛋᛏᛇᚱᚱᚠᚾ ᛚᚠᛏᛏᛇᚹᚠᛋ· ᚠᚦᚱᚳᛞ ᚾᛖ ᛋᛁᚾᚻᚠᚾ ᚻᛁᛖ ᚾᚠᚻᛏ ᛖᛚᛚᛖᛋ ᛒᚳᛏᚠᚾ ᛚᚳᛏᛚᛖ ᛚᛇᚻᛏᚠᛋ· ᚠᚦᚱᚳᛞ ᚦᚫ ᚦᛖ ᛋᛁᚾᚻᚠᚾ ᚹᛁᛏᚠᚾ ᚦᚫ ᛋᛏᛇᚱᚱᚠᚾ ᛋᛁᚾᚻᚠᚾ ᚻᛖᚴᛁᚷ ᚦᛁᛤ· ᚹᚠᚱᚠᚾ ᚻᛁᛖ ᛤᚠᛚᚻ ᛞᛁᚾᚳᛞ ᚳᛉᛕᛞᛖᚾ· ᚠᚳ ᛋᚹᛁᛤᛁᚠᚦ ᛉᛚᛚᛖ ᚦᚫ ᛋᛏᛇᚱᚱᚠᚾ· ᚠᚳ ᚦᚳ ᛋᚳᛉᛚᛏ ᚻᚠᛒᛒᚠᚾ ᛋᛏᛇᚱᚱᚠᚾ ᛋᚹᚫ ᛋᚹᚫ ᚾᚠᚾ ᚠᚦᛖᚱ ᚹᛁᚻᛏ·:

:ᚻᚹᚠᛏ ᚹᛁᛚᛏ ᚦᚳ ᛋᛖᚳᛤᛉᚾ·:

:ᚾᚻᛏᛖᛋ ᚻᚹᚠᚾᚾᛖ ᚦᚳ ᛉᚱᛏ ᛚᚠᚳᛁᛖᚾᚻᛖ ᚢᛕ ᛏᚫ ᚻᛇᚴᚠᚾᚳᛞ ᚹᛁᛚᛚᛖ ᚻᛁᛏ ᚦᛖ ᚦᛕᚾᚳᚠᚾ ᛋᚹᚫ ᛋᚹᚫ ᛉᛚᛚᛖ ᛋᛏᛇᚱᚱᚠᚾ ᚻᛚᛉᚻᛖᚾ ᚴᚠᚱ ᚦᚠᛞ ᚦᛖ ᛁᚳ ᚻᛚᛉᚻᛖ ᛁᚾ ᚠᚾᚳᛞ ᚻᛁᛖᚱᚫ· ᚦᚳ ᛋᚳᛉᛚᛏ ᚻᚠᛒᛒᚠᚾ ᛋᛏᛇᚱᚱᚠᚾ ᚦᚫ ᚦᛖ ᛞᚠᛤᚠᚾ ᚻᛚᛁᛖᚻᚻᚠᚾ·:

ᚠᚾᚻ ᚻᛚᚠᚻ ᚻᛖ ᚦᚫ ᛖᚴᛏ·

:ᚠᚾᚻ ᚦᚠᚾᚾᛖ ᚦᚳ ᚷᛖᚴᚱᛖᚴᚱᚠᚻᛖᛋᛏ ᚦᛖ ᛋᛖᛚᚴᚳᛞ ᛋᛁᛞᛒᛚᛖ ᛞᚠᚾ ᚻᛁᚾᛖ ᛋᛖᛚᚴᚾᛖ ᚷᛖᚴᚱᛖᚴᚱᛖᚦ ᚦᚳ ᛒᛁᛋᛏ ᛒᛚᛁᚦᛖ ᚦᚠᛋ ᚦᛖ ᚦᚳ ᛞᛖ ᚷᛖᚳᚾᛇᚹᛖ· ᛋᛁᛞᛒᛚᛖ ᛋᚳᛉᛚᛏ ᚦᚳ ᛒᛇᚾ ᛞᛁᚾ ᚴᚱᛇᚾᚻ· ᛚᛁᚳᚠᚦ ᚦᛖ ᚻᛚᛁᛖᚻᚻᚠᚾ ᛞᛁᚻ ᛞᛖ· ᚠᚾᚻ ᛋᚳᛉᛚᛏ ᚦᚳ ᚷᛖᚠᛕᛖᚾᛁᚠᚾ ᚦᛁᚾ ᛉᛤᚦᛕᚱᛖᛚ ᚻᚹᛁᛚᚳᛞ ᚦᛖ ᛏᚫ ᚴᚱᚠᚴᚱᛖ ᚠᚾᚳᛞ ··· ᚠᚾᚻ ᚦᛁᚾᛖ ᚴᚱᛁᛖᚾᚻ ᛒᛇᚦ ᛞᛁᚳᛖᛚ ᚠᚴᚹᚳᚾᚻᚱᛖᚻᛖ ᚦᚠᚾᚾᛖ ᚻᛁᛖ ᛋᛇᚦ ᚦᚠᛏ ᚦᚳ ᛉᚱᛏ ᛚᚠᚳᛁᛖᚾᚻᛖ ᚢᛕ ᛏᚫ ᚻᛇᚴᚠᚾᚳᛞ ᚠᚾᚻ ᛉᚱᛏ ᚻᛚᛉᚻᛖᚾᚻᛖ ᛋᚠᛞᚠᚻ· ᚦᚠᚾᚾᛖ ᚦᚳ ᛋᚳᛉᛚᛏ ᛋᛖᚳᛤᛉᚾ ᚻᛁᛞ ᛏᚫ· ᛖᚴᚾᛖ ᚦᚫ ᛋᛏᛇᚱᚱᚠᚾ ᛋᛁᛞᛒᛚᛖ ᚷᛖᚻᚠᚦ ᛞᛖ ᚻᛚᛁᛖᚻᚻᚠᚾ· ᚠᚾᚻ ᚻᛁᛖ ᚹᛁᛚᛚᚠᚦ ᚦᛖᚾᚳᚠᚾ ᚦᚠᛏ ᚦᚳ ᛋᛁᛖ ᚹᚠᚻ· ᛋᚹᚫ ᛁᚳ ᚦᛖ ᛋᚳᛉᛚ ᚷᛖᚻᚠᛚᛚᚠᚾ ᚴᚠᚷᛖᚱᛖ ᚷᛖᚱᛋᚳᛁᛕᛖ·:

ᚨᚾᛞ ᚻᛚᚠᚻ ᚻᛗ ᚦᚠ ᛗᚴᛏ·

:ᛒᛁᚦ ᚻᛁᛏ ᚷᛗᛚᛁᚳᛗ ᛋᚹᛅᛚᚳᛗ ᛋᚹᚠ ᛁᚳ ᚷᛉᚴᛗ ᚦᛗ ᚴᚠᚱ ᛋᛏᛇᚱᚱᛣᛞ ᚨᚾᚾᛗ ᚻᛉᛈ ᛚᛅᛏᛗᛚᚱᚠ ᛒᛗᛚᛚᛗᚾᚠ ᚦᚠ ᚦᛗ ᚻᛚᛁᛗᚻᚻᚠᚾ ᛞᚠᚷᚠᚾ·:

ᚨᚾᛞ ᚹᚠᛋ ᚻᛗ ᚻᛚᛉᚻᛗᚾᛞᛗ ᚦᚠᚷᛁᛗᛏ· ᚠᚳ ᚹᛉᚱᚦ ᚻᛗ ᚠᚾ ᛇᚱᚾᚠᛋᛏᛗ ᛗᚴᛏ ᚠᚾᚷᛉᚾ·

:ᚹᛁᛏᛗ ᚦᚳ ᚦᚠᛏ ᚦᚳ ᚾᛗ ᛋᚳᛉᛚᛏ ᚳᚳᛞᚠᚾ ᛏᚠ ᚾᛁᚻᛏᛗ·:

:ᚾᛅᛚᛚᛗ ᛁᚳ ᚦᛗ ᚠᛚᚠᛏᚠᚾ·:

:ᚻᛁᛏ ᛒᛁᚦ ᛋᚹᛅᛚᚳᛗ ᛋᚹᚠ ᛁᚳ ᚷᛗᛋᛁᚳᛚᚠᚻᛗ ⋯ ᛒᛗ ᛞᚠᛚᛗ ᛋᚹᛁᛚᚳᛗ ᛋᚹᚠ ᛁᚳ ᚹᚠᚱᛗ ᚴᚠᚱᚦᚴᛗᚱᛗᚾᛞᛗ· ᛁᛋ ᚻᛁᛏ ᛋᚹᚠ· ᚾᛗ ᚳᚳᛞ ᚦᚳ ᛏᚠ ᛋᚳᛉᚹᛁᚠᚾᚾᛗ ᚻᛁᛏ ᚾᛁᛋ ᚻᛁᛏ ᚦᚠᛋ ᚹᛁᛗᚱᚦᛗ·:

:ᚾᛅᛚᛚᛗ ᛁᚳ ᚦᛗ ᚠᛚᚠᛏᚠᚾ·:

ᚠᚳ ᚹᚠᛋ ᚻᛗ ᚳᚠᚱᚠ ᚷᛗᚴᛅᛚᛚᛗᛞ·

:ᚳᚹᛗᚦᛗ ᛁᚳ ᚦᚠᛏ ᚦᛗ ᛏᚠ ⋯ ᛁᛋ ᚻᛁᛏ ᛉᚳ ᚴᚠᚱ ᚦᚠᚱᛗ ᚾᚠᚻᚱᚠᚾ· ᚾᛗ ᛋᚳᛉᛚ ᚻᛇ ᛒᛁᛏᚠᚾ ᚦᛗ ⋯ ᚦᚠ ᚾᚠᚻᚱᚠᚾ ᛋᛁᚾᚻᚠᚾ ᛅᚴᛗᛚᛗ· ᛞᚠᚷᚠᚾ ᚻᛁᛗ ᛒᛁᛏᚠᚾ ᚻᛁᛞ ᛏᚠ ᚷᚠᛞᛗᚾᛗ·:

:ᚾᛅᛚᛚᛗ ᛁᚳ ᚦᛗ ᚠᛚᚠᛏᚠᚾ·:

ᚠᚳ ᚹᚠᛋ ᚻᛗ ᚷᛗᚻᛗᚴᚷᚠᚻ ᛒᛗ ᚠᚾᛣᛞ ᚦᛁᛝᛗ·

:ᛋᚠᚦ ᚻᛁᛏ ᛁᛋ ᚻᛁᛗ ᚾᚠᛒᛒᚠᚦ ᚾᚠᚾ ᚠᛏᚠᚱ ᛏᚠ ᚦᚠᛞ ᚠᚦᚱᛣᛞ ᛒᛁᛏᛗ·:

ᚾᛗ ᚷᛗᛋᛉᚻ ᛁᚳ ᚻᚳ ᚻᛗ ᚷᛗᚹᛗᚾᛞᛗ ᚠᚾ ᚻᛁᛋ ᚴᚠᚱᚦᚴᚠᚱᛗ ᚠᚾ ᚦᚠᚱᛗ ᛁᛚᚳᚠᚾ ᚾᛁᚻᛏᛗ· ᚠᛏᚴᛚᛉᚻ ᚻᛗ ᚹᛁᚦᛣᛏᚠᚾ ᚠᚾᛣᛞ ᚻᛚᛅᚾᚾᛗ· ᚦᚠ ᚦᚠ ᛁᚳ ᚳᛣᚹᛗ ᚠᚱᚠᚳᚠᚾ ᚻᛁᚾᛗ ᚹᚠᛋ ᚻᛗ ᚷᚠᛝᛗᚾᛞᛗ ᛞᛁᚻ ᛋᚹᛁᚴᛏᛣᛞ ᚠᚾᛞ ᚴᚠᛋᛏᛣᛞ ᛋᛏᚱᛁᚻᛣᛞ· ᛋᚠᛞᛗ ᚻᛗ ᚠᚾᚠ·

:ᛚᚠ ᛉᚱᛏ ᚦᚳ ᚻᛗᚱ·:

ᚠᚾᛞ ᚻᛗ ᚷᛗᚾᚠᛞ ᛞᛗ ᛒᛗ ᚻᚠᚾᚻᛣᛞ· ᚠᚳ ᚹᚠᛋ ᚻᛗ ᚷᛁᛗᛏ ᛏᛁᚾᛏᚱᛗᚷᛁᛗᚾᛞᛗ ᚻᛁᚾᛗ ᛋᛗᛚᚴᚾᛗ·

:ᚾᛗ ᚷᛗᚻᛅᚻᛗᛋᛏ ᚦᚳ ᚦᚠᛏ ᚱᛁᚻᛏᛗ· ᚻᛁᛏ ᛋᛗᛞᛇᚱᛏᛗᚦ ᚦᛗ· ᚠᛏᛁᛗᚹᛗᚦ ᚻᛁᛏ ᛋᚹᛅᛚᚳᛗ ᛋᚹᚠ ᛁᚳ ᚹᚠᚱᛗ ᛞᛉᚻ ᚠᚳ ᚦᚠᛏ ᚾᛗ ᛒᛁᚦ ᛋᚠᚦ·:

ᛋᚹᛁᚷᚠᚻᛗ ᛁᚳ ᚦᚠ·

:ᚳᚾᛞᛗᚱᛋᛏᚠᚾᛞ ᚾᚳ· ᛁᛋ ᚻᛁᛏ ᛏᚠ ᚴᛇᚱᚱ· ᚾᛗ ᚳᚠᚾ ᛁᚳ ᚾᛁᛞᚠᚾ ᛞᛁᚾᚾᛗ ᛚᛁᚳᚻᚠᛞᚠᚾ ᛞᛁᚻ ᛞᛗ· ᛁᛋ ᚻᛗ ᛏᚠ ᚻᛗᚴᛁᚷ·:

ᛋᚹᛁᚷᚠᚻᛗ ᛁᚳ ᚦᚠ·

:ᛋᚳᛉᛚ ᚻᛗ ᛚᛁᚳᚷᚠᚾ ᛋᚹᚠ ᛋᚹᚠ ᚠᛞᛗᛏᛏᛁᚷ ᚹᚱᛁᚷᛗᛚᛋ· ᚾᛗ ᛋᚳᛉᛚ ᛞᚠᚾ ᛒᛇᚾ ᚻᚱᛇᚱᛁᚷ ᛒᛗ ᛋᚹᚠ ᛉᛚᚻᛣᛞ ᚹᚱᛁᚷᛚᛣᛞ·:

ᛋᚹᛁᚷᚩᛞᛖ ᛁᚳ ᚦᚪ·

ᚪᚹᛖᚾᛞᛖ ᚻᛁᛋ ᛖᛚᛚᛖᚾ ᚻᚹᚫᛏᚻᚹᚢᚷᚢ· ᚷᛁᛖᛏ ᚻᛖ ᛖᚠᛏ ᚪᚾᚷᚪᚾᚾ·

⁝ᚷᛖᚳᚾᚪᚹᛖ ᚦᚢ ᚦᚪᛏ ᚻᛁᛏ ᛒᛁᚦ ᚹᚢᚾᛞᚩᚱᚠᚢᛚ· ᚹᛁᛚᛚᛖ ᛁᚳ ᛠᚳ ᛋᚳᛠᚹᛁᚪᚾ ᚦᚪ ᛋᛏᛇᚱᚱᚪᚾ· ᛠᛚᛚᛖ ᛋᛏᛇᚱᚱᚪᚾ ᛒᛇᚦ ᛢᚣᛏᛏᚩᛋ ᛗᛁᛞ ᚪᚾᚱᛖ ᚱᚢᛋᛏᛁᚷᚪᚾ ᚹᛁᚾᚳᛖ· ᛠᛚᛚᚪ ᛋᛏᛇᚱᚱᚪᚾ ᛋᛖᛚᛚᚪᚦ ᛗᛖ ᛞᚱᛁᚾᚳᚪᚾ⁚

ᛋᚹᛁᚸᚫᛞᛖ ᛁᚳ ᚦᚪ·

:ᚦᚫᛏ ᛒᛁᚦ ᛋᚹᛁᚦᛖ ᛗᚣᚱᚷᛖ· ᚦᚢ ᛋᚳᛠᛚᛏ ᚻᚫᛒᛒᚫᚾ .D.M.M. ᛒᛖᛚᛚᛖᚾᚪ ᛋᚳᛠᛚ ᛁᚳ ᚻᚫᛒᛒᚫᚾ .D.M.M. ᛈᚣᛏᛏᚪ··

ᛋᚹᛁᚸᚫᛞᛖ ᚻᛖ ᛠᚳ ᛋᛁᚦᚦᚫᚾ ᚻᛖ ᚹᚫᛋ ᚹᛖᛈᛖᚾᛞᛖ·

:ᛁᛋ ᚻᛁᛏ ᚻᛖᚱ· ᚫᛚᛁᛖᚠ ᛗᛖ ᚸᚫᛝᚫᚾ ᚫᚾᚾᛖ ᛋᛏᚱᛁᛞᛖ ᛒᛖ ᛗᛖ ᛋᛖᛚᚠᚢᛗ··

ᚷᛖᛋᚫᛏ ᚻᛁᚾᛖ ᛋᛖᛚᚠᚾᛖ ᚠᚫᚱ ᚦᚫᛗ ᚦᛖ ᚻᛖ ᚹᚫᛋ ᚫᚠᚣᚱᚻᛏ· ᛋᚫᛞᛖ ᚻᛖ ᚷᛁᛖᛏ·

:ᚦᚢ ᚹᚫᛋᛏ … ᛗᛁᚾᛖ ᛒᛚᚫᛋᛏᛗᚪ … ᛇᛗ ᛁᚳ ᚷᛖᛏᛁᛖᛗᛖᛞ ᚠᚫᚱ ᚻᛁᚱᛖ· ᚫᚾᛞ ᛁᛋ ᚻᛇ ᛋᚹᚪ ᚹᚫᚳ· ᚫᚾᛞ ᛁᛋ ᚻᛇ ᛋᚹᚪ ᛋᚹᚪ ᚳᛁᛚᛞ· ᚻᚫᚠᚦ ᚻᛇ ᚠᛇᚹᛖᚱ ᚦᚪᚱᚾᚪ ᚦᚪ ᚦᛖ ᚾᛖ ᛗᚢᚷᚫᚾ ᛏᚪ ᚫᚹᛖᚱᛁᚫᚾᚾᛖ ᚻᛁᛖ ᚹᛁᚦ ᚦᚪ ᚹᚪᚱᚢᛚᛞᛖ··

ᛋᚨᛏ ᛁᚳ ᛞᛖ ᛋᛖᛚᚡᚾᛖ ᛋᛁᚦᚦᚨᚾ ᛁᚳ ᚾᚠ ᛚᛖᛝ ᚳᚢᚦᛖ ᛋᛏᚨᚾᚺᚨᚾ· ᛋᚨᚺᛖ ᚻᛖ ᚦᚨ·

:ᛚᚠ … ᛁᛋ ᚦᛁᛋ ᛉᛚ:

ᚷᛖᛁᛖᛚᚺᛖ ᚻᛖ ᚻᚹᚨᚾᛚᛁᚳᛖ ᚨᚾᛞ ᚦᚨᚾᚾᛖ ᚻᛖ ᚨᚱᚨᛋ· ᚺᚣᚺᛖ ᚻᛖ ᚨᚾᚾᛖ ᛋᛏᚱᛁᚺᛖ· ᚾᛖ ᛞᛁᚻᛏᛖ ᛁᚳ ᚻᚱᛖᚱᚨᚾ ᛞᛖ ᛋᛖᛚᚡᚾᛖ·

ᚾᚨᛋ ᚻᛁᛚ ᚾᚠᚻᛚ ᛖᛚᛚᛖᛋ ᚦᚨᚾᚾᛖ ᚷᛇᛚᚳ ᛚᛇᛞᚠ ᛒᛖ ᚻᛁᛋ ᚨᚾᚳᛚᛇᚹᛖ· ᚾᛖ ᚨᛋᛏᚣᚱᛖᚺᛖ ᚻᛖ ᚻᛁᚾᛖ ᛋᛖᛚᚡᚾᛖ ᚡᚨᚱ ᚨᚾᚢᛞ ᛉᚸᚨᚾᛒᚣᚱᚻᛏᛞᛖ· ᚾᛖ ᚳᛉᛚᛚᚨᚺᛖ ᚻᛖ· ᚨᛋᚨᚻ ᚻᛖ ᛋᚨᚡᛏᛖ ᛋᚹᚠ ᛋᚹᚠ ᛏᚱᛇᚹ ᚨᛋᛁᚻᚦ· ᚾᚨᛋ ᚦᚨᚱ ᚾᚨᚾ ᚺᚣᚾᛖ ᚡᚨᚱ ᚦᚨᛞ ᛋᚨᚾᚺᛖ·

## ᚳᚨᛈᛁᛏᚨᛚ .XXVII.

ᛋᚨᚦᛚᛁᚳᛖ ᛒᛇᚦ ᚾᚢ ᚨᚸᚨᛝᛖᚾ ᛖᚡᛏ .VI. ᚸᛉᚱᚠ … ᚾᚨᚡᚱᛖ ᚾᛖ ᚷᛖᛏᛉᛚᚺᛖ ᛁᚳ ᚦᚨᛏ ᛋᛏᚨᚱ· ᚹᚨᚱᚨᚾ ᛒᛚᛁᚦᛖ ᚦᚠ ᚡᚱᛁᛖᚾᛞ ᚦᚠ ᚦᛖ ᛞᛖ ᛖᚡᛏ ᚷᛖᛋᚨᚹᚨᚾ ᚦᚨᛏ ᚻᛁᛖ ᛞᛖ ᚷᛖᛋᚨᚹᚨᚾ ᛚᛁᚡᛁᚷᛖᚾᚺᚾᛖ· ᚹᚨᛋ ᛁᚳ ᚢᚾᚱᚨᛏ ᚨᚳ ᚳᚹᚨᚦ ᛁᚳ ᚻᛁᛞ ᛏᚠ· :ᚳᚣᛞᚦ ᚻᛁᛚ ᚨᚡ ᚦᚨᚱᛖ ᛏᛇᚱᚢᛝᛖ::

ᚷᛖᚡᚱᛖᚡᚱᚨᚺᛖ ᛁᚳ ᛞᛖ ᛋᛖᛚᚡᚾᛖ ᚾᚢ ᚻᚹᚨᚾᛚᛁᚳᛖ· ᚦᚨᛏ ᛁᛋ ᛏᚠ ᛋᛖᚳᚸᚨᚾᚾᛖ … ᚾᚠ ᚡᚢᛚᛚᛁᚳᛖ· ᚨᚳ ᚹᚨᛏ ᛁᚳ ᚸᛉᚱᛖ ᚦᚨᛏ ᚻᛖ ᚷᛖᚡᚨᚱ ᛖᚡᛏ ᛏᚠ ᚻᛁᛋ ᛋᛏᛇᚱᚱᚨᚾ ᚡᚨᚱ ᚦᚨᛞ ᚦᛖ ᛁᚳ ᚾᛖ ᚡᚨᚾᛞ ᚾᚠ ᚻᛁᛋ ᛚᛁᚳᚻᚨᛞᚨᚾ ᚨᚾ ᚨᚱᚾᛖ ᛞᛖᚱᚷᛖᚾ· ᚾᚨᛋ ᚻᛁᛚ ᚾᚠ ᛋᚹᛁᚦᛖ ᚻᛖᚡᛁᚷ ᛚᛁᚳᚻᚨᛞᚠ … ᛚᚢᚡᛁᚷᛖ ᛁᚳ ᛉᚳ ᚾᛁᚻᛏᛖᛋ ᚻᛚᚣᛋᛏᚨᚾ ᚦᚠ ᛋᛏᛇᚱᚱᚨᚾ· ᛒᛇᚦ ᚻᛁᛖ ᛋᚹᚠ ᛋᚹᚠ .D.M.M. ᛒᛖᛚᛚᛖᚾᚠ·

ᚨᚳ ᛒᛖᛚᛁᛞᛈᛖᚦ ᚾᚢ ᛞᛁᚳᛖᛚ ᚹᚢᚾᚺᚠᚱ· ᚡᚠᚱᚸᛉᛏ ᛁᚳ ᛏᚠ ᚷᛖᚡᛖᚸᚨᚾᚾᛖ ᚨᚾᚾᛖ ᚦᚹᚨᛝ ᚡᚨᚱ ᚦᚨᛞ ᚳᚨᚡᛚᛖ ᚦᚨᚾᛖ ᚦᛖ ᛁᚳ ᚷᛖᚹᚣᚱᚻᛏᛖ ᚦᚨᛞ ᛚᚣᛏᛚᚨᚾ ᚨᚦᛖᛚᛁᛝᛖ· ᛋᚳᛉᛚ ᚦᚨᛏ ᛋᚳᛉᛈ ᚾᚠᚡᚱᛖ ᚾᛖ ᚻᚨᛒᛒᚨᚾ ᚨᚾᚾᛖ ᚳᚨᚡᛚ ᚻᛁᛋ ᛞᚢᚦᛖ ᚨᛒᚢᛏᚨᚾ· ᚨᚾᛞ ᚦᚢᛋ ᛁᚳ ᛇᛞ ᚡᚱᛁᚷᚾᛖᚾᚺᛖ ᛞᛖ ᛋᛖᛚᚡᚢᛞ· :ᚻᚹᚨᛏ ᚷᛖᛚᚢᛞᛈᛖ ᛚᚠ ᚨᚾ ᚦᚨᛞ ᛋᛏᛇᚱᚱᚨᚾ· ᚹᛖᚾ ᛁᛋ ᚦᚨᛏ ᚦᚨᛏ ᛋᚳᛉᛈ ᚡᚱᛖᛏᛖ ᚦᚠ ᛒᛚᚨᛋᛏᛞᚨᚾ …:

ᚪᛋᚪᚻ ᚻᛖ ᛋᚪᚠᛏᛖ ᛋᚹᚪ ᛋᚹᚪ ᛏᚱᛇᚹ ᚪᛋᛁᚻᚦ·
ᛝᚪᛋ ᚦᚪᚱ ᚾᚪᚾ ᛞᛚᚾᛖ ᚠᚪᚱ ᚦᚪᛗ ᛋᚪᚾᛞᛖ·

ᚳᚹᛖᚦᛖ ᛁᚳ ᛏᚩ ᛞᛖ ᛋᛖᛚᚴᚢᛞ ᚠᚾ ᚠᚾᚱᛖ ᛏᛁᚻᛖ· ⁝ᛋᚠᚦᛚᛁᚳᛖ ᚾᛖ ᚷᛖᚹᛉᚱᚦ
ᚦᚠᛏ· ᛋᛖ ᛚᛗᛏᛚᚩ ᚠᚦᛖᛚᛁᛝ ᚾᛁᚻᛏᛖᛋ ᛒᛖᚦᛖᚳᚦ ᚻᛁᛋ ᛒᛚᚠᛋᛏᛞᚠᚾ ᛞᛁᚻ ᚦᚠᛞ
ᛝᛚᚠᛋᛖ ᚠᚾᚻ ᚻᛖ ᛒᛖᚹᛁᛏᛖᚦ ᚹᛖᛚ ᚻᛁᛋ ᛋᚳᛉᛈ ··⁝ ᚦᚠᚾᚾᛖ ᛇᛞ ᛁᚳ ᛒᛚᛁᚦᛖ·
ᚠᚾᚻ ᛉᛚᛚᛖ ᛋᛏᛇᚱᚱᚠᚾ ᛋᚠᚴᛏᛖ ᚻᛚᛉᚻᚠᚦ·

ᚳᚹᛖᚦᛖ ᛁᚳ ᛏᚩ ᛞᛖ ᛋᛖᛚᚴᚢᛞ ᚠᚾ ᚠᚦᚱᛖ ᛏᛁᚻᛖ· ⁝ᛞᚠᚷᛖ ᚻᛁᛏ ᛒᛖᛚᛁᛞᛈᚠᚾ
ᚦᚠᛏ ᛞᚠᚾ ᛁᛋ ᚴᚠᚱᚷᛁᛏᛖᛚ ᚠᚾᚻ ᛁᛋ ᚻᛁᛏ ᚷᛖᚾᚠᚻ· ᚠᚦᚦᛖ ᚻᛖ ᚴᚠᚱᚷᛉᛏ ᚠᚾ
ᚠᚾᚱᛖ ᚾᛁᚻᛏᛖ ᚦᚠᛋ ᛝᛚᚠᛋᛖᛋ ᚠᚦᚦᛖ ᚦᚠᛏ ᛋᚳᛉᛈ ᚠᛏᚻᛚᛇᛈ ᛋᛏᛁᛚᛚᛖ ᚠᚾ
ᚠᚾᚱᛖ ᚾᛁᚻᛏᛖ ··⁝ ᚦᚠᚾᚾᛖ ᛉᛚᛚᛖ ᚦᚩ ᛒᛖᛚᛚᚠᚾ ᛒᛇᚦ ᚠᚹᛖᚾᚻᛖ ᛏᚩ ᛏᛉᚱᚢᛞ··

ᛁᛋ ᚻᛁᛏ ᛋᚹᛁᚦᛖ ᛞᛁᚳᛖᛚ ᚺᛁᛖᛝᚠᛚᚾᛖᛋ· ᛇᚹ ᚷᛖ ᚦᛖ ᛉᚳ ᛚᚢᚴᚠᚦ ᚦᚠᚾᛖ
ᛚᛗᛏᛚᚠᚾ ᚠᚦᛖᛚᛁᛝ ᚠᚾᚻ ᛋᚹᚩ ᛉᚳ ᚴᚠᚱ ᛞᛖ ᚾᚠᚾ ᚦᛁᛝ ᚠᚾ ᚦᚩ ᛇᚱᚦᚠᚾ ᛞᚠᚷ
ᛒᛇᚾ ᛋᚹᚩ ᛋᚹᚩ ᚻᛁᛏ ᚠᚱ ᚹᚠᛋ ᚦᚠᚾᚾᛖ ᚻᚹᚠᚱᚻᚹᛖᚷᚩ ᚠᚾᚻ ᚾᛗᛏᚠᚾ ᚹᛖ ᚻᚹᚠᚱ
ᚻᛁᛏ ᛋᛁᛖ ᚠᚾ ᛋᚳᛉᛈ ᚦᚠᛏ ᚹᛖ ᚾᛖ ᚳᚢᚾᚾᚠᚾ ᚠᚦᚦᛖ ᚴᚱᚠᛏ ᚱᚠᛋᚠᚾ ᚠᚦᚦᛖ ᚾᛖ
ᚴᚱᚠᛏ ᚱᚠᛋᚠᚾ·

ᛚᚠᚳᚠᚦ ᚢᛈ ᛏᚩ ᚦᚠᛞ ᚻᛇᚴᚠᚾᚢᛞ· ᚠᛋᚳᛁᚠᚦ ᛇᚹ ᛋᛖᛚᚴᚢᛞ· ᚦᚠᛏ ᛋᚳᛉᛈ
ᚷᛖᚴᚱᚠᛏ ᚻᛁᛏ ᚦᚩ ᛒᛚᚠᛋᛏᛞᚠᚾ· ᚠᚦᚦᛖ ᚷᛖᛋᛖ ᚠᚦᚦᛖ ᚾᚩ· ᛋᛇᚦ ᚦᚠᚾᚾᛖ ᚻᚢ
ᛉᛚᛚ ᛒᛁᚦ ᚠᚹᛖᚾᚻ·

ᚠᚳ ᚾᚠᚾ ᚦᚠᚱᚩ ᚠᚹᛉᛘᛖᚾᚩ ᛚᛇᚻᚩ ᚾᚠᚴᚱᛖ ᚾᛖ ᚢᚾᚻᛖᚱᛋᛏᛖᚾᛏ ᚦᚠᛏ ᚻᛁᛏ ᛁᛋ
ᛋᚹᛁᚦᛖ ᚻᛉᛚᛁᚳ ᚦᛁᛝ·

# ᚫᚠᛏᛖᚱᚳᚹᛁᛞᛖ

ᛁᛋ ᚦᛁᛋ ᛚᚪᚾᛞᚪ ᛒᛇᚱᚻᛏᚪᛋᛏ ᚪᚾᛞ ᛋᚪᚱᚪᛋᛏ ᚩᚾ ᚹᚩᚱᚢᛚᛞᛖ ᚠᚩᚱ ᛗᛁᚾᚢᛗ ᛁᚾᛏᛁᛝᚢᛗ· ᚻᛁᛏ ᛁᛋ ᚷᛖᛚᛁᚳ ᚦᚫᛗ ᛚᚪᚾᛞᛖ ᚦᛖ ᛗᚪᚾ ᛗᚫᚷ ᚷᛖᛋᛇᚾ ᚩᚾ ᚦᚫᛗ ᛖᚾᛞᛖᚾᛖᚻᛋᛏᚪᚾ ᛚᛠᚠᛖ· ᚪᚳ ᛁᚳ ᚷᛖᚠᚫᚷᛞᛖ ᚦᚫᛏ ᛚᚪᚾᛞ ᛖᚠᛏ ᛋᚹᚪ ᚦᚫᛏ ᚷᛖ ᛗᚪᚷᚪᚾ ᚻᛁᛏ ᚠᚢᛚᛚᛁᚳᛖ ᚩᚾᚳᚾᚪᚹᚪᚾ· ᛋᛖ ᛚᚣᛏᛚᚪ ᚫᚦᛖᛚᛁᛝ ᚫᛏᛇᚹᚩᛞᛖ ᛁᚾ ᚦᚫᚱᛖ ᛋᛏᚩᚹᛖ ᚦᚪ ᚦᚪ ᚻᛖ ᛏᚩ ᛇᚱᚦᚪᚾ ᚳᚩᛗ ᚪᚾᛞ ᚦᚪ ᚦᚪ ᚻᛖ ᚫᛏᛋᚹᚪᚾᛞ·

ᛚᚩᚳᛁᚪᚦ ᚱᛁᚻᛏᛚᛁᚳᛖ ᚩᚾ ᚦᚫᛏ ᛚᚪᚾᛞ ᛋᚹᚪ ᚦᚫᛏ ᚷᛖ ᛗᚪᚷᚪᚾ ᚩᚾᚷᛁᛖᛏᚪᚾ ᚻᛁᛏ ᛖᚠᛏ ᚦᚪᚾᚾᛖ ᚷᛖ ᛋᛁᚦᛁᚪᚦ ᚩᚾ ᚦᚫᚱᛖ ᚹᛖᛋᛏᛖᚾᛖ ᚩᚾ ᚫᚠᚠᚱᛁᚳᚪᛚᚪᚾᛞᛖ· ᚪᚾᛞ ᚦᚪᚾᚾᛖ ᚷᛖ ᚹᛖᚾᚢᛝᚪ ᚳᚢᛗᚪᚦ ᛒᛖ ᚦᚫᚱᛖ ᛋᛏᚩᚹᛖ ᛖᚠᛖᛋᛏᚪᚦ ᚾᚪ ᚠᛁᛖᚱᚱ ᚦᚫᛋ ᛁᚳ ᛒᛁᛞᛞᛖ ᛇᚹ ᚪᚾᛒᛁᛞᚪᚦ ᚻᚹᚩᚾᛚᛁᚳᛖ ᛖᚠᚾᛖ ᛒᛖᚾᛇᚦᚪᚾ ᚦᚫᛗ ᛏᚢᛝᛚᛖ· ᚦᚪᚾᚾᛖ ᛋᚢᛗ ᚳᚾᚪᚠᚪ ᚳᚣᛗᚦ ᛏᚩ ᛇᚹ ᚪᚾᛞ ᚻᛖ ᚻᛚᛁᛖᚻᚦ ᚪᚾᛞ ᛁᛋ ᚸᚣᛚᛞᛖᚾ ᚷᛖᚠᛠᛉᛖᛞ ᚪᚾᛞ ᚻᛖ ᚾᛖ ᚹᛁᛚᛚᛖ ᚪᚾᛞᚹᚣᚱᛞᚪᚾ ᚦᚪᚾᚾᛖ ᛗᚪᚾ ᚻᛁᚾᛖ ᚠᚱᛁᚷᚾᛖᚦ ᚦᚪᚾᚾᛖ ᚷᛖ ᚪᚱᚪᛞᚪᚦ ᚻᚹᚪ ᚻᛖ ᛁᛋ· ᛒᛇᚦ ᚦᚪᚾᚾᛖ ᚠᚱᛇᚾᛞᛚᛁᚳ· ᚾᛖ ᛚᚫᛏᚪᚦ ᚾᚪ ᚦᚫᛏ ᛁᚳ ᛋᛁᛖ ᛞᚱᛇᚱᛁᚷ ᛚᛖᛝ· ᚹᚱᛁᛏᚪᚦ ᛗᛖ ᚻᚱᚫᚦᛖ ᚦᚫᛏ ᚻᛖ ᛁᛋ ᛖᚠᛏ ᚳᚢᛗᛖᚾ·

ᚻᛖᚱ ᛖᚾᛞᚪᚦ ᛋᛇ ᛒᚩᚳ ᚦᛖ ᛗᚪᚾ ᛚᚣᛏᛖᛚ ᚫᚦᛖᛚᛁᛝ ᚾᛖᛗᚾᛖᚦ·

| | | |
|---|---|---|
| 1 | Malkuno Zcuro | Aramaic |
| 2 | Zistwar Ti-Prens | Morisien (Mauritian Creole) |
| 3 | Mały princ | Hornjoserbsce (Obersorbisch) |
| 4 | Amiro Zcuro | Aramaic (Syrisch) |
| 5 | Der glee Prins | Pennsylfaanisch-Deitsch |
| 6 | Lisslprinsn | Övdalską |
| 7 | Y Tywysog Bach | Cymraeg (Welsh) |
| 8 | Njiclu amirărush | Armăneashti |
| 9 | Kočnay Shahzada | Pashto (Afghan) |
| 10 | Daz prinzelîn | Mittelhochdeutsch |
| 11 | The litel prynce | Middle English |
| 12 | Am Prionnsa Beag | Gàidhlig (Scottish Gaelic) |
| 13 | Li P'tit Prince | Wallon occidental (Charleroi) |
| 14 | Mali Kraljič | Na-našu (Molise Slavic) |
| 15 | De kleine prins | Drèents (Nedersaksisch) |
| 16 | Şazadeo Qıckek | Zazaki |
| 17 | Dher luzzilfuristo | Althochdeutsch |
| 18 | Die litje Prins | Seelterfräisk (Saterfriesisch) |
| 19 | Di latje prins | Mooringer Frasch (Nordfriesisch) |
| 20 | De letj prens | Fering (Föhrer Friesisch) |
| 21 | Chan Ajau | Maaya T'aan (Maya Yucateco) |
| 22 | El' Pétit Prince | Picard (Ch'ti) |
| 23 | Be þam lytlan æþelinge | Anglo-Saxon (Old English) |
| 24 | U principinu | Sicilianu |
| 25 | Ten Mały Princ | Dolnoserbski (Wendisch) |
| 26 | El Princhipiko | Ladino (Djudeo-Espanyol) |
| 27 | Ël Pëtit Prēce | Picard borain |
| 28 | An Pennsevik Byhan | Kernewek (Cornish) |
| 29 | Lou Princihoun | Prouvençau (Provençal) |
| 30 | Ri ch'uti' ajpop | Maya Kaqchikel |
| 31 | O Prinçìpìn | Zeneize (Genovese, Ligure) |
| 32 | Di litj Prins | Sölring (Sylter Friesisch) |
| 33 | Al Principén | Pramzàn (Parmigiano) |
| 34 | Lo Prinçonet | Lemosin (Okzitanisch) |
| 35 | Al Pränzip Fangén | Bulgnaiś (Bolognesisch) |
| 36 | El Princip Piscinin | Milanese |
| 37 | El Principe Picinin | Veneto |
| 38 | Ke Keiki Ali'i Li'ili'i | 'Ōlelo Hawai'i |
| 39 | Li p'tit prince | Wallon oriental (Liège) |
| 40 | Li P'tit Prince | Wallon central (d'Namur) |
| 41 | Prispinhu | Lingua berdiánu (Cap-Vert) |
| 42 | Lu Principeddhu | Gaddhuresu (Gallurese) |
| 43 | Te kleene Prins | Hunsrik (Brasil) |
| 44 | El mouné Duc | Beurguignon (Bourguignon) |
| 45 | Rey Siñu | Kriyol di Sicor (Kasamansa) |
| 46 | Tunkalenmaane | Soninke |
| 47 | •–••• / •––••–•••–•–•–•• | Morse (Français) |
| 48 | Lu Principinu | Salentino |
| 49 | El Principén | Pesarese (Bsarés) |
| 50 | De kläne Prinz | (Kur-)Pfälzisch |
| 51 | De kloine Prinz | Badisch (Südfränkisch) |
| 52 | Der kleine Prinz / Le Petit Prince | Deutsch / Français |
| 53 | De kläàne Prins | Westpfälzisch-Saarländisch |
| 54 | Èl pètit Prince | Lorrain – Gaumais d'Vîrton |
| 55 | Der kleyner prints / Le Petit Prince | Yidish / Français |
| 56 | Lè Ptyou Prinso | Savoyard |
| 57 | Al Principìn | Mantovano |
| 58 | Ţέɛlέny Ţɔ̀kkwóɽɔ̀ny | Koalib (Sudan) |
| 59 | Ru Prengeparielle | Molisano (Barese) |
| 60 | The Little Prince | English |
| 61 | Ol Principì | Bergamasco |
| 62 | De Miki Prins / Le Petit Prince | Uropi / Français |
| 63 | Książę Szaranek | Dialekt Wielkopolski |
| 64 | Da Small Pitot Prince | Hawai'i Pidgin |
| 65 | ↓ΞⅥ ⅃1↓↓⅃Ⅵ ⊔71ɅⅥ | Aurebesh (English) |
| 66 | Morwakgosi Yo Monnye | Setswana |
| 67 | El Little Príncipe | Spanglish |
| 68 | Kaniyaan RaajakumaaraH | Sanskrit |
| 69 | Er Prinzipito | Andalú |
| 70 | Lo Pitit Prinço | Patois Vaudois |
| 71 | Li juenes princes | Ancien Français |
| 72 | De klaan Prìnz / Le Petit Prince | Stroßbùrjerisch / Français |
| 73 | Igikomangoma mu butayu | Kinyarwanda |
| 74 | The Wee Prince | Scots |
| 75 | [hieroglyphs] / Le Petit Prince | Ancien égyptien / Français |
| 76 | Le Pice Prinz | Ladin (Val Badia) |
| 77 | Der klane Prinz | Wienerisch |
| 78 | Lo Pti Prins | Welche |
| 79 | Da klayna prints | Varsheva idish |
| 80 | Ndoomu Buur Si | Wolof |
| 81 | Маленький принц / Le Petit Prince | Русский (Russe) / Français |
| 82 | De klä Prinz | Hunsrücker Platt |
| 83 | Qakkichchu Laaha | Kambaata |
| 84 | Le pěthiòt prince | Guénâ (Bresse louhannaise) |
| 85 | Deä klenge Prenz | Öcher Platt (Aachen) |
| 86 | Il Pìssul Prìncipe | Furlan ocidentàl (Friaul) |
| 87 | Mozais priņcs | Latgalīšu volūda (Latgalian) |
| 88 | Ař Picin Prinsi | Patois Tendasque |
| 89 | De lüttje Prinz | Oostfreesk Platt |
| 90 | Ko e Ki'i Pilinisi' | Lea Faka-Tonga' (Tongan) |
| 91 | Den lille prins | Synnejysk (Südjütisch) |
| 92 | Pytitel Prēs | Kumaniē (Koumanien) |
| 93 | Der kleine Prinz | Deutsch (Fraktur) |
| 94 | El Principe Niño | Zamboangueño Chabacano |
| 95 | Kiči Bijčiek | Karaim |
| 96 | ᛒᛖ ᚦᚫᛗ ᛚᚣᛏᛚᚫᚾ ᚫᚦᛖᛚᛁᛝᛖ | Anglo-Saxon Runes |
| 97 | Tiprins | Kreol Rodrige (Rodriguan Creole) |
| 98 | الأمير الصغير | Arabic (Iraqi Baghdadi dialect) |
| 99 | Dr gleene Brinz | Sächsisch |
| 100 | الأمير الصغير / The Little Prince | Arabic (Emirati dialect) / English |
| 101 | הנסיך הקטן / Le Petit Prince | Hébreu / Français |
| 102 | Dr kluane Prinz | Südtirolerisch |
| 103 | Lé P'tit Prince | Normand |
| 104 | D'r kléïne Prénns | Öüpener (Eupener) Platt |
| 105 | Il Piccolo Principe | Italiano |
| 106 | The Leeter Tunku | Singlish |
| 107 | El Prinzipin | Ladin Anpezan |
| 108 | U Prengepene / Il Piccolo Principe | Frentano / Italiano |
| 109 | Da kloa Prinz | Bairisch |
| 110 | De klaane Prinz | Hessisch |
| 111 | De Kleine Prinsj | Oilsjters (Aalsters) |
| 112 | De Klein Prinz / D'r Kläin Prìnz | N'alemannisch / U'elsässisch |
| 113 | De Pety Präingjss | Bolze (Bolz) |
| 114 | Dor klaane Prinz | Arzgebirgisch |
| 115 | Yn Prince Beg | Gaelg (Manx) |
| 116 | Der kleine Prinz | Deutsch (Gengenbach) |

→

| | | |
|---|---|---|
| 117 | Le P'tit Princ' | Patouaïe d' Nâv' (Navois) |
| 118 | Le Pitit Prince | Patoa de Feurçac (Fursacois) |
| 119 | Prinxhëpi i vogël | Arbërisht |
| 120 | Dr chlei Prinz | Alemannisch |
| 121 | Litli Prinsen | Nynorn |
| 122 | Da kluani Prinz | Hianzisch |
| 123 | De klee Prinz | Vogelsbergerisch |
| 124 | Le P'tit Prince | Drabiaud (Drablésien) |
| 125 | 애린 왕자 | 갱상도 (Gyeongsang-do dialect) |
| 126 | De Klaane Prins | Gents |
| 127 | De Klaaine Prins | Brussels Vloms (Bruxellois) |
| 128 | Dai klair prins | Pomerisch (Pomerano, Brasil) |
| 129 | Bulu' alà | Bribri (Costa Rica) |
| 130 | Le P'tit Prince | Patoué de Crôzint (Crozantais) |
| 131 | De lütke Prins | Mönsterländsk Platt |
| 132 | Dr Chlii Prinz | Urnerdeutsch (Höchstalemannisch) |
| 133 | Elli Amirellu | Mozarabic (Andalutzí) |
| 134 | Ogimaans | Ojibwe |
| 135 | Пичи принц | Удмурт кыл (Udmurt) |
| 136 | Ёзден Жашчыкъ | Къарачай-Малкъар (Balkar) |
| 137 | Lë P'ti Prinss' | Patouè dë Gjuson (Éguzonnais) |
| 138 | Le P'tit Prince | Patouès de G'nouïa (Genouillacois) |
| 139 | De lütte Prinz | Mäkelbörgsch Platt |
| 140 | Вишка инязорнэ | Эрзянь кель (Erzya) |
| 141 | L Picio Principe | Istrioto valeʃ |
| 142 | Le P'tit Prince | Patouaî d'La Châtre |
| 143 | Ичӧтик принц | Комиöн (Komi) |
| 144 | Le P'ti Prince | Patouè d'Âlou (Allousien) |
| 145 | Dr kleine Prinz | Schwäbisch |
| 146 | ЭДИР ХААН ТАЙЖА | Буряад хэлэн (Buryat) |
| 147 | Der kleine Prinz | Deutsch |
| 148 | Der kleine Prinz op Kölsch | Kölsch |
| 149 | Le P'ti Prinsse | Patoi d'No (Nothois) |
| 150 | ИЗИ ПРИНЦ | Олыкмарла (Olyk-Mari) |
| 151 | Le P'tit Prince | Archignatouès (Archignacois) |
| 152 | Di Likl Prins | Limon Kryol (Costa Rica) |
| 153 | Te Mali Prïncip | Po näs (Resian) |
| 154 | 에린 왕자 | 전라도 (Jeolla-do dialect) |
| 155 | Ko Le Gā Tama Sau | Fakafutuna (Futunien) |
| 156 | Le P'tit Prince | Patouè daus bounoumes d'Sint-Pièrre |
| 157 | Der klaani Prinz | Ungordäitsch |
| 158 | Le P'tit Prince | Patoi d'vé Châté (Châtelois) |
| 159 | 𐍃𐌰 𐌻𐌴𐌹𐍄𐌹𐌻𐌰 𐍆𐍂𐌰𐌿𐌾𐌰 | Gutþiudos Tuggo (Gothic) |
| 160 | Le P'tit Prince | Patouais d'La Cèle (Cellois) |
| 161 | Мāнь хōнкве | Мāньщи лāтӈыл (Mansi) |
| 162 | Ёмла оцязорня | Мокшень (Moksha) |
| 163 | Le P'ti Prince | Patoué d'Sin-Fron é Valence |
| 164 | De lütte Prinz | Hamborger Platt |
| 165 | Ponnociwkorkur | Ainu |
| 166 | Le Petit Prince | Zentangle (Français) |
| 167 | Der kleene Prinz | Berlinisch |
| 168 | Маленький Принц / Der kleine Prinz | Українська (Ukrainisch) / Deutsch |
| 169 | Маленький Принц / Le Petit Prince | Українська (Ukrainien) / Français |
| 170 | Le P'chot Prince | Patouê d'Nouz'rines (Nouzerinois) |
| 171 | Le P'tit Prince | Térros (Morterolais) |
| 172 | Der klaa Prinz | Fränkisch |
| 173 | Le P'tsë Prince | Patuai d'Tour (Toullois) |
| 174 | Da Peerie Prince | Shaetlan (Shetlandic) |
| 175 | Likhosana | siPhuthi |
| 176 | Le P'ti Prince | Patoué d'Sinte-Coulombe |
| 177 | De glenne Prinz | Mittelhessisch |
| 178 | El Principito / Le Petit Prince | Español / Français |
| 179 | Маленький Принц / Il Piccolo Principe | Українська (Ucraino) / Italiano |
| 180 | Пичи принц | Бещерман кѳл (Beserman) |
| 181 | Le P'tit Prince | Patouaî d'Sint-Piantére |
| 182 | الأمير الصغير / Le Petit Prince | Arabe classique / Français |
| 183 | Le P'tit Prince | Patouaîs d'Lôrdoué (Lourdoueisien) |
| 184 | Lillhprins'n | Jamska |
| 185 | Dr klei Prinz | Kleinwalsertaler Dialekt |
| 186 | Le P'ti Prince | Patouè d'Plleuviye (Pleuvillois) |
| 187 | Lo Petéc Prèinse | Patouè dè Tsèrmegnôn (Chermignon) |
| 188 | Le Petit Prince | Polyglotte (édition anniversaire) |
| 189 | Luk prinske | Grunneger Toal |
| 190 | Le Petit Prince | Polyglotte en francophonies |
| 191 | Väiku prints | Võro |
| 192 | Het klaane prinsie | Amsterdams dialect (op se Mokums) |
| 193 | Le P'tit Prince | Patouaî d'Bastchiein (Sébastienois) |
| 194 | Y Tywysog Bach / Le Petit Prince | Cymraeg (Welsh) / Français |
| 195 | Penikaine princ | Vepsän kel' |
| 196 | Eul Pequioz Houerrĕ | Torengiau (Tourangeau) |
| 197 | Ageldun Ameẓẓyan | Kabyle (taqbaylit, berbère, tamazight) |
| 198 | Lou Pitióu Princi | Cucarol (Cuquois, Tarnais) |
| 199 | L'P'tit Prince | Patouâs d'Biaune (Beaunois) |
| 200 | Der kleine Prinz | Deutsche Mundarten |
| 201 | Te Ki'i Tamahau | Faka'uvea (Wallisien) |
| 202 | Le P'tit Prince | Patouè d' Sint-L'gi (Saint-Léginaud) |
| 203 | الأَمِيرْ الصْغِيرْ | Arabe dialectal algérien |
| 204 | Wawa Príncipe | Afroyungueño |
| 205 | 小王子 / Le Petit Prince | 中文 (Chinois) / Français |
| 206 | Le Ch'ti Prince | Patoi d'Parcena (Parler de Barberier) |
| 207 | 星の王子さま / Le Petit Prince | 日本語 (Japonais) / Français |
| 208 | Lë Pitit Prince | Patoi de l'Eiter (Lesterrois) |
| 209 | 언나 왕자 | 강원도 (Gangwon-do dialect) |
| 210 | De kleine Prins / Le Petit Prince | Nederlands / Français |
| 211 | ءاسْبِّنْلْ اَلْحَمِيدْ | Español Aljamiado |
| 212 | Кишкей хан баласы | Ногай (Nogai) |
| 213 | Le Petit Prince | Langues de France |
| 214 | Le P'tit Prince | Patouéé d'Champagne ét d'Chassî |
| 215 | Lé Pétit Prïnce | Patois di mindi dâs Vosges |
| 216 | De klääne Prinz | Lothringer Platt (Francique lorrain) |
| 217 | Le P'ti Prince | Patouai d'Sin-Barban ét d'Sin-Marçau |
| 218 | 어린 왕자 | 충청남도 (Chungcheongnam-do dialect) |
| 219 | T' Little Prince | Yorksher dialect (Bradford) |
| 220 | Le Petit Prince | Binaire (Français) |
| 221 | Le Petit Prince | Polyglotte |
| 222 | De kleine preens | Stellingwarfs |
| 223 | Dea kloine Prinz | Eghalanda Mundoat |
| 224 | Fənde' fə Wye Ntu' | Ga'a Kejom (Babanki) |
| 225 | U príncipi piquinínu | Purtuguês oliventínu |
| 226 | Le Prinçòt | Gascon oriental |
| 227 | Wë Petit Prince | Paicî |